Erfolgreich unterrichten durch Visualisieren

Grafisches Strukturieren mit Strategien des Kooperativen Lernens

Ludger Brüning / Tobias Saum

Erfolgreich unterrichten durch Visualisieren
Schüleraktivierung durch grafisches Strukturieren
2. Auflage 2009

Autoren: Ludger Brüning, Tobias Saum

Illustrationen: Katharina Pacyna, Hagen
Lektorat: Christiane Schwert, Berlin
Grafik: Bernd Speckin, Mülheim an der Ruhr

Neue Deutsche Schule Verlagsgesellschaft mbH
Nünningstraße 11
45141 Essen
mail: info@nds-verlag.de
www.nds-verlag.de

Copyright: Neue Deutsche Schule Verlagsgesellschaft mbH, Essen, 2007
ISBN 10: 3-87964-308-3
ISBN 13: 978-3-87964-308-0

Inhalt

2 CD-ROMs befinden sich auf der hinteren Umschlagseite

Einleitung

Ein Blick ins Klassenzimmer

In dem Leistungskurs Pädagogik einer westfälischen Oberstufe steht das Abitur vor der Tür. Doch immer wenn es um ein Thema geht, das bereits im vergangenen Schuljahr durchgenommen worden ist, stoßen die Schüler auf ihre Wissenslücken. Wie viel haben sie bereits erarbeitet und wie wenig ist ihnen davon im Augenblick noch präsent! Auch Anne Zweig, ihre Lehrerin, bemerkt dies. Deshalb entscheidet sie sich, die Schüler die Inhalte von Jg.12 strukturiert visualisieren zu lassen.

Zu Beginn dieser Wiederholungsphase stellt sie zunächst in einem Vortrag verschiedene Visualisierungsformen vor. Sie betont, dass man zuerst klären muss, welche logische Struktur der Stoff hat und dann dementsprechend die Visualisierungsform auswählt. Danach werden die unterschiedlichen Themen auf die Gruppen verteilt; jede Gruppe bekommt Eddings und große Papierbögen sowie DIN-A3-Papier. Zunächst entwirft jeder Schüler seine eigene Grafik, dann entwickeln sie innerhalb der Gruppe eine gemeinsame, die sie mit der Lehrerin besprechen. Dabei wird vielen deutlich, wo sie noch Lücken haben, von denen sie gar nichts wussten, und wo sie etwas noch nicht im richtigen Zusammenhang verstanden haben. Nach diesem Gespräch wird die Grafik überarbeitet und schließlich auf einen großen Bogen übertragen...

Nach längerer und intensiver Arbeit haben alle Gruppen ihre grafischen Strukturen aufgehängt – es ist beeindruckend, wie die Wände mit tollen Visualisierungen „tapeziert" sind. Die Gruppen stellen nacheinander ihre Grafiken vor, die anderen übertragen sie in ihr Heft. Nach der Vorstellung entwickeln sich spannende Gespräche, plötzlich verstehen einige Zusammenhänge, über die sie vorher nicht nachgedacht haben. Nachdem alle Gruppen präsentiert haben, zeigen die Schüler große Erleichterung. Einhellig äußern sie, dass sie nun den Stoff der 12 für das Abitur präsent haben. Durch die Visualisierungen

hätten sie nicht nur Inhalte wiederholt, sondern auch noch besser verstanden. Und durch das Vergleichen der Theorien – was leicht war, da sie nebeneinander an der Wand hingen – hätten sie auch die Gemeinsamkeiten und Unterschiede entdeckt.

Warum konnten die Schüler des Pädagogikkurses durch die Visualisierungsformen eine so eindrückliche Lernerfahrung machen? Weil die gebildeten grafischen Strukturen es ihnen ermöglicht haben, geistige Landkarten zu entwickeln, in denen nur das Wesentliche enthalten ist. Die Einzelinformation musste in den entsprechenden Sachzusammenhang eingeordnet werden. Und was noch nicht verstanden war, konnte nicht dargestellt werden. Daher tauchten auch jetzt neue Fragen auf, die zuvor noch nicht im Bewusstsein der Schülerinnen und Schüler waren.

Und diese Erfahrung intensiven Lernens, die Anne Zweig mit ihren Schülern gemacht hat, können wir nicht nur in der Oberstufe beobachten, sondern auch in der Sekundarstufe I. Daher möchten wir in diesem Buch eine Vielzahl von Visualisierungsformen vorstellen, so dass Sie jeweils alters- und themenangemessene grafische Visualisierungen für Ihren Unterricht auswählen können.

Wenn Ihre Schüler regelmäßig mit den vorgestellten Visualisierungsformen arbeiten, können diese enormen Einfluss auf ihre kognitive Entwicklung haben: Sie werden nicht nur Wissen tiefer durchdringen und sich nachhaltiger aneignen, sondern schulen auch ihr Denken sehr gezielt, so dass es strukturierter und klarer wird.

Der Aufbau des Buches

Was sind grafische Strukturierungsformen eigentlich genau? Wann kann ich sie im Unterricht einsetzen? Welche Funktionen können sie erfüllen? Diese Fragen werden im ersten Kapitel beantwortet – und Sie werden sehen: Es gibt kaum einen Bereich, in dem man die Wirksamkeit seines Unterrichts nicht durch grafische Strukturierungsformen erhöhen kann.

Sie können höchst effektive Lernwerkzeuge sein. Aber Vorsicht: Werkzeuge sind nur dann nützlich, wenn man sie richtig einsetzt. Mit einem Schraubenzieher kann man keinen Nagel einschlagen. Genauso gibt es für jede der grafischen Strukturierungsformen Unterrichtssituationen und -ziele, für die sie geeignet sind, und andere Bereiche, wo sie ihre Wirksamkeit nicht entfalten können. Sie können das erste Kapitel daher so nutzen, dass Sie ausgehend von dem von Ihnen gewünschten Unterrichtsziel eine dazu vorgeschlagene grafische Form auswählen und damit arbeiten.

Natürlich lernen die Schülerinnen und Schüler nicht von heute auf morgen, die grafischen Strukturierungsformen angemessen zu nutzen. Sie müssen Schritt für Schritt dahin geführt werden. Deshalb finden Sie im zweiten Kapitel einen Praxisleitfaden, wie Sie die grafischen Strukturierungsformen im Unterricht einsetzen und so einführen können, dass diese ihre Wirksamkeit entfalten können und Ihre Schüler lernen, sie selbständig zu erstellen.

Grafische Strukturierungsformen werden natürlich nicht isoliert im Unterricht eingesetzt. Sie müssen in die Dramaturgie des Unterrichts eingebunden werden, der von den Grundprinzipien des Kooperativen Lernens geprägt sein sollte. Wie dies beides geschehen kann, wird in Kapitel III dargestellt.

Kapitel IV bildet gleichsam das Herzstück des vorliegenden Buches. In diesem Kapitel stellen wir die grafischen Strukturierungsfor-

men systematisch vor. Da die grafischen Formen der Darstellung unterschiedlicher logischer Beziehungen dienen, stellen wir sie dementsprechend in je einem Unterkapitel vor.

Jedes Unterkapitel ist ähnlich aufgebaut und Icons erleichtern den Überblick:

1. Um Ihnen einen Eindruck von der jeweiligen Strukturierung zu geben, wird diese zunächst als Leerform vorgestellt, bei der die einzelnen Elemente benannt sind.

2. Danach folgt jeweils ein Szenario; darunter verstehen wir die Darstellung einer Situation, in der mit der grafischen Strukturierungsform gearbeitet wird. So lernen Sie sie auf narrative Weise kennen und bekommen gleichzeitig ein Modell, wie Sie mit der Form arbeiten könnten. Im Anschluss an das Szenario zeigen wir Ihnen eine konkrete, zum Szenario passende Visualisierung.

3. Wenn Sie auf diese Weise mit der grafischen Form vertraut geworden sind, stellen wir ihre Funktionen vor und erläutern, wozu sie im Unterricht dienen kann.

4. Um die Anwendung im Unterricht zu erleichtern, machen wir anschließend einen Vorschlag, wie Sie Ihre Schülerinnen und Schüler anleiten können. Damit Sie das direkt im Unterricht umsetzen können, beschreiben wir den Ablauf in Form von Arbeitsanweisungen an die Schüler. Dabei wird stets mit der Strategie des Kooperativen Lernens gearbeitet. Das Verfahren der Anfertigung der grafischen Formen und ihrer Präsentation ist immer im Dreischritt Einzelarbeit - Kooperation - Austausch in der Klasse beschrieben.

5. Um Ihnen einige Anregungen zu geben, was sie mit der vorgestellten Strukturierungsform machen können, stellen wir dann verschiedene Anwendungsmöglichkeiten für den Fachunterricht vor. Dies ist natürlich nur eine kleine Auswahl, denn die Möglichkeiten der Anwendung sind unbegrenzt.

6. Den Abschluss der Vorstellung einer grafischen Form bildet zumeist eine Übung. Wir möchten Sie damit einladen, eigene Erfahrungen mit der Struktur zu machen. Zu fast jeder Übung haben wir auch eine exemplarische Lösung erstellt. Die Lösungen sind alle in Kapitel VII gesammelt, so dass dieses letzte Kapitel Ihnen gleichzeitig eine Übersicht über alle in diesem Buch vorgestellten grafischen Strukturierungsformen bietet.

Wenn Schülerinnen und Schüler eine grafische Struktur erstellen, müssen sie wissen, was eigentlich die Merkmale dieser Struktur sind. Und wenn Sie grafische Strukturen Ihrer Schüler einschätzen und beurteilen wollen, dann müssen Sie sich auf Kriterien und Indikatoren stützen, die den Schülern bekannt sind. Daher stellen wir in Kapitel V ein Verfahren vor, mit dem Sie mit Ihren Schülern gemeinsam ein differenziertes Beurteilungsraster erstellen können. In einem zweiten Schritt werden dann Möglichkeiten erläutert, wie Sie und Ihre Schüler mit einem solchen Raster umgehen können und Möglichkeiten der Selbst- und Fremdeinschätzung während des Lernprozesses nutzen können.

Seit vielen Jahren arbeiten wir schon mit den grafischen Strukturierungsformen und in dieser Zeit durften wir nicht nur ihre Wirksamkeit und Kraft immer wieder erfahren, sondern wir haben mit ihnen auch verschiedene Projekte durchgeführt. Zwei davon stellen wir Ihnen in Kapitel VI vor: Erstens einen Wettbewerb in der Jahrgangsstufe 13, in dem die Schülerinnen und Schüler großformatige Strukturen mit abiturrelevanten Inhalten erstellt haben und der mit einer Ausstellung und Siegerehrung seinen Abschluss fand. Zweitens werden wir von dem fächerübergreifenden Einsatz der Zeitleiste berichten, bei dem die Schüler das in den verschiedenen Fächern vermittelte geschichtliche Wissen verbunden und übersichtlich dargestellt haben.

Experimentieren Sie, variieren Sie, probieren Sie aus!

Sowohl bei den Szenarien als auch bei den Beispielen für die Anwendungen im Fachunterricht und den Übungen haben wir versucht, auf Themen und Material zurückzugreifen, das ohne besondere Vorkenntnisse verständlich ist. Dadurch sind aber bestimmte Fächer, etwa Deutsch und Biologie, stärker vertreten als z.B. Mathematik oder Physik. Das sagt aber nichts über die Einsatzmöglichkeiten auch in diesen Fächern aus. Experimentieren Sie, variieren Sie, probieren Sie aus! Am Ende des Buches finden Sie die E-Mail-Adresse unseres Verlages, über den Sie mit uns in Kontakt treten können. Wir sind gespannt, von Ihren Erfahrungen zu hören!

Unser besonderer Dank gilt Katharina Pacyna, die dieses Buch mit ihren Illustrationen und grafischen Strukturen wieder sehr bereichert hat, Christiane Schwert für ihr engagiertes Lektorat und Bernd Speckin für seine professionelle Grafik.

Ludger Brüning, Tobias Saum

I Warum grafisches Strukturieren?

1 Was sind grafische Strukturierungsformen?

Es wird immer wieder festgestellt, dass es in der Schule heute nicht mehr darum geht, einen festen Wissensbestand zu erwerben, den man dann ein Leben lang behält und anwendet. Unsere Schüler müssen darauf vorbereitet werden, ein Leben lang zu lernen, weil sich die Wissensbestände immer schneller erweitern und verändern und auch die Aufgaben während des Lebens immer öfter wechseln. Sie müssen lernen, sich selbständig Wissen zu erarbeiten und dieses mit dem bereits bekannten zu vernetzen. Anstatt in der Informationsflut unterzugehen, sollten sie den Überblick behalten und Zusammenhänge verstehen. Und nicht zuletzt müssen sie lernen, fundiert zu urteilen und begründete Entscheidungen zu treffen.

Unsere Aufgabe als Lehrende ist, ihnen Werkzeuge an die Hand zu geben, mit denen sie diese Aufgaben bewältigen können. Die in diesem Buch vorgestellten grafischen Strukturierungsformen sind solche Werkzeuge. Vielleicht klingt der Begriff grafische Strukturierungsformen zunächst etwas ungewohnt. Doch mindestens ein Beispiel dafür kennen sie: die Mind Map. Damit kann ein Thema in seinen Aspekten und den jeweils zugehörigen Details differenziert dargestellt werden. Aber neben der Mind Map gibt es eine Fülle von weiteren grafischen Strukturierungsformen, die hierzulande noch kaum bekannt sind. Die Mind Map eignet sich nur für ganz bestimmte logische Zusammenhänge; häufig sind andere grafische Formen passender.

Grafische Strukturierungsformen sind Formen der Visualisierung. Visualisierungen machen etwas anschaulich und sichtbar, und grafische Strukturierungsformen machen Sachzusammenhänge, die mental repräsentiert sind, sichtbar. Mehr noch: Schon bei dem Prozess, solche mentalen Repräsentationen aufzubauen, sind sie eine große Hilfe. Denn wer seine Gedanken grafisch strukturiert festhält, ordnet sie schon während des Denkprozesses, verliert keine Aspekte aus dem Blick und muss über die Beziehungen der einzelnen Elemente nachdenken. Die grafischen Strukturen dienen also auch dazu, den Denkprozess anzuleiten und zu strukturieren.

Der Begriff grafische Strukturierungsformen ist der Oberbegriff für alle grafischen Darstellungen von logischen Strukturen. Für jede logische Beziehung gibt es eine eigene Möglichkeit, sie grafisch darzustellen. Wenn Schüler diese Formen beherrschen, haben sie ganz neue Möglichkeiten, effektiv zu lernen, mit Wissen umzugehen und ihr Denken zu strukturieren. Mit den in diesem Buch vorgestellten grafischen Formen können Sie Ihre Schüler in die Lage versetzen, logische Strukturen zu erkennen und Wissenszusammenhänge übersichtlich und geordnet darzustellen.

Durch die Muster der grafischen Strukturierungsformen verstehen Schüler oft erst, was eine logische Operation ist, und dass Wissen und Denken ohne sie in keinem Fach möglich ist. Wenn Schüler einen Text lesen, dann können sie vielleicht den Inhalt verstehen, aber es fällt ihnen oft schwer, auch die logischen Strukturen des Sachverhalts herauszuarbeiten. Wer dagegen gelernt hat, den im Text dargestellten Inhalt grafisch strukturiert darzustellen, ist auch imstande, die logische Struktur des Textes herauszuarbeiten. Durch den Einsatz der grafischen Strukturierungsformen können Sie bei Ihren Schülern also ein Bewusstsein dafür schaffen, dass es logische Beziehungen gibt, und Sie können sie lehren, welche es sind.

Es gibt zwei Möglichkeiten, wie grafische Strukturierungsformen im Unterricht gebraucht werden können: Zum einen kann der

Lehrer Informationen mit ihnen vermitteln. Zum anderen können die Schülerinnen und Schüler angeleitet werden, selbst Informationen grafisch darzustellen. In diesem Buch geht es um die zweite Möglichkeit. Denn wenn das Wissen bereits in grafisch strukturierter Form dargeboten wird, dann werden die Lernenden nicht dazu angeregt, selbst ein geistiges Modell aufzubauen und dies in die eigenen mentalen Strukturen zu integrieren. Denn Lernen ist der Aufbau von mentalen Modellen bzw. mentalen Repräsentationen. Und wenn die Schülerinnen und Schüler eigene grafische Strukturen aufbauen, dann schaffen sie geistige Netze, die mit den bereits vorhandenen Netzen verknüpft sind. Durch grafische Strukturierungsformen können Sie Ihren Schülern also Werkzeuge zur mentalen Wissensorganisation an die Hand geben.

Übrigens

Für alle Unterrichtssituationen gilt, dass das grafische Strukturieren immer auch eine motivierende Funktion hat. Nicht alle Schüler schreiben gern und sie empfinden das Bilden von grafischen Strukturen als willkommene Abwechslung. Gerade visuell begabte Schülerinnen und Schüler arbeiten dabei intensiver und konzentrierter. Und visuell dargestellte Sachzusammenhänge ziehen oft größere Aufmerksamkeit auf sich, auch die Aufmerksamkeit der Schüler, denen die Konzentration nicht leicht fällt.

2 Die Einsatzmöglichkeiten im Unterricht

Grafische Strukturierungsformen können im Unterricht in ganz unterschiedlichen Situationen eingesetzt werden, je nachdem welche Funktion sie erfüllen sollen. In diesem Kapitel möchten wir Ihnen einen Überblick darüber geben, wann Ihre Schüler mit welchen grafischen Strukturierungsformen arbeiten können. Insgesamt stellen wir zwölf verschiedene Einsatzmöglichkeiten im Unterricht vor. Natürlich eignen sich nicht für jedes unterrichtliche Ziel alle Strukturierungsformen, denn die grafischen Formen haben unterschiedliche Funktionen. Daher nennen wir im Anschluss an die Darstellung einer Einsatzmöglichkeit die dafür geeigneten grafischen Strukturierungsformen. Sie können dieses Kapitel folgendermaßen nutzen: Wählen Sie zunächst das Unterrichtsziel aus, das sie gerade verfolgen und dann eine dafür geeignete grafische Strukturierungsform. Dabei können Sie von der unten stehenden Überblicksgrafik ausgehen, in der alle zwölf Einsatzmöglichkeiten in der Reihenfolge ihrer Darstellung in diesem Kapitel genannt sind. In Kapitel IV haben wir dann jede der genannten Strukturierungsformen eingehend und mit Beispielen dargestellt.

Abb. 1: Einsatzmöglichkeiten des grafischen Strukturierens

2.1 Sachinhalte erarbeiten und ihre logische Struktur darstellen

Geeignete grafische Strukturierungsformen

- Concept Map
- Mind Map
- Word Web
- Flussdiagramm
- Sequenzdiagramm
- Zeitleiste
- Fischgräten-Diagramm
- Ursachenkette
- Kreislauf-Diagramm
- Tabelle
- Venn-Diagramm

Mit den meisten grafischen Formen kann deklaratives Wissen – also Wissen von Fakten, Daten, Sachverhalten und Ereignissen – dargestellt werden. Denn allem deklarativem Wissen liegt eine logische Struktur zugrunde. Wenn Lernende sich dieses Wissen aneignen wollen, dann müssen sie seine logische Struktur verstehen. Wer einen Sachverhalt bloß paraphrasieren kann oder ihn nur auswendig gelernt hat, der hat ihn nicht wirklich verstanden und verarbeitet. In diesem Fall spricht man von mechanischem Lernen.[1] Zu sinnvollem Lernen, durch das erst Wissen im eigentlichen Sinn gebildet wird, gehört, dass die logische Struktur des Sachverhaltes erschlossen wird. Grafische Strukturierungsformen sind Instrumente, die Schüler anleiten, einen Sachverhalt in seinen logischen Strukturen zu erschließen und in diesen Strukturen auch darzustellen. Sie sind dazu besonders geeignet, weil sie von den Schülern fordern, die Fülle von Wissen, die z.B. in einem langen Text oder einem Vortrag dargestellt wird, auf das Wesentliche zu reduzieren. Sie erlauben nicht, bei der bloßen Paraphrase stehen zu bleiben, sondern lenken den Blick auf die Kernbegriffe und ihre Beziehungen, auf die zentralen Gedanken.

Neben deklarativem Wissen gibt es noch prozedurales Wissen, also Wissen von Handlungen und Verfahren. Ob ich meine Schuhe zubinde, anstreiche oder eine Concept Map anfertige, ich muss wissen, wie das geht. Auch dieses prozedurale Wissen lässt sich in grafischen Strukturierungsformen darstellen,

allerdings vor allem in Ablaufdiagrammen (siehe Kap. IV.4).

Immer wenn es im Unterricht um den Aufbau von Wissen geht, können also grafische Strukturierungsformen eingesetzt werden.

2.2 Die Struktur eines Themenbereiches vor seiner Erarbeitung im Überblick darstellen

Geeignete grafische Strukturierungsformen

- Concept Map
- Mind Map
- Word Web
- Zeitleiste
- Fischgräten-Diagramm

Grafische Strukturierungsformen können auch als sogenannte „Advance Organizers" eingesetzt werden. Dies ist eine Strukturdarstellung, in der der Lehrer die allgemeinen Zusammenhänge des zu Lernenden darstellt und den Schülern damit vor Beginn des Lernprozesses einen Überblick gibt. So können die Schüler den Lernstoff jeweils in einem Ganzen verorten. Im Laufe des Lernprozesses füllt sich diese Struktur für die Schüler dann. Wir haben sehr gute Erfahrungen gemacht, einen solchen Überblick zu Beginn der Unterrichtseinheit als großes Plakat aufzuhängen, von den Schülern nach Ihren Vorgaben gestaltet. So können die Schüler während des Unterrichtsprozesses jederzeit sehen, wo sie sich gerade befinden und wie das, was sie gerade erarbeiten, mit dem, was sie schon gelernt haben und was sie noch lernen werden, zusammenhängt.

Ein „Advance Organizer" steht nicht im Widerspruch dazu, dass Schüler ihr Wissen selbst erarbeiten sollen. Denn der Lehrer gibt nicht die Feinstruktur des Wissens vor, sondern nur die Grobstruktur. Die einzelnen Bereiche des Ganzen können dann von den Schülern mit jeweils angemessenen grafischen Strukturierungen dargestellt werden.

[1] Vgl. Edelmann, 2000, S. 145.

2.3 Wissensvoraussetzungen aktivieren[2]

Geeignete grafische Strukturierungsformen

- alle Formen

Wenn die Schüler vor der Erarbeitung eines neuen Themas ihr dazu schon vorhandenes Wissen grafisch darstellen, aktivieren sie ein bereits bestehendes mentales Netz; später kann dann das neue Wissen leicht in dieses integriert werden. Wenn bereits kognitive Strukturen zu einem Zusammenhang vorhanden sind, dann müssen diese zunächst aus den Tiefen des Gedächtnisses ins Bewusstsein gerufen werden. Wenn das neue Wissen damit verknüpft wird, dann wird es eher verstanden und behalten. In einem zweiten Schritt können die Schüler nach der Erarbeitung das neue Wissen in die anfängliche Grafik integrieren oder – wenn dies nicht möglich ist – beide in einem neuen Netz verbinden.

2.4 Texte erschließen

Geeignete grafische Strukturierungsformen

- alle Formen

Mit der Erarbeitung von Wissen hängt die Erschließung von Texten eng zusammen; denn Wissen wird häufig über Texte transportiert. Grafische Strukturierungsformen können dabei eine große Hilfe sein. Wer einen Text grafisch strukturiert, durchdringt ihn tiefer oder versteht ihn vielleicht erst wirklich.

Bevor die Schüler mit der Grafik beginnen, sollten sie den Text komplett bearbeitet haben, also die Schlüsselbegriffe oder Kernelemente herausgearbeitet und am Rand schon einige Beziehungen u.a. notiert haben. Wichtig ist, dass bei dieser Textbearbeitung schon die Beschränkung auf das Wesentliche geschieht, weil sonst die Grafik zu unübersichtlich wird.

Besonders hilfreich ist es, wenn auf der Textseite, die Sie den Schülern geben, die rechte Hälfte der Seite frei ist; dann können Ihre Schüler während des Lesens und Bearbeitens die logische Struktur des Textes jeweils Abschnitt für Abschnitt in diesen freien Raum zeichnen.

Zunächst sollten Sie die Strukturierungsformen vorgeben, die die Schüler benutzen müssen, um den Textinhalt darzustellen. In einer späteren Phase, wenn die Schülerinnen und Schüler bereits ein Repertoire an grafischen Strukturierungsformen haben, können Sie diese auch selbst entscheiden lassen, welche Form sie für textangemessen halten.

Wenn die Schüler das eigene Wissen und ihre mentalen Verknüpfungen (Vorwissen, Beispiele, Anwendungsmöglichkeiten, Schlussfolgerungen etc.) mit den Informationen eines Textes in einer Map verbinden, dann ist es sinnvoll, dabei unterschiedliche Farben benutzen zu lassen, um zu erkennen, was Eigenes ist und was dem Text entnommen wurde.

2.5 Wissen einprägen

Geeignete grafische Strukturierungsformen

- alle Formen

Wer intensiv an einer Grafik arbeitet, dem prägt sich schon während dieses Prozesses das dargestellte Wissen ein, und das grafische Wissensnetz bildet sich auch mental. Daher hilft das grafische Strukturieren, Arbeitsergebnisse zu behalten. Nach einer Unterrichtseinheit können Sie z.B. eine Übersichtsgrafik anfertigen lassen, in der die Schülerinnen und Schüler das erarbeitete Wissen strukturiert darstellen. Auf dieses Wissen können sie dann immer wieder, z.B. bei der Vorbereitung auf Prüfungssituationen, zurückgreifen. Wir selbst haben die Erfahrung gemacht, dass wir bei einem Prüfungsgespräch, für das wir zur Vorbereitung eine grafische Struktur angefertigt hatten, diese vor dem geistigen Auge hatten und so stets den Überblick behielten und viele

---

[1] Die Bedeutung der Aktivierung der Wissensvoraussetzungen wird näher erläutert in: Brüning/ Saum, 2006 a, S. 158f.

Aspekte geordnet einbringen konnten. Generell gilt: Wenn man sein Wissen in den Grundstrukturen und Vernetzungen präsent hat, dann läuft man weniger Gefahr, dass es träge bleibt, nicht angewendet und schließlich vergessen wird. Grafische Strukturen führen also dazu, dass das Lernen nachhaltiger wird.

Damit sich grafisch dargestelltes Wissen einprägt, hat es sich auch als sinnvoll erwiesen, die grafischen Strukturen auf ein Plakat zu übertragen – wenn dies nicht schon im Rahmen von Präsentationen geschehen ist – und einige Zeit im Klassenzimmer hängen zu lassen. Dann fällt der Blick Ihrer Schülerinnen und Schüler immer wieder darauf und das Wissen prägt sich stärker ein.

2.6 Gedanken kreativ entwickeln

Geeignete grafische Strukturierungsformen

- Cluster
- Mind Map
- Word Web

Mit grafischen Strukturierungsformen fällt es leichter, neue Gedanken zu entwickeln. Dazu gibt es zwei Möglichkeiten: Entweder folgt man einfach den gedanklichen Assoziationen und schreibt diese in der Reihenfolge ihres Auftretens in der Form eines Clusters auf. Oder man schafft schon vorher eine Struktur, etwa ein Word Web, in dem der Blick bereits auf bestimmte zentrale Aspekte gelenkt wird. Dann kann man die Gedanken, die kommen, den Aspekten zuordnen, zu denen sie logisch gehören. Diese Grafik schafft vorstrukturierte Räume, was den Gedankenfluss enorm anregt.

2.7 Das Schreiben von Texten vorbereiten

Geeignete grafische Strukturierungsformen

- Sequenzdiagramm
- Mind Map
- Word Web

Grafische Strukturierungsformen können den Schülerinnen und Schülern beim Schreiben von Texten eine große Hilfe sein, ganz gleich, ob es um Textanalysen oder kreative Texte geht. Denn stets steht vor dem eigentlichen Schreiben die Planungsphase, in der Stoff und Ideen für den Text gesammelt werden, etwa die Argumente für eine Erörterung, die Ideen für eine Geschichte oder die Kernpunkte einer Analyse. Diese Gedanken können sehr übersichtlich und geordnet in verschiedenen grafischen Strukturierungsformen dargestellt werden, so dass während der gesamten Schreibphase darauf Zugriff besteht.

Wenn die Schülerinnen und Schüler einen Textinhalt grafisch darstellen, bevor sie eine schriftliche Analyse schreiben, dann ist das Nachdenken über den Text schon vor Beginn des Schreibens abgeschlossen. Die grafische Strukturierung gibt ihnen einen klaren Überblick über den Inhalt und erleichtert die Gliederung des eigenen Textes.

2.8 Präsentieren und Vortragen

Geeignete grafische Strukturierungsformen

- alle Formen

Wer sich Wissen angeeignet hat, muss oder möchte es oft auch weitergeben, denn Wissensbildung und Verarbeitung ist ein Prozess, der sich häufig in einem sozialen Kontext abspielt. Eine übersichtliche grafische Struktur bietet dafür die besten Voraussetzungen, denn die Fülle des Stoffes ist bereits auf das Wesentliche reduziert. So können mögliche Adressaten das Wissen leicht aufnehmen und

verstehen. Denn eine gute Strukturdarstellung gibt einen Überblick und erleichtert die Orientierung. Wer etwas an andere weitergibt, versteht dies außerdem oft selbst auch besonders gut und nachhaltig, weil er es noch einmal genau durchdenken muss.

Damit sich eine grafische Struktur zur Präsentation eignet, müssen Sie Ihren Schülerinnen und Schülern besondere Vorgaben machen:

◆ Eine Grafik zur Präsentation muss auf einem DIN-A0-Bogen (Flip-Chart-Bogen) oder auf einer Folie dargestellt werden, sonst ist sie zu klein und die Zusammenhänge sind nicht mehr für alle nachvollziehbar.

◆ Stellen Sie den Schülern dicke Stifte zur Verfügung und bevorzugen Sie eher dunkle Farben. Gelb und Orange sind kaum zu erkennen.

◆ Die Schüler müssen üben, groß und deutlich zu schreiben. Fordern Sie dies konsequent ein, sonst wird die ganze Grafik zur Präsentation unbrauchbar. Viele Schüler sind das nicht gewohnt und müssen es erst üben. Lassen Sie am Anfang einige Male mit Bleistift vorschreiben und dann erst mit dicken Stiften nachziehen.

◆ Grafische Strukturen sind manchmal so komplex, dass sie sich nicht zur Präsentation eignen. Lassen Sie ggf. eine vereinfachte Version erstellen.

Wenn Schüler präsentieren, dann können sie auch den Inhalt für sich in einer sehr differenzierten Grafik darstellen und diese dann für die Zuhörer vereinfachen. Während der Präsentation ersetzt die differenzierte Grafik den Stichwortzettel, und die vereinfachte

Grafik kann als Folie für die Zuhörer benutzt werden. Nach und nach kann der Vortragende seine Aspekte darstellen, ohne dass er oder die Zuhörer den Überblick verlieren.

2.9 Mitschreiben bei Vorträgen

Geeignete grafische Strukturierungsformen

- **Cluster**
- **Mind Map**
- **Word Web**

Sowohl bei Lehrervorträgen als auch bei Vorlesungen in der Universität ist es für viele ein Problem, die vorgetragene Wissensfülle mitzuschreiben und zu behalten. Wer bei einem Vortrag mitschreibt, hat oft Schwierigkeiten, alles schnell zu Papier zu bringen. Wer dagegen gelernt hat, grafisch mitzuschreiben, der kann sich oft viel knapper und übersichtlicher Notizen machen und gewinnt später leichter einen Überblick als jemand, der erst in seinen Fließtext eine Struktur bringen muss. Dabei darf man natürlich nicht erwarten, schon beim Schreiben die vollständig richtige logische Struktur zu entwickeln, da man während des Vortrags noch nicht den Überblick über das Ganze hat (außer bei sehr gut strukturierten Vorträgen). Meist muss man die Grafik, die beim Mitschreiben entstanden ist, später noch einmal überarbeiten. Aber das ist viel einfacher, als eine ganz neue Grafik zu erstellen oder die Vorlesung bzw. den Vortrag noch einmal vollständig niederzuschreiben.

Am Anfang eines Vortrages sollte man ein besonderes Augenmerk auf den Überblick legen, den der Redner (hoffentlich) über die Aspekte des Themas gibt. Denn danach kann man z.B. eine Mind Map strukturieren, die man dann während des Vortrages nach und nach ausfüllt. Eine grafische Struktur hat den Vorteil, dass man meist ohne Probleme etwas nachträglich einfügen kann – im Unterschied zum Fließtext, bei dem nachträgliche Einfügungen meist zu ziemlicher Unübersichtlichkeit führen.

Wenn man vor dem Vortrag eine Mind Map oder ein Word Web anlegt, bei dem man schon alle Aspekte einträgt, die man bei dem Thema erwartet bzw. die einen interessieren, dann kann man am Ende leichter Fragen stellen, weil man direkt sieht, welche Bereiche offen geblieben sind.

Wenn Sie einen Lehrervortrag halten, ist es daher für die Schülerinnen und Schüler hilfreich, wenn Sie am Anfang einen Überblick geben und die Schüler auffordern, danach eine grafische Struktur anzulegen. Außerdem ist es wichtig, immer wieder Pausen zu machen, damit die Schüler die Fülle des Wissens verarbeiten können.[1]

2.10 Den Lernstand selbst diagnostizieren

Geeignete grafische Strukturierungsformen

- alle Formen

Auch zur Diagnose können grafische Strukturierungsformen hervorragend genutzt werden, und zwar in verschiedenen Phasen des Unterrichts. Vor Beginn einer Unterrichtseinheit kann eine grafische Struktur den Wissensstand zum Thema zeigen, können Sie erkennen, was die Schüler dazu schon wissen; während der Einheit können Sie anhand von grafischen Strukturen leicht erkennen, was Ihre Schüler schon gelernt haben und wo Lücken oder Missverständnisse sind; und am Ende können Sie erkennen, ob Sie Ihre Lernziele erreicht haben. Der Lernstand ist bei grafischen Strukturen viel einfacher erkennbar, als wenn man Schülertexte zur Diagnose heranzieht (durch die man allerdings noch anderes erfährt, etwa den Stand der Schreibkompetenz). Denn bei grafischen Strukturierungen erkennen Sie direkt, ob eine Relation richtig ist, wenn Sie die Aufschrift auf dem Pfeil sehen. Und durch die Kästchen erkennen Sie sehr schnell, ob die Kernelemente vollständig

herausgearbeitet und richtig angeordnet sind. Aufgrund der hohen Belastung im Lehrberuf ist es also auch eine Entlastung, grafische Strukturen zur Diagnose heranzuziehen.

Schüler können durch grafische Strukturierungen auch ihren eigenen Lernstand leichter erkennen. Sie merken viel schneller, wo sie eine Beziehung noch nicht verstanden haben, weil sie nicht wissen, was sie auf den Pfeil schreiben sollen, oder dass ihnen ein Begriff nicht klar ist, weil sie ihn nicht einordnen können.

2.11 Evaluieren, Urteilen und Entscheiden

Geeignete grafische Strukturierungsformen

- PMI, Mehrfach-PMI
- Waage
- Leiter

Bestimmte grafische Formen können auch in Evaluationsprozessen eingesetzt werden – also immer, wenn Ihre Schülerinnen und Schüler urteilen, bewerten und entscheiden sollen. Denn die Formen geben eine Struktur vor, die den Blick lenkt. So wird allein schon durch die Struktur sichergestellt, dass bei einem Urteil alle Seiten einbezogen werden – auch wenn es mehrere Alternativen gibt, bei denen sonst leicht der Überblick verloren geht.

2.12 Unterricht vorbereiten

Geeignete grafische Strukturierungsformen

- alle Formen

Auch für Sie als Unterrichtenden können grafische Strukturierungen eine Hilfe bei der Vorbereitung und Durchführung einer Unterrichtsstunde oder eines Unterrichtsvorhabens sein. Grafische Übersichten erleichtern es, strukturiert und systematisch zu planen und Sie laufen nie Gefahr, den Überblick darüber zu verlieren, was schon erarbeitet worden ist bzw. was noch vor Ihnen liegt. Wenn Sie eine solche Grafik mit in den Unterricht nehmen, können Sie sich – anders als bei Fließtexten – mit einem Blick orientieren.

[1] Ausführlicher wird dies dargestellt in: Brüning/ Saum, 2006 a, S. 82-92.

Praxishinweise für den Alltag

1 Einführung in den Unterricht

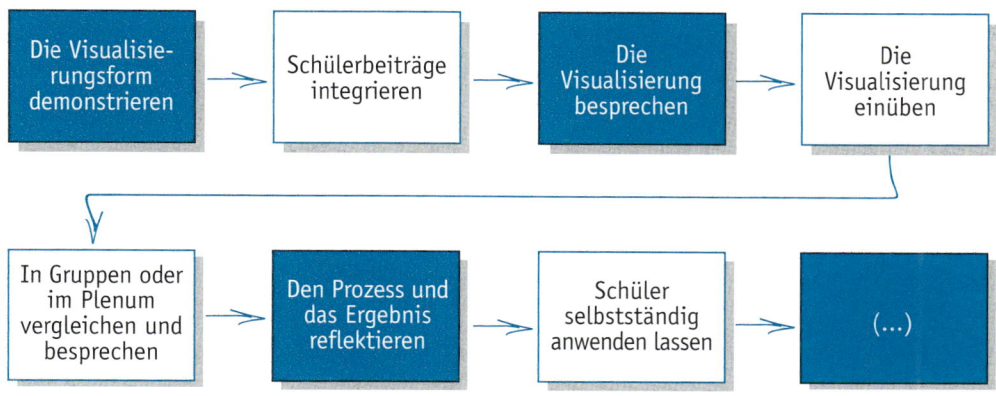

Abb. 2 Schrittfolge zur Einführung grafischer Strukturen in den Unterricht

Wie können Sie Ihre Schüler an die Arbeit mit grafischen Strukturierungen heranführen?

Wir möchten Ihnen dazu ein Verfahren vorstellen, das Sie bei der Einführung jeder grafischen Strukturierung durchführen können. Wir demonstrieren es hier am Beispiel des Fischgräten-Diagramms (vgl. S. 65). Das Verfahren eignet sich schon für die unteren Jahrgangsstufen.

1.1 Die Visualisierungsform demonstrieren

Teilen Sie den Schülern zu Beginn mit, dass es um Ursachen für Autounfälle gehen soll und

zeichnen Sie ein leeres Fischgräten-Diagramm mit Kopf, Hauptgräten und dünneren Gräten an die Tafel. Tragen Sie in den Kopf des Diagramms „Ursachen Autounfälle" ein.[1] Notieren Sie am Ende einer jeden Hauptgräte einen Bereich, der für Verkehrsunfälle mitverantwortlich sein kann: Fahrzeugtechnik, Verkehrsteilnehmer, Wetter, Straßenverhältnisse, Verkehrsdichte. Vielleicht lassen Sie noch eine Gräte frei für einen Bereich, an den Sie bei der Vorbereitung noch nicht gedacht haben. Schülermeldungen lassen sich dann besser integrieren.

1.2 Schülerbeiträge integrieren

Fordern Sie jetzt Ihre Schülerinnen und Schüler auf, einzelne Ursachen zu benennen und den Bereichen zuzuordnen. Schreiben Sie die Antworten in Form von Stichworten auf die dünneren Gräten. Wenn die Zuordnung nach Ihrer Ansicht nicht zutreffend ist, so können Sie das Stichwort zunächst an die falsche Stelle notieren. Seien Sie zuversichtlich, bestimmt wird schon bald die erste Frage kommen, ob dieser Eintrag nicht vielleicht doch in einen anderen Bereich passt. Das sind die fruchtbaren Momente im Bildungsprozess[2], denn dann findet unmittelbar Denken und Lernen statt.

[1] Vgl. Bellanca, 1990, S. 55.

[2] Vgl. Copei, 1969, S. 28ff.

17

1.3 Die Visualisierung besprechen

Am Ende haben Sie ein fertiges Diagramm an der Tafel. Sie haben während der Stunde aus dem Unterrichtsgespräch heraus Schritt für Schritt die Visualisierung an die Tafel gezeichnet und ausgefüllt. Die Schüler haben ein lebendiges Beispiel dafür, wie sie mit der Visualisierung arbeiten können. In unserem Fall haben sie unmittelbar vor Augen, wie ein Fischgräten-Diagramm aussieht. Jetzt können Sie seine Merkmale und seine Funktion besprechen. Machen Sie deutlich, wann es eingesetzt werden kann. Grenzen Sie es von anderen Formen ab, vor allem von dem Word Web und der Mind Map, mit denen es oft verwechselt wird. Denn das Fischgräten-Diagramm dient nicht einfach dem Ordnen und Sortieren wie diese, sondern der Darstellung von Ursache-Wirkungsbeziehungen und Mittel-Zweckbeziehungen.

Wie leite ich die Anfertigung der grafischen Form an, wenn sie bereits eingeführt worden ist?

1.4 Die Visualisierung einüben

Wenn die Schüler eine bestimmte grafische Form von Ihnen im Unterricht vorgestellt bekommen haben, dann sollten sie diese möglichst bald selbst anfertigen. Fordern Sie die Schüler auf, in Einzelarbeit eine Fischgräte zu zeichnen. Geben Sie ein Thema bzw. eine Aufgabe vor und weisen Sie die Schüler darauf hin, sich genau an Ihrem Modell zu orientieren und die Gestaltungsregeln zu beachten. Denken Sie daran, dass die Aufgabe nicht zu schwer ist: Gerade in der Anfangsphase benötigen die Schüler Erfolgserlebnisse.

Kommentar

Wie ein Sportler zunächst jeden Bewegungsablauf sorgfältig einstudiert, so sollten Sie auch bei den Schülern darauf achten, dass sie sich die hier vorgestellten Grundformen möglichst idealtypisch aneignen. Erst wenn sie eine grafische Struktur ohne Probleme beherrschen, können Sie ihnen die Freiheit geben, mit der Form zu experimentieren und Varianten zu entwickeln. Wenn Ihre Schüler in einem späteren Stadium dann verschiedene grafische Strukturierungen beherrschen, können Sie sie auch selber entscheiden lassen, welche Form sie zu welcher Aufgabe benutzen. Am Ende des Lernprozesses sind die Schüler dann auch in der Lage, so genannte „complex organizers" anzufertigen, in denen sie ganz verschiedene Formen in einer Visualisierung miteinander kombinieren.

1.5 In Gruppen oder im Plenum vergleichen und besprechen

Halten Sie die Schüler an, mit dem Partner oder an der Tischgruppe die grafischen Strukturen zu vergleichen. Hierzu geben wir im nächsten Kapitel ausführliche Hinweise (S. 23f.).

1.6 Den Prozess und das Ergebnis reflektieren

Auch die Präsentation der Ergebnisse und die damit verbundenen Herausforderungen haben wir bereits dargestellt. Daneben ist es aber sehr bedeutsam, dass Sie Ihre Schüler anregen, über den Prozess, die Inhalte und die grafische Struktur und ihre Methodik zu reflektieren.[1] So schaffen Sie ein Bewusstsein dafür, dass der Lernvorgang selbst zielgerichtet gesteuert werden kann. Die Schüler entwickeln Vorstellungen von den unterschiedlichen grafischen Strukturen und können sie langfristig selbständig auswählen, anwenden und beurteilen.

1.7. Schüler selbständig anwenden lassen

Wenn Sie und Ihre Schülerinnen und Schüler mit dem grafischen Strukturieren vertraut sind, werden Sie nur noch wenige knappe Anweisungen geben müssen. Nutzen Sie jetzt immer wieder die eingeführte Strukturierung. So entwickeln die Schüler methodische Routine und können durch die Visualisierung die Inhalte und Problemstellungen tiefer durchdringen.

Anfänglich werden Sie immer einmal wieder auf die Regeln und Gestaltungselemente hinweisen müssen. Denken Sie daran, dass die Schüler in der Regel von vielen verschiedenen Lehrerinnen und Lehrern unterrichtet werden und dann schon einmal Ihre methodischen Hinweise vergessen. Nach unserer Erfahrung genügt eine kurze Skizze an der Tafel, um den Schülern die Form noch einmal zu vergegenwärtigen.

---

[1] Zur Reflexion von Lehr-Lernprozessen mit und durch die Schüler vgl. Brüning/ Saum 2006 a, S. 165ff.

18

2 Varianten und Hinweise zur Einführung und Vertiefung

Die Elemente einer grafischen Strukturierung werden den Schülerinnen und Schülern noch klarer, wenn Sie ihnen weitere Beispiele zeigen. Sie können auch grafische Strukturierungen auswählen, die nicht alle von Ihnen vorgestellten Elemente enthalten und von der Idealform abweichen. Lassen Sie die Defizite dieser Strukturierungen von Ihren Schülern herausarbeiten. So werden die zentralen Elemente noch deutlicher.

3 Wie arbeiten die Schüler in der Einzelarbeit?

Neben der Frage, wie Sie im Unterricht grafische Strukturen einführen und deren Anfertigung begleiten können, ist ebenso wichtig, in welchen Schritten die Schüler bei der Anfertigung von grafischen Strukturen vorgehen sollen. Es geht also um die Frage der Mikrostruktur des Lernprozesses. Die unten stehende Grafik stellt dar, was die Schüler in der Phase der Einzelarbeit leisten sollten.

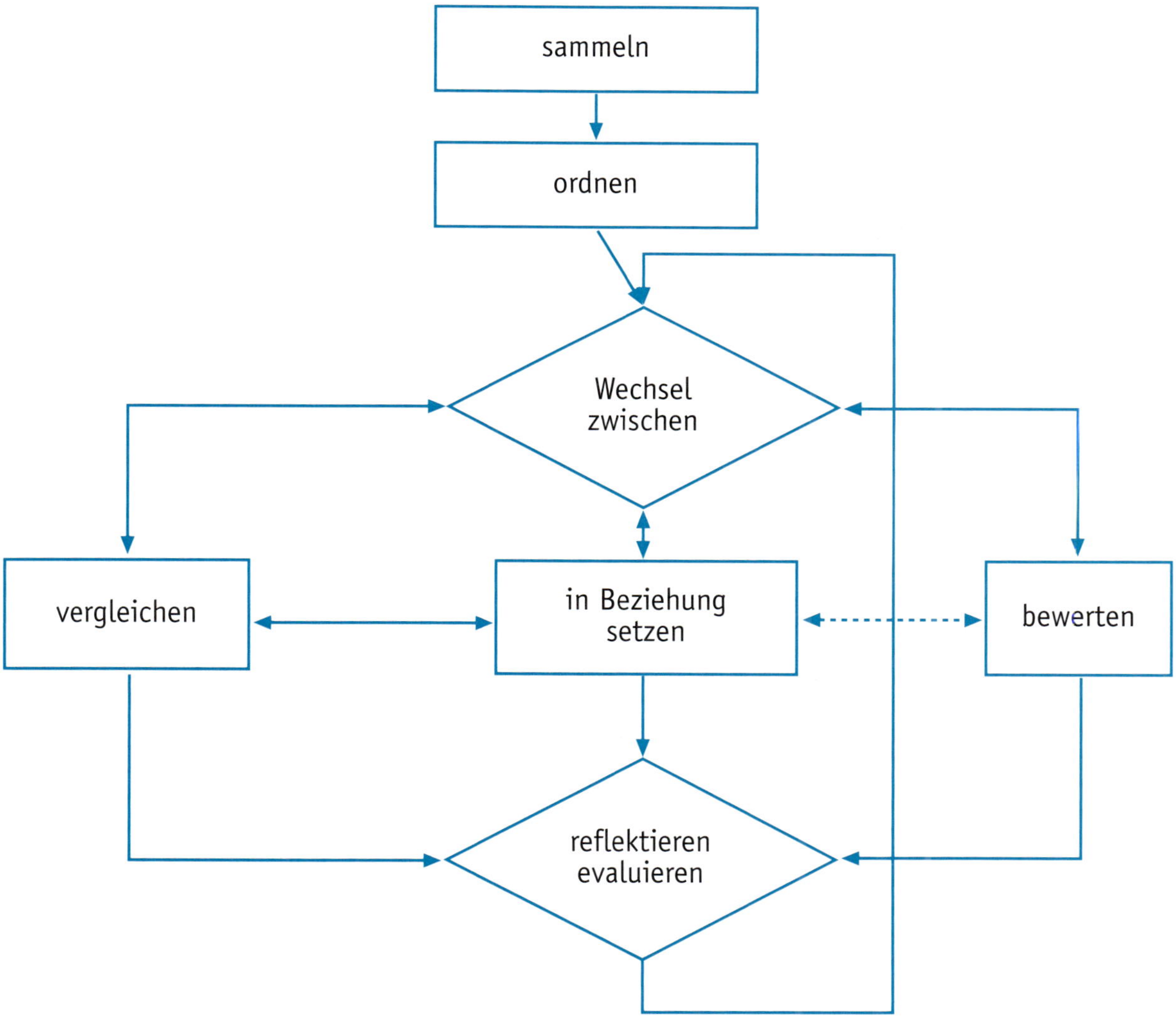

Link

Neben der Demonstration an der Tafel gibt es noch andere methodische Möglichkeiten der Hinführung zur Arbeit mit anspruchsvollen grafischen Strukturierungen. Vielleicht lesen Sie dazu einmal unsere Vorschläge zur Einführung von Concept Maps (S. 78f.).

```
┌──────────┐
│  sammeln │
└────┬─────┘
     ↓
┌──────────┐
│  ordnen  │
└────┬─────┘
     ↓
  ◇ Wechsel
    zwischen ◇
```

vergleichen — in Beziehung setzen — bewerten

reflektieren evaluieren

Abb. 3: Dynamischer Mikroprozess der Anfertigung von grafischen Strukturen

19

Auch wenn die einzelnen kognitiven Operationen bei der Anfertigung von grafischen Strukturierungen nicht immer in gleicher Weise aufeinander folgen, so lassen sich nach unserer Ansicht doch grundsätzlich Schritte unterscheiden, die immer wieder auftauchen, aber in einem sich ständig bewegenden, dynamischen Prozess zueinander stehen. Im Grunde wird jeder Schüler, der grafische Strukturen anfertigt...

• Wissen erinnern und sammeln

Zunächst sammelt der Schüler sein Wissen. Das macht er in der Regel in Form von Stichworten.

• Begriffe und Konzepte ordnen

Jetzt beginnt er einzelne Stichworte zu gruppieren oder bestimmten Überbegriffen zuzuordnen.

• Begriffe und dahinter liegende Erscheinungen miteinander vergleichen

Einzelne Begriffe oder Konzepte werden jetzt verglichen, das führt häufig zu Neuzuordnungen oder Verschiebungen.

• Begriffe in Beziehung setzen

Je nach grafischer Struktur werden die einzelnen Begriffe zueinander in Beziehung gesetzt. Das können Über- und Unterordnungen sein, also hierarchische Beziehungen. Genauso gut möglich sind aber auch zeitliche, definitorische oder kausale Einordnungen.

• Begriffe und Konzepte bewerten

Möglicherweise bewerten die Schüler auch einzelne Aspekte oder Begriffe.

• Visualisierung reflektieren und evaluieren

Wenn die Schüler dann ihre Visualisierung vor sich liegen haben, sollten sie diese noch einmal auf innere Logik, sachliche Richtigkeit, Übereinstimmung mit der Aufgabenstellung etc. prüfen. Vielleicht verändern sie dann noch einmal einzelne Aspekte in ihrer grafischen Struktur. Wenn Sie ein Beurteilungsraster erstellt haben (siehe Kap. V, S. 107), dann sollte die Reflexion anhand dieses Rasters geschehen.

Wie Sie erkennen können, handelt es sich hier um einen sehr dynamischen Denk- und Lernprozess. Die Schüler ordnen, vergleichen und bewerten permanent. Dabei dringen sie in die Tiefenstrukturen des Gegenstandes ein. Sie erkennen ihre Verständnisdefizite, stellen neue Beziehungen her und bauen ihr Wissen aus.

4 Das Handwerkszeug: Praxistipps und Hinweise

Dieser komplizierte und dynamische Prozess des Nachdenkens, in dem die Schüler in hohem Maße geistig aktiv sind, kann durch verschiedene kleine Tipps unterstützt und erleichtert werden.

Methodische und inhaltliche Passung

Haben Sie im Blick: Wenn die grafische Strukturierung zu anspruchsvoll ist und die Darstellung eines Sachgebietes die Schüler überfordert, findet kaum Lernen statt. Die Schüler konzentrieren sich dann stärker auf die grafische Strukturierung und ihre Form als auf den Inhalt. Hier gibt es keine pauschalen Hinweise: Schon Grundschulkinder können kleine und überschaubare Concept Maps anfertigen. Aber selbst in der 9. Klasse sind viele Schüler noch überfordert, die im Unterricht thematisierte Geschichte der Weimarer Republik in einer Concept Map darzustellen. Hier ist es sinnvoll, den Umfang des Themengebiets zu reduzieren und nur eine Detailfrage in den Blick zu nehmen, zum Beispiel die nach den Ursachen für das Scheitern der ersten Deutschen Demokratie.

TIPP!

Fertigen Sie eigene grafische Strukturierungen an

Wirklich effektiv werden Sie erst dann die grafischen Formen im Unterricht einsetzen, wenn Sie selbst mit ihnen arbeiten. Bestimmt werden Sie sehr bald einige persönliche Favoriten haben. Das ist gut so, denn diese werden Sie auch im Unterricht immer wieder einsetzen lassen.

Fertigen Sie, wenn Sie Zeit finden, als Unterrichtsvorbereitung immer wieder eigene grafische Strukturen an. Zur Not können Sie damit beginnen, wenn auch Ihre Schüler es tun: im Unterricht.

Mit bekannten Themen beginnen

Es hat sich bewährt, eine neue grafische Struktur mit einem den Schülern bekannten Themengebiet einzuführen oder einem, zu dem jeder Schüler aufgrund seiner Erfahrungen etwas beitragen kann. Denn dann können sie sich ganz auf die neue Form konzentrieren.

Hilfen geben

Wenn es um das Erkennen von Beziehungen oder von Ober- und Unterbegriffen geht, soll-

ten Sie bedenken, dass dies für viele Schüler eine anfänglich sehr große Herausforderung darstellt. Geben Sie zu Beginn die Begriffe vor und lassen Sie diese dann in einem Wechsel aus Einzelarbeit und Kooperation anordnen. Wenn es um Kategorien geht, dann können Sie auch nur diese vorgeben.

Gestaltungsmerkmale beachten

Achten Sie darauf, dass Ihre Schüler die vorgegebenen Elemente und gestalterischen Merkmale anwenden. Sonst ist eine Abgrenzung der verschiedenen Formen kaum möglich. Die Schüler werden sie nicht so leicht selbstständig anwenden können und auch eine Bewertung wird für Sie schwieriger.

Bleistift ist das Mittel der Wahl

Machen Sie deutlich, dass es sich immer um einen Prozess handelt. Dazu gehört, dass Ihre Schüler zunächst vorläufige Bleistiftzeichnungen anfertigen und diese einer Revision unterziehen, bevor es zur abschließenden Ausgestaltung kommt. Daher gilt:

◆ Immer zunächst mit Bleistift zeichnen.

◆ Hilfreich sind kleine Haftnotizzettel oder Kärtchen, die auf dem Papier verschoben werden können.

Ansprechende Gestaltung

Visualisierungen sind immer auch ein Instrument, mit dem die Schüler ihr Wissen organisieren können, und das sie zum Wiederholen benutzen sollten.[1] Dafür ist es sehr wichtig, dass die Visualisierungen übersichtlich und ansprechend gestaltet sind. Bestehen Sie daher auf einer entsprechenden Ausführung.

Die können Sie unterstützen, wenn Sie möglichst häufig DIN-A3-Papier bereitstellen.

Weisen Sie Ihre Schüler ferner darauf hin, dass die Thematik und der Unterrichtsbezug immer eindeutig erkennbar sein sollen. Halten Sie daher Ihre Schüler an, stets die Themen bzw. Textbezüge in den Überschriften deutlich zu machen.

Stichworte statt Texte

Visualisierungen werden zu den Reduktionsstrategien gezählt,[2] d.h. komplexe Informationen werden durch die grafische Strukturierung auf ein Mindestmaß an Worten reduziert. Diese Notwendigkeit der Konzentration auf zentrale Begriffe fordert die kognitive Durchdringung des Gegenstandes, denn die richtige und auch falsche oder unlogische Wahl der Begriffe und ihre Anordnung wird in jeder grafischen Struktur schnell sichtbar. Halten Sie deshalb Ihre Schüler an, immer mit Stichworten zu arbeiten.

TIPP! _____

Wenige Strukturen einführen

Auch wenn wir in diesem Buch sehr viele grafische Strukturen vorstellen, möchten wir Ihnen empfehlen, anfänglich nur mit einigen wenigen zu arbeiten. Auch wir haben zunächst nur mit Mind Maps und Clustern angefangen, haben dann Concept Maps und Venn-Diagramme entdeckt und sind erst später auf Word Web, Fischgräten-Diagramme und andere Formen gestoßen. Lassen Sie sich in diesem Prozess Zeit. Auch hier gilt: weniger ist oftmals mehr.

[1] Vgl. Tergan, 2006, S. 307f.

[2] Vgl. Renkl/ Nückles 2006, S. 135ff.

 **Visualisierungen in der Dramaturgie des Unterrichts**

1 Guter Unterricht durch grafisches Strukturieren?

Lehrerexpertise und guter Unterricht

Nicht eine bestimmte Form, Methode oder Herangehensweise macht guten Unterricht aus, sondern erst die Kombination unterschiedlicher Methoden des Unterrichtens.[1]

Nehmen wir einmal an, ein Lehrer versucht das entdeckende Lernen in seinen Unterricht zu integrieren. Der Unterrichtsgegenstand ist aber für die Schüler nicht interessant, die Arbeitsaufträge sind undeutlich formuliert oder der Lehrende ist nicht in der Lage, mit Störungen angemessen umzugehen oder mit den Schülern in gegenseitiger Achtung zu kommunizieren. Vermutlich wird das grundsätzlich wirksame entdeckende Lernen kaum zu nachhaltigen Ergebnissen führen. Die Wirkung von Unterricht entfaltet sich eben nicht allein durch eine Methode. Im Gegenteil, erst die bewusste und zielgerichtete Integration verschiedener Ansätze in ein zusammenhängendes Lehrerhandeln macht wirksamen Unterricht aus.

Der Lehrer ist in dieser Hinsicht mit einem Künstler zu vergleichen, der über verschiedenste Werkzeuge, Maltechniken und Farben verfügt. Im Hintergrund hat er künstlerische Vorstellungen, die sein Schaffen bestimmen. Auch wir als Unterrichtende sind im übertragenen Sinne Künstler: Der Unterrichtsprofi greift ähnlich wie ein Künstler auf verschiedene Techniken und Methoden zurück, arrangiert diese in der Dramaturgie des Unterrichts zu immer wieder neuen Lernsituationen und lässt sich dabei leiten von erziehungswissenschaftlichen und lernpsychologischen Erkenntnissen sowie eigenen und gesellschaftlichen Wertmaßstäben und Erziehungszielen. So schafft er gleichsam täglich unterschiedliche Bilder von Unterricht.

Die Beherrschung ganz verschiedener Lehr-Lern-Methoden ist dabei unverzichtbar. In der anglo-amerikanischen Literatur wird in diesem Zusammenhang von „instructional intelligence"[2] gesprochen, hierzulande heißt es Lehrerexpertise bzw. Lehrkompetenz.[3] Kurz: Der Unterrichtende muss sowohl fachwissenschaftliche als auch erziehungswissenschaftliche Grundlagenkenntnisse besitzen. Er muss aber eben auch über ein umfassendes und reichhaltiges Handlungsrepertoire verfügen, in dem die Grundlagenkenntnisse eingebettet sind und im Unterricht wirksam werden, um so immer wieder echte Kunstwerke zu schaffen, d.h. erfolgreich zu unterrichten.

Visualisierungen und guter Unterricht

Was hat aber die Frage nach der Lehrerexpertise mit grafischen Strukturierungen zu tun? Nun, wir behaupten nicht, dass Sie mit Hilfe von Visualisierungen automatisch besseren Unterricht machen. Grafisches Strukturieren ist eben auch nur eine mögliche Lehr-Lern-Methode im Unterricht. Wenn Sie diese aber häufig und gezielt anwenden, dann wirkt sich das positiv auf das Lernen Ihrer Schülerinnen und Schüler und auch auf die Atmosphäre im Unterricht aus.

Dazu müssen Sie sich ein Handlungsrepertoire in der Arbeit mit grafischen Strukturierungen schaffen, ein wenig zu einem Spezialisten für Visualisierungen werden. Wir möchten Sie mit diesem Buch dabei begleiten. Machen Sie viele Erfahrungen, erwerben Sie Routine und nehmen Sie Ihre Arbeit und die Lernprozesse Ihrer Schüler immer wieder kritisch in den Blick. Und wir möchten Sie ermutigen, ständig und beharrlich mit Visualisierungen in Ihrem Unterricht zu arbeiten. Die Schüler werden anfänglich nicht immer begeistert sein, denn aktivierender Unterricht bedeutet auch, dass jeder in einen Lernprozess versetzt wird und sich nicht einfach entziehen kann. Und das ist mitunter ungewohnt und für einzelne Schüler anstrengend. Auf der anderen Seite entdecken fast alle Schüler nach einiger Zeit die enorme Wirksamkeit und Kraft, die von Concept Maps, Fischgräten-Diagrammen, Word Webs usw. ausgehen. Unsere Erfahrung ist diesbezüglich sehr ermutigend. Die Schüler kommen auf uns zu und fordern immer wieder ein, diesen oder jenen Unterrichtsgegenstand auch grafisch bearbeiten zu dürfen. Und die inzwischen umfangreichen lernpsychologischen Untersuchungen[4] bestätigen unsere eigenen Beobachtungen und Erfahrungen, gleiches gilt für die positiven Rückmeldungen vieler Kolleginnen und Kollegen.

[1] Vgl. Helmke, 2004, S. 68ff.

[2] Vgl. Bennett/ Rolheiser, 2001.

[3] Vgl. Helmke, 2004, S. 49ff.

[4] Vgl. Renkl/ Nückles, 2006, S. 136f.; Bennett/ Rolheiser, 2001, S. 292; Jüngst, 1998, S. 11ff.

2 Grafisches Strukturieren und Kooperatives Lernen

Bei der Lektüre dieses Buches werden Sie feststellen, dass wir die Arbeit mit den grafischen Strukturierungsformen grundsätzlich mit dem Kooperativen Lernen verbunden haben – ganz gleich, ob wir das Verfahren und den Ablauf beschreiben, in dem Schüler eine Struktur erstellen können, oder ob wir zum Beispiel im Szenario die Umsetzung im Unterricht anschaulich machen. Dahinter steckt die Erfahrung, dass die Lerneffekte bei der Arbeit mit grafischen Formen durch den Einsatz von kooperativen Verfahren sichtbar vergrößert werden. Um diese Wirkung zu erzielen, bedarf es keines komplexen kooperativen Lernarrangements; es genügt, die Grundstruktur des Kooperativen Lernens umzusetzen.[1] Denn der Fokus soll gerade in der Phase, in der Sie die grafischen Strukturierungsformen kennen lernen und beginnen, mit ihnen zu arbeiten, nicht auf die kooperativen Prozesse verschoben werden. Gleichwohl glauben wir, dass das Kooperative Lernen beim grafischen Strukturieren unverzichtbar ist.

TIPP! _____

Verstärken Sie die positiven Effekte des grafischen Strukturierens durch das Kooperative Lernen! Und umgekehrt: Verstärken Sie das Kooperative Lernen in Ihrer Klasse durch das grafische Strukturieren. Denn der Austausch in der Gruppe wird intensiver, wenn die Schüler sich auf vorliegende Grafiken beziehen.

2.1 Einzelarbeit

Die Grundstruktur des Kooperativen Lernens besteht darin, dass die Schülerinnen und Schüler zunächst alleine eine Aufgabe bearbeiten und sich dann über ihre Ergebnisse in der Gruppe austauschen. Wenn z.B. ein Text erarbeitet werden soll, stellt zunächst jeder für sich den Inhalt dar; dafür können Ihre Schülerinnen und Schüler eine der grafischen Strukturen nutzen, die wir Ihnen in diesem Buch vorstellen. Jeder schafft damit ein individuelles Verständnis des Textes. In dieser Phase ist es wichtig, dass Sie konsequent darauf achten, dass die Schüler alleine arbeiten und nicht miteinander reden und möglichst auch noch nicht auf die Grafik des Nachbarn schauen. Wir wissen, dass die Beachtung dieser Grundregel des Kooperativen Lernens[2] nicht selten für Schüler und Lehrer eine Herausforderung darstellt.

2.2 Der Austausch in der Gruppe

Erst wenn jeder eine eigene Grafik erstellt hat, können die Gruppenmitglieder mit dem Austausch beginnen. Es gibt ganz verschiedene Möglichkeiten, diesen Prozess in der Gruppe zu strukturieren.

Die erste Möglichkeit ist, dass die grafischen Strukturen einzeln besprochen und ausgewertet werden. Dazu stellt zunächst ein Schüler seine Struktur vor und die anderen sagen, was sie daran gelungen finden und wo sie Schwächen sehen, wo z.B. ein Inhalt nicht dem Text entspricht oder die Struktur nicht übersichtlich ist. Um zu einer fundierten Rückmeldung in der Lage zu sein, müssen die Gruppenmitglieder die Kriterien für eine gelungene grafische Struktur kennen und anwenden können. So geht es dann im Uhrzeigersinn weiter: Jeder stellt vor und bekommt von den anderen eine kriterienorientierte Rückmeldung. Danach sind dann alle in der Lage, ihre Struktur entsprechend den Hinweisen zu überarbeiten. Die Endergebnisse können dann präsentiert und schließlich vom Lehrer eingesammelt werden. Bei diesem Verfahren bleiben die Schüler allerdings auf der Stufe der individuellen Konstruktion stehen, auch wenn sie sich gegenseitig Hinweise zur Verbesserung geben. Es wird aber keine gemeinsame Struktur erstellt. Wenn man möchte, dass die Schülerinnen und Schüler über die individuelle Konstruktion hinausgehen und eine Ko-Konstruktion bilden, dann müssen sie eine gemeinsame grafische Struktur erarbeiten.

---

[1] Sowohl die Grundstruktur des Kooperativen Lernens als auch kooperative Lernarrangements werden ausführlich und praxisnah dargestellt in: Brüning/ Saum, 2006 a. Dort finden Sie auch weiterführende Literatur zum Kooperativen Lernen.

[2] Vgl. Brüning/ Saum, 2006 d, S. 37ff.

Daher können Sie – v.a. bei komplizierten grafischen Strukturen – vorgeben, dass jeweils eine Visualisierung als Ausgangspunkt der Diskussion in der Tischgruppe gemacht wird. Die Arbeit eines Gruppenmitglieds wird also ausgewählt, in die Mitte des Tisches gelegt und besprochen. Die Ergebnisse der anderen werden durchaus hinzugezogen, aber nur in Bezug auf die vorliegende Grafik. Diese wird dann durch die Gruppe in der Austauschphase optimiert. Dieses Vorgehen ist etwas schneller und weniger ermüdend für die Schüler. Aber beachten Sie: Damit hier die Schüler nicht schon im Vorfeld bestimmen, wessen Arbeit besprochen wird, können Sie zum Beispiel durch den Zufall bestimmen, welche Arbeiten an den Tischen in die Mitte gelegt werden. Ebenso möglich ist, dass die Schüler entscheiden, welche der grafischen Strukturen sie für geeignet halten, um sie als Basis für die gemeinsame zu nehmen. Beobachten Sie die Schüler und nehmen Sie in den Blick, ob alle an der Optimierung der grafischen Form beteiligt sind.

Dieses Vorgehen erspart viel Zeit, wenn anschließend eine Präsentation erfolgen soll, in der die Ergebnisse besprochen und überprüft werden. Denn wenn dieser Prozess abgeschlossen ist, braucht die grafische Struktur nur noch auf einen großen Bogen übertragen zu werden.[1]

Wenn Sie Zeit haben, ist es am besten, die beiden gerade beschriebenen Prozesse zu verbinden: Zuerst besprechen die Schüler nacheinander alle Grafiken der Gruppe und danach wählen sie eine aus, die sie gemeinsam optimieren und dann auf einen großen Bogen übertragen.

2.3 Vorbereitung der Präsentation

Wenn Sie die Ergebnisse der Schüler nicht in einem fragend-entwickelnden Unterrichtsgespräch mit Hilfe der Tafel selbst visualisieren möchten, dann sollten Sie Ihren Schülern Zeit einräumen, die Präsentation vorzubereiten.

Um nach der Vorstellung ihrer Strukturen in der Gruppe auf einem neuen Blatt eine neue Grafik zu erstellen, sollten die Schülerinnen und Schüler einen großen Bogen Papier, etwa einen Flip-Chart-Bogen, zur Verfügung gestellt bekommen, so dass das Ergebnis auch präsentiert werden kann. Alternativ kann auch eine Folie gewählt werden, die dann mit dem Tageslichtprojektor präsentiert wird. Es geht meist schneller, eine Grafik auf eine Folie zu zeichnen als auf einen DIN-A0-Bogen.

In der Praxis zeigt sich immer wieder, dass während der Vorbereitung der Präsentation nicht mehr alle Schüler mitarbeiten und sich einige nach und nach aus dem Prozess verabschieden und über andere Dinge reden. Dagegen gibt es kein Patentrezept. Um aber zu verhindern, dass nur noch einer die Arbeit macht, können Sie zum Beispiel vorgeben, dass derjenige die Folie erstellt, dessen Visualisierung bereits besprochen und optimiert wurde, wenn Sie dieses Verfahren gewählt haben. Die anderen müssen in dieser Zeit die eigene Visualisierung ergänzen. Es lässt sich aber nicht ganz vermeiden, dass in dieser Phase nicht alle in gleicher Weise die Präsentation vorbereiten. Wenn Sie diesbezüglich eine Differenzierungsaufgabe bereithalten, lässt sich das Problem ganz leicht lösen. Aber seien Sie gelassen, nach unserer Erfahrung dauert die Übertragung in der Regel nicht sehr lange. Geübte Schüler übertragen in wenigen Minuten eine Visualisierung auf eine Folie oder einen Bogen.

Das zuvor angesprochene Problem kann auch völlig unkompliziert gelöst werden, wenn die Ergebnisse aus der Austauschphase direkt präsentiert werden können. Das geht zum einen mit den sehr praktischen, aber leider in den Schulen nur selten anzutreffenden modernen Visualizern. Mit ihnen können Sie

---

[1] Sandra McEwan und John Myers (2002) schlagen vor, dass dabei jeder mit einem andersfarbigen Stift arbeiten muss. Dadurch könne man als Lehrer erkennen, wer was geschrieben hat. Sie sehen dieses Verfahren also auch als Diagnosemöglichkeit: „In group-based graphic organizers such as mind maps or team webs, have each student use a different coloured marker to identify who did what. For example, Ms. Gagné could tell who were the concrete and who were the abstract thinkers by matching the colours students used to the comments they made in the team webs." (S.33) Das Problem bei dieser Diagnose ist, dass sie davon ausgehen, dass jeder das schreibt, was er auch gedacht hat. Aber zunächst müssen alle das Konzept gemeinsam entwickelt haben. Wer dann etwas schreibt, hängt nicht mehr davon ab, wer etwas gedacht hat. Wenn man fordern würde, dass nur jeder seine Gedanken aufschreibt, dann bestünde die Gefahr, dass man einen fruchtbaren Austausch verhindert, weil einzelne möglicherweise ihre Gedanken zurückhalten, damit nicht andere sie in die Grafik integrieren und von der Lehrerin als Urheber angesehen werden.

die auf Papier geschriebenen Visualisierungen an die Wand projizieren. Aber vielleicht schauen Sie noch einmal in der Mediensammlung Ihrer Schule. Bestimmt findet sich dort noch ein Episkop. Mit diesem sehr praktischen Gerät können Sie die Schülerarbeiten einfach an die Wand projizieren.[1]

2.4 Präsentation in der Klasse

Die dritte Phase eines kooperativen Prozesses ist die Präsentation in der Klasse bzw. im Kurs. Auch dafür gibt es verschiedene Möglichkeiten.[2]

♦ Auf der Basis der Vorschläge der Schüler können Sie, wenn es schnell gehen soll, nun eine Grafik an der Tafel anfertigen. Die Schüler können ihre Grafiken dann damit abgleichen.

♦ Schülerorientierter und noch lernwirksamer ist es, wenn einzelne Gruppen ihre Grafiken vorstellen können. Besprechen Sie diese in der Klasse. Wenn die Grafiken nicht zu umfangreich sind, können auch zwei Schüler ihre Grafiken an die Tafel übertragen. An diesen kann dann im Plenum gemeinsam weitergearbeitet werden. Oder Sie lassen zwei Bögen nebeneinander an die Tafel hängen und fordern die Schüler auf, die Lösungen zu vergleichen. Diskutieren Sie mögliche Unterschiede und Widersprüche.[3]

Wenn die Präsentation und Besprechung in der Klasse abgeschlossen ist, sollten die Schüler noch Zeit bekommen, ihre Grafiken zu ergänzen und vielleicht zu korrigieren. Nur so können Sie sicher sein, dass Ihre Schüler am Ende eines Lernprozesses ein vollständiges Ergebnis im Heft haben.

2.5 Soviel Zeit habe ich nicht im Unterricht!

Insgesamt erscheint Ihnen der Prozess vielleicht sehr zeitintensiv, aber er lohnt sich, weil die Schülerinnen und Schüler danach das Thema wirklich durchdrungen und verstanden haben. Sie können das Verfahren aber auch abkürzen.

♦ Lassen Sie zum Beispiel die Kooperation in der Partnerarbeit stattfinden. Dazu stellt zunächst der erste der Partner[4] seine Grafik genau vor, dann der andere. Wenn sich die beiden Grafiken unterscheiden, müssen beide auf der Grundlage des Textes entscheiden, ob diese Unterschiede vielleicht auf Missverständnisse hindeuten. Es kann aber auch sein, dass der Text beide Möglichkeiten zulässt. Im Anschluss daran können sie ihre Grafiken überarbeiten oder auf der Basis von einer der beiden eine gemeinsame erstellen.

♦ Sie können auch auf die Präsentation in der Klasse verzichten und die Ergebnisse zum Beispiel nach der Kooperation einsammeln, beurteilen und später besprechen.

♦ Wenn Ihre Schüler mit der von Ihnen gewünschten Visualisierung umgehen können, dann können Sie die Anfertigung auch als Hausaufgabe aufgeben. Im Unterricht wird mit der Kooperation begonnen.

[1] Das Episkop ähnelt dem Tageslichtprojektor. Der Unterschied liegt allerdings darin, dass direkt Papier oder andere Printmedien an die Wand projiziert werden können. Moderne Episkope werden als Visualizer bezeichnet, verfügen über einen digitalen Ausgang und werden an einen Beamer angeschlossen.

[2] Vgl. dazu Brüning/ Saum 2006 a, S. 44ff.

[3] Zur zentralen Bedeutung dieser Phase für Lernprozesse vgl. Brüning/ Saum, 2006 a, S. 53ff.

[4] Vorschläge, wie Sie die Partner zuordnen können, finden Sie in Brüning/ Saum, 2006 a, S. 66f.

 IV Die grafischen Strukturierungsformen

Hier nun beginnt das eigentliche Herz des Buches. Wir stellen Ihnen eine Vielzahl von grafischen Strukturierungen vor. Sie können jedes Kapitel für sich lesen, einzelne Strukturierungen auswählen und gezielt in den Blick nehmen. Deshalb haben wir auch immer wiederkehrende Elemente in das Buch aufgenommen. Wer das Buch in einem Zug durchliest, der wird diese vielleicht überspringen. Für den Unterrichtsalltag sind sie aber sehr hilfreich, da Sie nicht im Buch blättern müssen. Legen Sie ein Lesezeichen an die entsprechende Stelle und nehmen Sie das Buch mit in den Unterricht. Aufgeschlagen vor Ihnen liegend, können Sie so unproblematisch die Schüler anleiten.

Wie finden Sie die passende Strukturierungsform?

Aufgrund der Vielzahl der verschiedenen Visualisierungsformen werden sie anfänglich vielleicht etwas verunsichert sein, welche grafische Strukturierung nun für welche Unterrichtssituation passt. Das wird sich aber bald legen. Sie werden ein intuitives Verständnis der verschiedenen Visualisierungen entwickeln und diese sicher sehr schnell, situationsangemessen und auch flexibel einsetzen können. Dennoch möchten wir Ihnen die folgende Entscheidungshilfe an die Hand geben:

Wenn Sie wissen möchten, welche grafische Form für einen vorliegenden Sachverhalt geeignet ist, dann können Sie folgendermaßen vorgehen:

1. Stellen Sie für sich – vielleicht auch nur im Geiste – die Informationen zusammen, die dargestellt werden sollen.

2. Denken Sie dabei an die Schlüsselbegriffe und Kerngedanken, die Sie mit dem Sachgebiet oder Gegenstandsbereich verbinden.

3. Überlegen Sie jetzt, welche logischen Operationen im Mittelpunkt stehen oder auf welche Sie einen Schwerpunkt legen möchten. Geht es Ihnen vor allem um Gemeinsamkeiten und Unterschiede oder um Ursache und Wirkung oder um beides? Schauen Sie jetzt einfach auf die Abbildung 4.

4. Wählen Sie eine entsprechende Strukturierungsform aus. Vielleicht fertigen Sie jetzt selbst eine an, bevor Sie sie im Unterricht einsetzen?

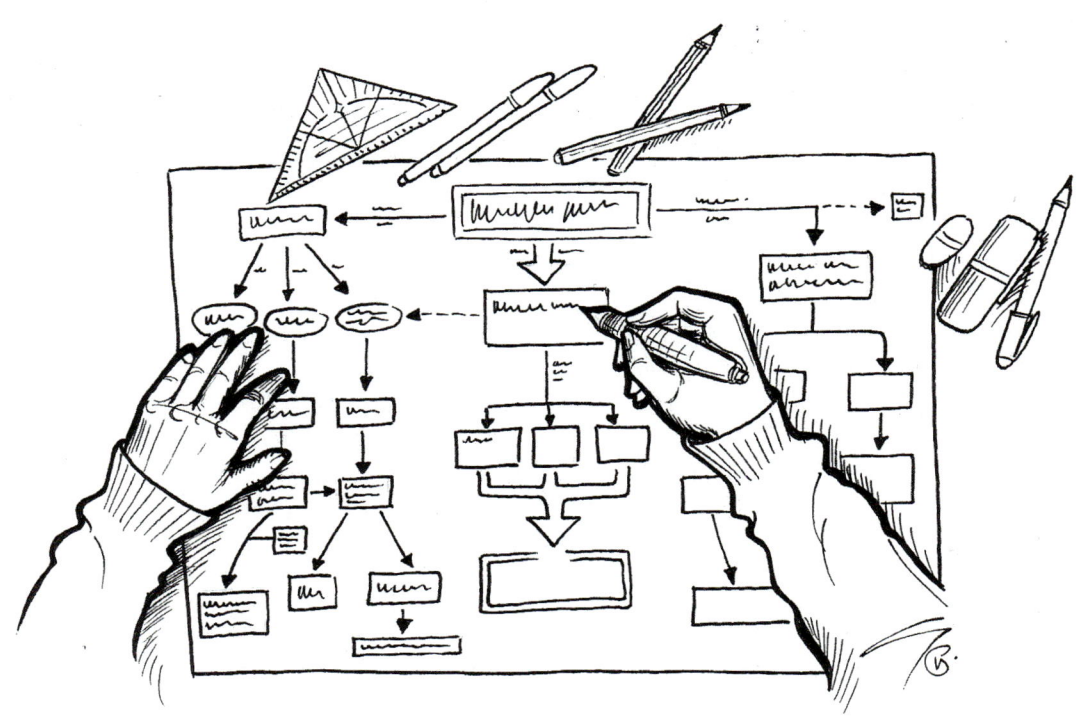

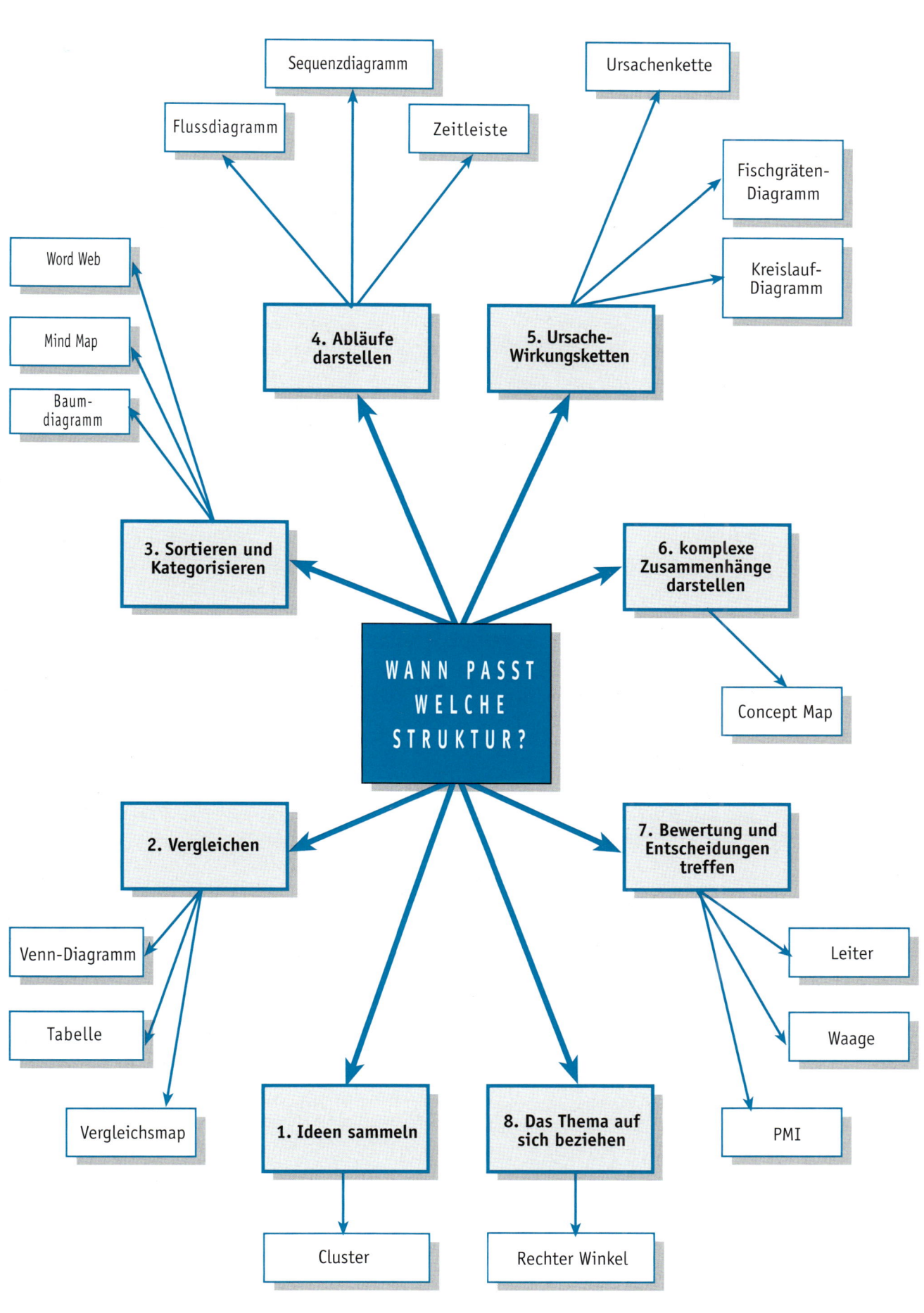

Abb. 4: Grafik zur Auswahl der passenden Visualisierungsformen

1 Ideen sammeln: Cluster

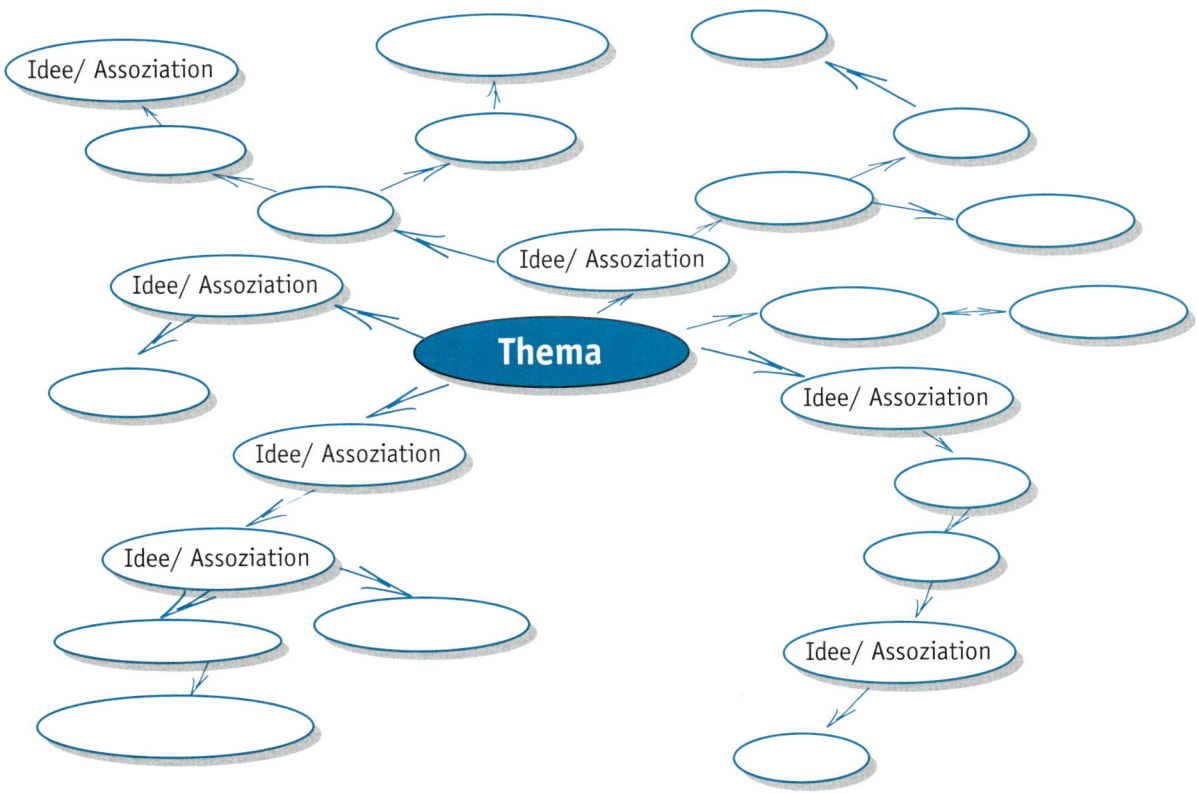

Abb. 5: Cluster

1.1 Szenario

Projektwoche an einer westfälischen Gesamtschule. Thema der Woche ist kreatives Schreiben. Die Schüler sind in einen herbstlichen Park gegangen und haben sich dort auf dem Rasen verteilt. Gelbe und braune Blätter liegen um sie herum, ebenso Kastanien, der Himmel ist weit und klar und blau. Der Deutschlehrer Sebastian Seefeld sammelt die Schüler um sich. Alle haben ein weißes Blatt Papier auf einer Unterlage und einen Bleistift. Wer die Klasse beobachtet, hat den Eindruck eines entspannten Miteinanders. Letzte Gespräche verstummen, während Sebastian Seefeld die Schüler anschaut. Als alle Schüler ruhig sind, geht ihm der Vers von Trakl durch den Kopf „Stille wohnt in blauen Räumen/ Einen langen Nachmittag." Aber es ist Vormittag und die Augen der 14- und 15-jährigen sind gespannt auf ihn gerichtet. Dann beginnt er zu reden: „Heute ist ein schöner Herbsttag und ich möchte, dass ihr versucht, die herbstliche Stimmung in Worte zu fassen. Wie wir im Unterricht besprochen haben, kann man Gefühle und Stimmungen am besten in Gedichten ausdrücken. Daher möchte ich, dass ihr heute ein Herbstgedicht schreibt..." Hier wird er von Mike un-terbrochen, der ruft: „Mir fällt sowieso nichts ein. Ich kann das nicht." Und Thomas stimmt ihm zu. Aber Sebastian Seefeld fährt im gleichen Tonfall fort und schaut dabei Mike und Thomas an. „Versucht es heute mal mit einer neuen Methode. Dann fällt euch garantiert was ein. Ich erkläre jetzt die Methode und jeder versucht es bitte. Danach sprechen wir darüber, wie es geklappt hat. Nehmt euer weißes Blatt und schreibt das Thema ‚Herbst' in die Mitte und umkreist es. Wenn euch dazu etwas einfällt, etwa Laub, dann schreibt es in einen Kreis in der Nähe der Mitte und verbindet den Kreis mit dem Thema. So macht ihr es mit allem, was euch einfällt. Ihr sollt alles sammeln, was euch zum Herbst in den Sinn kommt. Ihr braucht es nicht zu ordnen. Alles ist o.k was euch einfällt; bewertet nichts, lasst nichts weg." Dabei zeigt er ihnen das Beispiel eines umfangreichen Clusters auf einem großen Bogen. Er geht herum, so dass es jeder sehen kann. Dann beginnen die Schüler, einige haben Schwierigkeiten einen Anfang zu finden, aber nach und nach entstehen immer größere Netze, manche Schüler finden gar kein Ende. Auch die Netze von Mike und Thomas wachsen, anfangs langsam, doch dann fällt auch ihnen immer mehr ein...

1.2 Wozu dient das Cluster?

Wenn Menschen einen Text schreiben sollen – bei manchen genügt schon ein Brief oder eine Geschichte im Deutschunterricht, bei anderen ist es die Fach- oder Examensarbeit –, dann löst das vor ihnen liegende Papier oft eine Blockade aus. Sie wissen nicht, was sie schreiben sollen und vor allem nicht, wie sie anfangen sollen. Wenn sie dann aber irgendwann einen Anfang finden, dann kommen ihnen während des Schreibens immer mehr Ideen. Im Ergebnis sind die Texte, z. B. bei Facharbeiten in der Jahrgangsstufe 12, dann häufig eher zu lang als zu kurz. Das Problem liegt offensichtlich nicht darin, dass zu wenige Ideen oder Material vorhanden sind, sondern dass diese dem Bewusstsein der Schüler zunächst nicht präsent sind. Daher kommt es darauf an, dass der Ideenfluss, der oft erst während des Schreibens beginnt, möglichst schon vorher aktiviert wird. Wenn Sie im Unterricht die Ideen Ihrer Schülerinnen und Schüler zum Strömen bringen möchten, dann können Sie mit der grafischen Form des Clusters[1] arbeiten, die wir in diesem Kapitel vorstellen.

Ein Cluster dient dem Sammeln von Ideen. Dabei geht es nicht nur darum, das aufzuschreiben, was man gerade im Kopf hat, sondern sich assoziativ leiten zu lassen und während des Prozesses immer mehr Ideen zu entwickeln, die am Anfang nicht da waren. Das Cluster nutzt die assoziative Arbeitsweise des Gehirns. Im Gehirn steht nichts isoliert, sondern alles ist vielfältig miteinander verbunden. Sie haben diese Erfahrungen bestimmt auch schon häufig gemacht: Wenn Sie an eine Sache denken, fallen Ihnen viele andere Dinge ein, die damit auf irgendeine Weise verbunden sind. Indem Sie diesen Ketten folgen, fallen Ihnen wieder viele Dinge ein, die Sie am Anfang nicht im Bewusstsein hatten.

Wenn man sich ungehindert dem Prozess der Assoziation überlassen möchte, ohne dabei Ideen zu verlieren, sollte man die grafische Form des Clusters nutzen. Der Ausgangspunkt dieser Struktur ist, dass man das Thema in die Mitte eines weißen Blattes schreibt. Dann schreibt man alles darum herum, was einem einfällt. Jeder Gedanke wird umkreist und mit dem nächsten Gedanken durch eine Linie verbunden. Wenn der Faden der Assoziation abreißt, dann beginnt man wieder von der Mitte aus und geht mit der nächsten Assoziationskette in eine andere Richtung. Jeder Gedanke kann ausstrahlen wie Wellenkreise auf einem Teich, wenn man Steinchen hineinwirft. Man kann alles aufschreiben, was einem einfällt, und sollte es nicht bewerten. Beim Schaffen eines Clusters erschließen sich eine Vielzahl von Gedanken und Einfällen, die aus dem Teil des Gehirns stammen, in dem sich die Erfahrungen unseres ganzen Lebens ungeordnet drängen und vermischen. Nach und nach zeigen sich von selbst Muster und Zusammenhänge. Es ist wie beim ruhigen Betrachten von Wolken: Zuerst scheint alles chaotisch und sinnlos zu sein, dann plötzlich erkennen wir Muster in den Wolken, ein Schloss vielleicht oder ein Pferd.

[1] Entwickelt von Rico, 1984.

Gabriele Rico, die das Cluster entwickelt hat, betont, dass das grafische Element beim Cluster besonders wichtig ist, weil dadurch das bildliche Denken ins Spiel kommt: „Clustering bedeutet nicht, aufs Geratewohl Wörter und Sätze auf ein Blatt Papier zu verteilen. Es ist wesentlich komplexer: Beim bildlichen Denken zieht jede Assoziation mit ihrer eigenen Logik unaufhaltsam neue Assoziationen nach sich, auch wenn das begriffliche Denken häufig unfähig ist, die Verbindung zwischen ihnen zu erkennen."[1] Aber Bilder entstehen beim Cluster nur im Kopf, nicht auf dem Papier.

Anders als bei dem Word Web oder der Mind Map (siehe S. 43 bzw. 47) müssen die Wörter nicht geordnet sein. Es kann zwar vorkommen, dass zunächst ein allgemeiner Begriff genannt wird und dann ein besonderer, aber es kann auch umgekehrt sein.

1.3 Wie erstellen Schüler ein Cluster?

Am Anfang wird das Thema festgelegt. Entweder gibt es für alle dasselbe Thema, was dann später im Unterricht vertieft wird, oder – so z.B. beim kreativen Schreiben möglich – jeder sucht sich ein Thema und entwickelt dazu nach und nach Ideen.

Arbeitsanweisungen für die Schülerinnen und Schüler

Einzelarbeit

◆ Nehmt ein blanko DIN-A4-Blatt.

◆ Schreibt das Thema in die Mitte und umrandet es dick.

◆ Schreibt jetzt den ersten Gedanken, der euch zu diesem Thema einfällt, auf. Umkreist ihn und verbindet ihn mit dem Thema durch einen von der Mitte ausgehenden Pfeil. Schließt genauso den nächsten Gedanken daran an und alle weiteren, die sich an die erste Assoziation anschließen; umkreist die Gedanken jeweils. So entsteht eine Assoziationskette auf dem Papier. Wenn euch ein neuer Gedanke, der nichts mit dem ersten zu tun hat, einfällt, dann beginnt wieder von der Mitte ausgehend in eine neue Richtung.

◆ Wenn sich die Einfälle erschöpft haben, beginnt mit dem Schreiben des Textes (Alternativ: Ordnet eure Gedanken in einer Mind Map oder einem Word Web).

[1] Rico, 1984, S. 30.

Kooperation

◆ Stellt euch die Texte in der Gruppe vor.

Austausch in der Klasse

◆ Das Verfahren kann jetzt reflektiert und einzelne Produkte können in der Klasse präsentiert werden.

1.4 Anwendungsmöglichkeiten im Fachunterricht

Deutsch
◆ Kreatives Schreiben

Fremdsprachen
◆ Vor Beginn einer Unterrichtsreihe über die USA können die Schülerinnen und Schüler in einem Cluster alles sammeln, was sie über die USA wissen.

Biologie
◆ Vor Beginn einer Unterrichtsreihe zum Thema Gesunde Ernährung können die Schülerinnen und Schüler in einem Cluster alles sammeln, was sie darüber wissen und wie sie darüber denken.

Philosophie
◆ Vor Beginn einer Unterrichtsreihe zur Staatsphilosophie können die Schülerinnen und Schüler in einem Cluster alles sammeln, was ihnen zum Staat einfällt, welche Einstellung sie zum Staat haben, welche Aufgaben er hat usw.

1.5 Übung

Wie Sie vielleicht schon gesehen haben, sind in diesem Buch viele Übungen, in denen wir Sie einladen, die verschiedenen grafischen Strukturen zu erproben. An dieser Stelle können Sie zu einem in der Schulforschung viel diskutiertem Thema ein ganz persönliches Cluster erstellen.

Denken Sie einmal darüber nach, was Ihnen bei dem Stichwort „Guter Unterricht" einfällt. Schreiben Sie das Thema in die Mitte, kreisen Sie es ein und folgen Sie dann einfach Ihren Assoziationen. Vollständigkeit ist nicht das Ziel. Wenn Sie mit den Ergebnissen weiterarbeiten wollen, können Sie das, indem Sie zu dem Thema in der Übung des Kapitels IV.5.2 eine Fischgräte entwickeln (S. 69).

Unsere Lösungsvorschläge finden Sie in Kapitel VII.

2 Das Herz allen Lernens: Vergleichen

Bevor Sie mit der Lektüre dieses Kapitels beginnen, überlegen Sie doch einmal, wie oft Sie Ihren Schülerinnen und Schülern die Aufgabe geben, etwas zu vergleichen, oder wie oft Sie Gegenstände des Unterrichts nebeneinander stellen, damit die Gemeinsamkeiten bzw. Unterschiede deutlich werden. Vielleicht werden Ihnen nach und nach immer mehr Situationen einfallen, in denen Ihre Schülerinnen und Schüler vergleichen sollen. Dass diese geistige Tätigkeit in der Schule eine so große Rolle spielt, ist kein Wunder, denn sie ist auch in allen anderen Lebensbereichen zentral. Die geistige Operation des Vergleichens ist grundlegend für das menschliche Denken: „Forscher haben herausgefunden, dass diese mentalen Operationen [der Identifikation von Gemeinsamkeiten und Unterschieden] die Basis des menschlichen Denkens ist. In der Tat, sie könnten als das ‚Herz' allen Lernens angesehen werden."[1] Der amerikanische Erziehungswissenschaftler Robert Marzano, auf den dieser Ausspruch zurückgeht, bezieht sich hier allerdings nicht nur auf das Herausfinden von Gemeinsamkeiten und Unterschieden, sondern auch auf das vergleichende Klassifizieren, was im vorliegenden Buch im Kapitel „Sortieren und Kategorisieren" thematisiert wird.

Venn-Diagramm, Vergleichstabelle bzw. -map, Tabelle

Der Prozess des Vergleichens kann durch verschiedene grafische Formen strukturiert werden. Die einfachste Form ist eine Tabelle mit zwei Spalten, in der das zu Vergleichende gegenübergestellt wird. Doch wenn Sie sich die Anforderungen an einen Vergleich vor Augen führen, werden Sie schnell feststellen, dass zwei Spalten für einen Vergleich häufig nicht genügen. Denn beim Vergleich geht es nicht nur darum, Unterschiede herauszuarbeiten, sondern auch Gemeinsamkeiten. Das Gegenüberstellen ist daher nur der erste Schritt des Vergleichs. Das, was gegenübergestellt wird, muss dann hinsichtlich der Gemeinsamkeiten und Unterschiede analysiert werden. Diese mentale Operation kann durch das Venn-Diagramm strukturiert werden. Daher beginnen wir dieses Kapitel nicht mit der zweispaltigen Tabelle, sondern mit dem Venn-Diagramm. Es besteht aus zwei sich überlappenden Kreisen; in die Mitte werden die Gemeinsamkeiten geschrieben, in die äußeren Teile der Kreise kommen die Unterschiede.

Das Venn-Diagramm hat jedoch auch seine Grenzen: Es bietet keinen Raum für die Aspekte, unter denen verglichen werden soll. Wenn Sie möchten, dass der Vergleich aspektorientiert durchgeführt wird, dann können Sie im zweiten Teil diese Kapitels zwei grafische Formen finden, die dazu geeignet sind, nämlich Tabelle und Vergleichsmap. Die Aspekte können den Blick beim Vergleich leiten. Die Tabelle ist so strukturiert, dass in der obersten Zeile das steht, was verglichen werden soll, und in der linken Spalte die Aspekte stehen, unter denen verglichen werden soll. Wenn etwas nur unter einem Aspekt verglichen werden soll, dann können Sie auch das Venn-Diagramm nehmen und den Aspekt des Vergleichs darüber schreiben.

Wenn die Gemeinsamkeiten und Unterschiede herausgearbeitet worden sind, dann muss der Vergleich ausgewertet werden. Dafür gibt es keine Vorgaben, sondern es ist eine selbständige geistige Leistung. Die Auswertung sollte sich auf die Problemstellung, unter der der Vergleich durchgeführt wird, beziehen und eine Antwort auf der Grundlage der Ergebnisse des Vergleichs versuchen. Dabei sollten Auffälligkeiten benannt und Schlussfolgerungen gezogen werden. Dies ist die höchste kognitive Anforderung beim Vergleichen. Sie können die Auswertung auch durch vorgegebene Fragestellungen anleiten.

Ein vollständiger Vergleich von zwei Gegenständen ist also durch folgende Elemente gekennzeichnet:

1. Das zu Vergleichende: Dies können Menschen, Gegenstände, Epochen, Themen, Phänomene sein – je nachdem, was gerade in Ihrem Unterricht Thema ist.

2. Die Gemeinsamkeiten und Unterschiede des zu Vergleichenden.

3. Die Aspekte, unter denen der Vergleich durchgeführt wird.

4. Die Auswertung des Vergleichs im Hinblick auf die Problemstellung.

Im dritten Teil dieses Kapitels stellen wir Ihnen dann eine Tabelle zum Vergleichen mehrerer Gegenstände vor. In dieser Tabelle gibt es keinen Raum mehr, um die Gemeinsamkeiten und Unterschiede herauszuarbeiten, da die Ta-

---

[1] Marzano/ Pickering/ Pollock, 2001, S. 14.

2.1 Venn-Diagramm

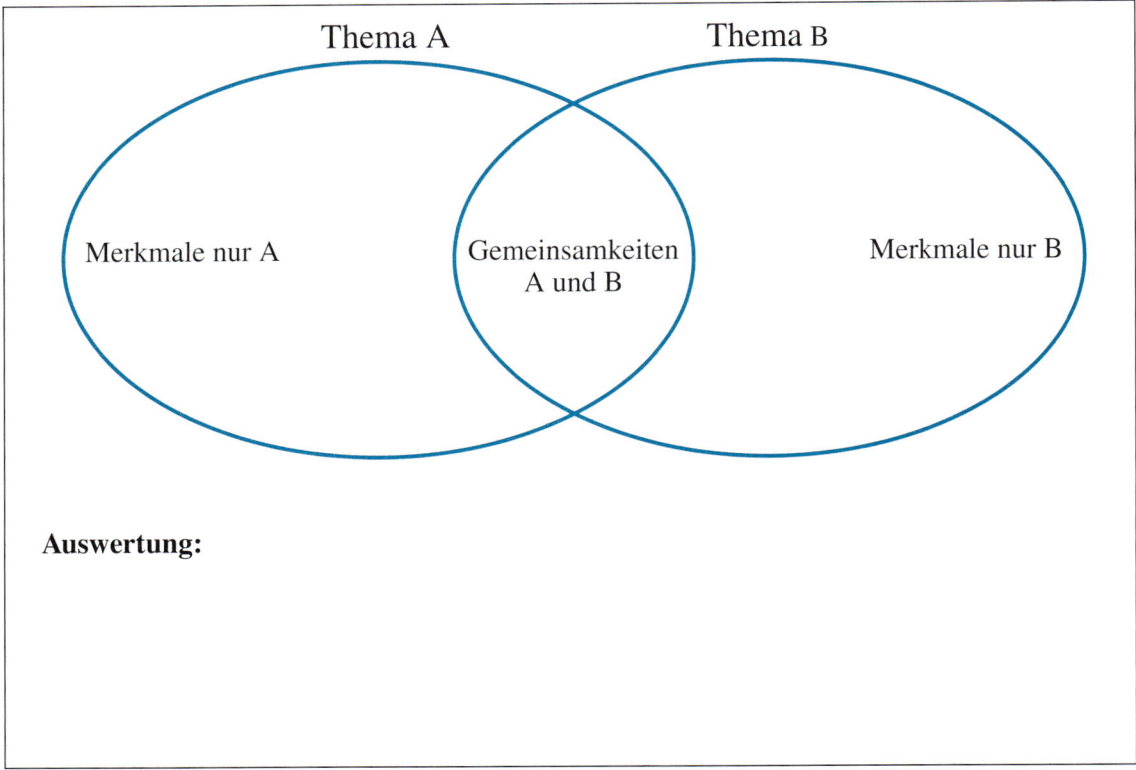

Abb. 6: Venn-Diagramm

belle dann zu komplex werden würde. Dies kann aber in der Fragestellung, mit der die Tabelle ausgewertet wird, angeregt werden.

2.1.1 Szenario

Herr Gerhard Gutendorff, Oberstudienrat an einem Gymnasium, hat in jedem seiner bisherigen Deutschkurse – wie es im Deutschunterricht der Oberstufe üblich ist – den Epochenumbruch um die Jahrhundertwende vom 18. zum 19. Jahrhundert behandelt. Zentral sind hier u.a. die Epochen der Aufklärung und des Sturm und Drangs. Vor zwei Jahren hat er den Lernprozess so angeleitet, dass die Schüler akribisch die Merkmale der beiden Epochen herausgearbeitet und in zwei Mind Maps dargestellt haben. Aus den Mind Maps der Schülerinnen und Schüler wurden zwei große vollständige und korrekte Mind Maps entwickelt, die dann in der Klasse nebeneinander hingen. Die Gemeinsamkeiten und Unterschiede wurden in einem Unterrichtsgespräch herausgearbeitet.

Als Herr Gutendorff im letzten Jahr die beiden Epochen vor dem Abitur wiederholte, bemerkte er, dass die Schülerinnen und Schüler zwar in der Lage waren, die beiden Epochen in ihren Merkmalen darzustellen. Aber der Vergleich, bei dem auch die Gemeinsamkeiten herausgestellt worden waren, war den Schülern nicht mehr präsent. Dies zeigt einerseits die Wirksamkeit der Mind Maps, denn nur das, was visualisiert worden war, wuss-

ten die Schüler noch. Es zeigt aber auch, dass es nicht genügt, nur die beiden Epochen in ihren Merkmalen zu visualisieren.

In dem Deutschkurs dieses Schuljahres nahm sich Herr Gutendorff nun vor, dieses Defizit auszugleichen und mit einer weiteren Visualisierung zu arbeiten. Zunächst ließ er die Schüler die wesentlichen Epochenmerkmale wieder in Mind Maps darstellen. Dann aber ging er noch einen Schritt weiter und stellte den Schülerinnen und Schüler das Venn-Diagramm vor. Das Venn-Diagramm, zwei sich überschneidende Kreise (vgl. Abbildung 6), bietet als Visualisierung die Möglichkeit, zwei Dinge zu vergleichen und dabei nicht nur die Unterschiede, sondern auch die Gemeinsamkeiten darzustellen. Herr Gutendorff zeichnete das Venn-Diagramm an die Tafel und die Schüler übertrugen es in ihr Heft. Den linken Kreis zeichnete er mit gelber Kreide, den rechten mit roter und die Ellipse, in der sich die beiden Kreise überschneiden, orange. Über den einen Kreis schrieb er Aufklärung, über den anderen Sturm und Drang. Dann begannen die Schülerinnen und Schüler die beiden Epochen zu vergleichen, zunächst in Einzelarbeit, dann im Austausch in der Gruppe. Dabei schrieben sie die Gemeinsamkeiten – etwa das Streben nach Freiheit – in die Mitte, wo sich die beiden Kreise überschneiden. Unterschiedliche Positionen – etwa bezüglich der Bedeutung von Gefühl und Vernunft – schrieben sie in die beiden Kreise, wo sie sich nicht überschnitten, links und rechts auf derselben Höhe. Dabei wurde jeweils die Farbe des Kreises benutzt.

Nach der Gruppenarbeit wurde an der Tafel eine gemeinsame Visualisierung erstellt, die später auf einen großen Bogen Papier übertragen und aufgehängt wurde. Nun waren nicht nur die einzelnen Merkmale der Epochen im Kursraum visualisiert, sondern auch ihre Gemeinsamkeiten und Unterschiede. In dem letzten Schritt sollte dann jeder Schüler eine kurze Auswertung des Vergleichs schreiben. Dabei sollte er die wichtigsten Aussagen des Venn-Diagramms zusammenfassen. Nach der Besprechung der Ergebnisse dieser Auswertungen wurde das Ergebnis an der Tafel festgehalten, so dass jeder seine eigenen Überlegungen ergänzen oder korrigieren konnte.

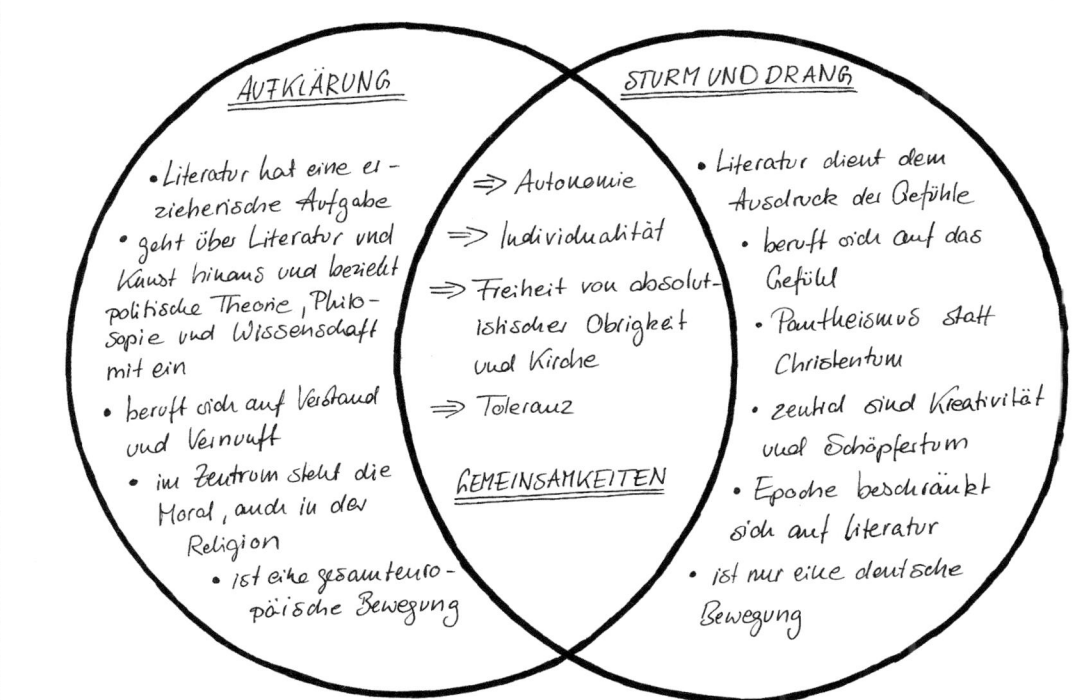

Auswertung: Es fällt besonders auf, dass die Epochen der Aufklärung und des Sturm und Drangs nicht so gegensätzlich waren, wie es uns zuerst erschien. Sie hatten ganz zentrale Gemeinsamkeiten, nämlich das Streben nach Autonomie und die damit zusammenhängende Ablösung von Kirche und absolutistischer Obrigkeit. Für beide war die Toleranz wichtig. Für dieses Streben aber beriefen sie sich auf unterschiedliche Kräfte im Menschen: Die Aufklärung setzte auf die Vernunft, der Sturm und Drang ließ sich vom Gefühl leiten. Hieraus ergibt sich auch die Unterschiedlichkeit der schriftlichen Zeugnisse beider Epochen in Stil und Inhalt. Während die Aufklärung eine aus der Vernunft begründete Moral verbreiten wollte, forderte der Sturm und Drang die unbeschränkte Entfaltung des Einzelnen und seiner Kreativität. Aus der Unterschiedlichkeit von Vernunft und Moral lassen sich auch die unterschiedlichen Religionsvorstellungen herleiten: Während der Sturm und Drang den Pantheismus vertrat, war für die Aufklärung die Moral das Zentrum der Religion.

Abb. 7: Venn-Diagramm „Aufklärung und Sturm und Drang"

33

2.1.2 Wozu dient das Venn-Diagramm?

Das Venn-Diagramm wird benutzt, um Gemeinsamkeiten und Unterschiede bei einem Vergleich darzustellen. Für alle Unterrichtsgegenstände, die sowohl etwas gemeinsam haben als auch unterschiedlich sind, eignet es sich. Es besteht aus zwei oder mehr sich überlappenden Kreisen. Die Gemeinsamkeiten stehen dort, wo sich die Kreise überlappen. Die Unterschiede stehen in den Bereichen der Kreise, die sich nicht mit dem anderen überschneiden.

2.1.3 Wie erstellen Schüler ein Venn-Diagramm?

Stellen Sie zu Beginn das Thema und das Material vor.

Arbeitsanweisungen für die Schülerinnen und Schüler

Einzelarbeit

♦ Zeichne zwei sich überlappende Kreise.

♦ Schreibe den Gegenstand oder den Bereich über den jeweiligen Kreis.

♦ Arbeite nun die Gemeinsamkeiten und Unterschiede aus dem gegebenen Material heraus und trage sie in das Venn-Diagramm ein. Die Gemeinsamkeiten stehen in dem Bereich, in dem sich die Kreise überlappen. Die Unterschiede stehen in den Bereichen der Kreise, die sich nicht mit dem anderen überschneiden.

Kooperation

♦ Stellt euch gegenseitig eure Ergebnisse vor und versucht euch auf ein Ergebnis zu einigen. Erstellt ein gemeinsames Venn-Diagramm auf einem DIN-A0-Bogen.

Austausch in der Klasse

♦ Hängt die großen Bögen auf. Zwei Gruppen werden ausgelost, ihr Ergebnis zu präsentieren. Diskutiert die Ergebnisse im Plenum.

2.1.4 Variationen

♦ Wenn der Vergleich sehr umfangreich ist, dann kann das Venn-Diagramm auch in Tabellenform mit drei Spalten dargestellt werden. Ein Beispiel dazu finden Sie in der Abbildung 8.

♦ Nach unserer Erfahrung können Schülerinnen und Schüler vor allem in der Oberstufe auch mit einem Venn-Diagramm arbeiten, das aus drei sich überlappenden Kreisen besteht (Abb. 9). Dieses wird allerdings schnell unübersichtlich. Daher ist seine Umsetzung nicht immer ganz einfach.

Merkmale nur A	Gemeinsamkeiten A/B	Merkmale nur B
Auswertung:		

Abb. 8: Venn-Diagramm in Tabellenform

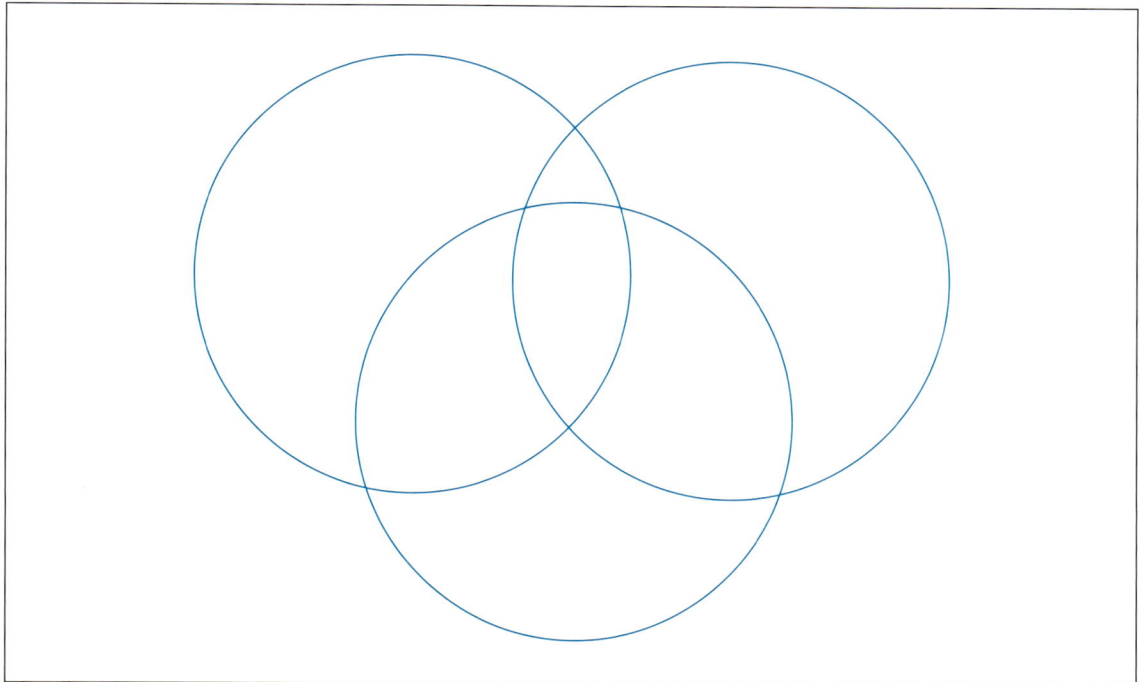

Abb. 9: Venn-Diagramm mit drei Kreisen

2.1.5 Anwendungsmöglich-keiten im Fachunterricht

Deutsch

◆ Metaphern verstehen oder bilden, in die Mitte kommt das Tertium Comparationis

◆ Analogien verstehen oder bilden

◆ Übereinstimmungen und Unterschiede in Charakteren, Erzählungen, Gedichten, Epochen etc. aufzeigen.

Kunst

◆ Vergleich zweier typischer Porträts aus Impressionismus und Expressionismus

◆ Gegenüberstellung typischer Bauwerke aus Romanik und Gotik, um Gemeinsamkeiten und Unterschiede der Baustile näher in den Blick zu nehmen

Philosophie

◆ Gemeinsamkeiten und Unterschiede von Mensch und Tier

◆ Gegenüberstellung verschiedener Ethiken

Biologie

◆ verschiedene Ernährungsformen von Katze und Hund bzw. Wildkatze und Wolf

Geschichte

Quellenvergleiche:

◆ Eroberung Jerusalems aus arabischer und europäischer Sicht

◆ Historienmalerei als Quelle: Darstellung der Reichsgründung von 1871 in zwei Gemälden Anton von Werners aus den Jahren 1877 und 1885

Urteilsbildung vorbereiten:

◆ Beurteilung des Teilungsplans Palästinas aus englischer, arabischer und jüdischer Sicht (drei sich überlappende Kreise)

Sozialwissenschaften

◆ Vergleich der amerikanischen und der europäischen Geldpolitik

◆ Gegenüberstellung von zwei Karikaturen zu einem Problembereich

Stärkung der personalen Kompetenz

◆ Die Schülerinnen und Schülern schreiben auf, was sie mit ihrer Clique gemeinsam haben, und wie sie sich unterscheiden. So erfahren sie, dass Gemeinschaft immer eine Gemeinschaft von unterschiedlichen Individuen ist und der Gruppendruck gerade dieses nivellieren möchte.

Zum Kennenlernen

◆ Bevor zwei Schülerinnen und Schüler in einer Partnerarbeit zusammenarbeiten, ist es sinnvoll, dass sie sich besser kennenlernen. Dazu kann ihnen die Aufgabe gegeben werden, in einem Venn-Diagramm gemeinsame und unterschiedliche Vorlieben festzuhalten. Über jeden Kreis wird jeweils ein Name geschrieben. Der eine nennt dann jeweils eine Vorliebe; wenn der andere sie teilt, wird sie in den Bereich der sich über-lappenden Kreise geschrieben, wenn er sie nicht teilt, wird sie in den Kreis dessen geschrieben, der die Vorliebe hat. In einem zweiten Schritt können sich zwei Paare treffen und jeder kann mit dem ausgefüllten Venn-Diagramm dem anderen Paar seinen Partner vorstellen.

2.1.6 Übung

Wir laden Sie ein, mit Hilfe des Venn-Diagramms in Tabellenform einen Vergleich zwischen Mensch und Tier anzustellen.

Diese Übung kann natürlich auch im Philosophieunterricht in Jahrgang 11 zu Beginn einer Reihe zur Anthropologie eingesetzt werden, um das Vorwissen der Schüler zu aktivieren. Aus diesem Kontext ist auch der Lösungsvorschlag entstanden. Er erhebt keinen Anspruch auf Vollständigkeit, sondern sammelt Schülerantworten, die zu kontroverser Diskussion, vielen Fragen und dem Bedürfnis nach weiteren Informationen führen. Sie können die Übung aber auch zur Analyse eines spezifischen Textes einsetzen, bei dem Mensch und Tier verglichen werden.

Unsere Lösungsvorschläge finden Sie in Kapitel VII.

2.2 Vergleichen unter Aspekten: Vergleichstabelle und Vergleichsmap

Variante 1

Aspekt	Gegenstand/Thema 1	Gemeinsamkeiten	Gegenstand/Thema 2

Auswertung:

Abb. 10: Vergleichstabelle

Variante 2

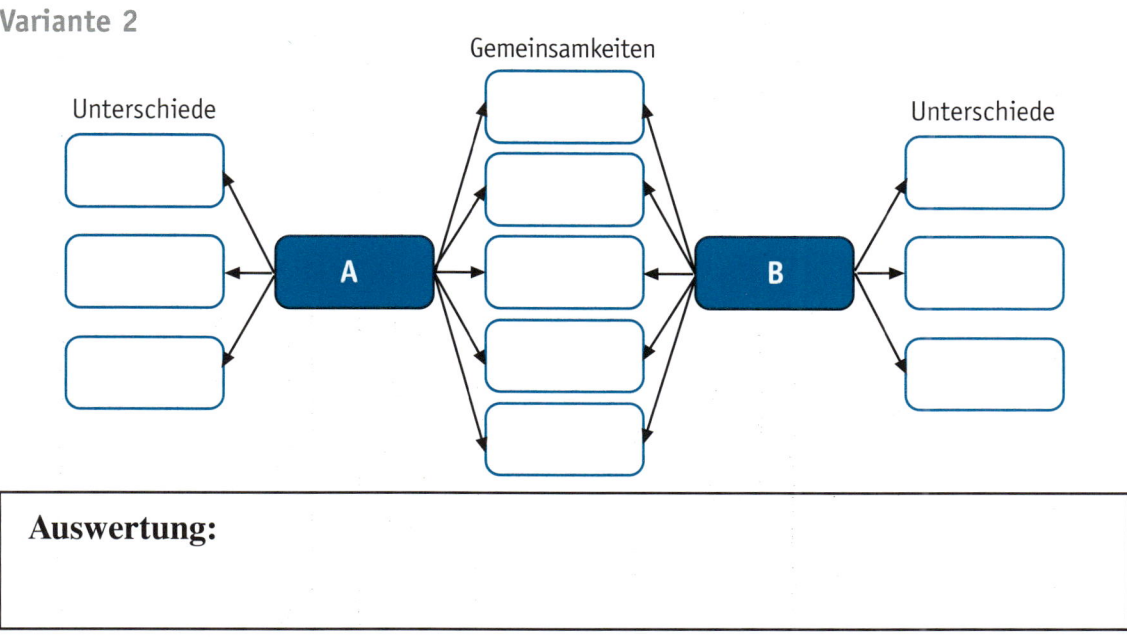

Gemeinsamkeiten

Unterschiede

Unterschiede

A

B

Auswertung:

Abb. 11: Vergleichsmap

2.2.1 Szenario

In einer Projektwoche haben sich 14 Schülerinnen und Schüler einer 10. Jahrgangsstufe einer Realschule in Bremen mit der Vorbildfunktion der Natur für technische Erfindungen auseinandergesetzt. Auslöser für dieses Projekt war ein Bericht der lokalen Zeitung, in dem über den Studiengang Bionik an der Bremer Fachhochschule berichtet wurde. Eine Schülerin hatte ihren Technik-Lehrer Rainer Hockmeister angesprochen, da sie nicht verstand, was genau unter Bionik zu verstehen sei. Hockmeister hat diese Frage dann in der Projektwoche aufgegriffen. An dem sehr anschaulichen Beispiel des Klettverschlusses sollten die Schüler verstehen, wie in der Bionik zur Lösung technischer Probleme gezielt nach entsprechenden Erscheinungen in der Natur gesucht wird, die dann in die Technik übertragen werden können.

Die Schülerinnen und Schüler mikroskopierten dazu zunächst Klettfrüchte und untersuchten deren Oberfläche genau. Sie konnten schnell erkennen, dass die Früchte außen sehr kleine elastische Häkchen besitzen, die aufgrund ihrer Elastizität äußerst haltbar sind und offensichtlich sehr gut an Tierfellen haften können. Ausgehend von dieser Beobachtung hat Rainer Hockmeister erläutert, dass die Idee des Klettverschlusses aus einer eher zufälligen Beobachtung der Natur geboren wurde. Der Erfinder hatte sich nämlich immer über die hartnäckigen Kletten im Fell seiner Hunde geärgert und wollte wissen, weshalb diese kleinen Früchte so fest hängen blieben. Er machte die gleiche Beobachtung wie die Schüler und meldete seine Entdeckung 1951 zum Patent an. Seither findet sich an vielen Stellen im Alltag die Verbindungstechnik des Klettverschlusses. Nach dieser erklärenden Überleitung bekamen die Schülerinnen und Schüler jeweils ein kleines Stück Klettverschluss und untersuchten es in der gleichen Weise wie zuvor die Klettfrucht. Sie erkannten, dass ein Prinzip aus der Natur als Vorbild für die Erfindung diente.

Am nächsten Tag bekamen die Schülerinnen und Schüler die Aufgabe, die Kletten und den Klettverschluss in einer vorgegebenen Tabelle zu vergleichen. In ihr sollten sie die Gemeinsamkeiten und Unterschiede zwischen Pflanze und Erfindung darstellen. Dabei mussten sie auch die Aspekte des Vergleichs selbst finden. In einer Auswertung der Ergebnisse sollten sie dann noch einmal das Prinzip der Bionik am Beispiel von Kletten und Klettverschluss erläutern. Als Alternative konnten sie auch eine Vergleichsmap anfertigen, bei der die Aspekte des Vergleichs auf von den Kernbegriffen ausgehenden Pfeilen stehen. Auch hierzu bekamen die Schüler eine Leerform. So lernten sie zwei verschiedene Arten kennen, einen aspektorientierten Vergleich grafisch darzustellen.

Um diese Aufgabe zu erledigen, mussten die Schüler noch einmal die Ergebnisse des Unterrichts bedenken und ihre Erkenntnisse ordnen. Es war der erste Schritt der Ergebnissicherung, die dann bei der Besprechung der grafischen Darstellungen in der nächsten Stunde abgeschlossen wurde. Es war aber mehr als die Sicherung von Ergebnissen. Die Schülerinnen und Schüler waren jetzt in hohem Maße kognitiv gefordert. Sie mussten nicht nur ihr Wissen erinnern, sondern sie mussten auch die inneren Zusammenhänge herstellen. Diese aktive Durchdringung ist eine der Stärken des grafischen Strukturierens. Rainer Hockmeister konnte dabei sehr gut erkennen, welche Erkenntnisse die Schüler in seiner Gruppe gewonnen hatten. Die Schülerinnen und Schüler konnten ihre Erkenntnisse darstellen und deutlich herausstellen, dass es in der Bionik eine Schnittmenge zwischen natürlichen und technischen Erscheinungen gibt. Gut vorbereitet konnte sich die Gruppe am nächsten Tag im Bionik-Innovations-Centrum der Fachhochschule noch weiter mit Fragen der Bionik auseinandersetzen und weitere Beispiele anschaulich kennenlernen.

Variante 1

Aspekt	Klettverschluss	Gemeinsamkeiten	Klettfrüchte
Ursprung	von Menschen hergestellt		von der Natur geschaffen
Material	Nylon (also Kunststoff)		Naturfaser
Form		kleine Häkchen	
Aufgabe	Dinge zusammenhalten		Samen für neue Pflanzen verbreiten (über Tierfell)
Zweck		Haften	
Vorteil	lässt sich vom Menschen leicht öffnen und schließen	gute Haftung	

Auswertung unter der Aufgabenstellung: Erläutere das Prinzip der Bionik am Beispiel von Klettfrüchten und Klettverschluss!
In der Tabelle wird deutlich, dass sich Kletten und Klettverschluss in vielen Aspekten unterscheiden. Nur die Haftfunktionsweise ist dieselbe. Und genau das haben die Menschen der Natur abgeschaut. Der Zweck der Haftung ist in der Natur ein anderer, das Material ist anders, doch die kleinen Häkchen sind identisch.

Abb. 12: Tabelle zum Vergleichen unter Aspekten: Klettverschluss und Klettfrüchte

Variante 2

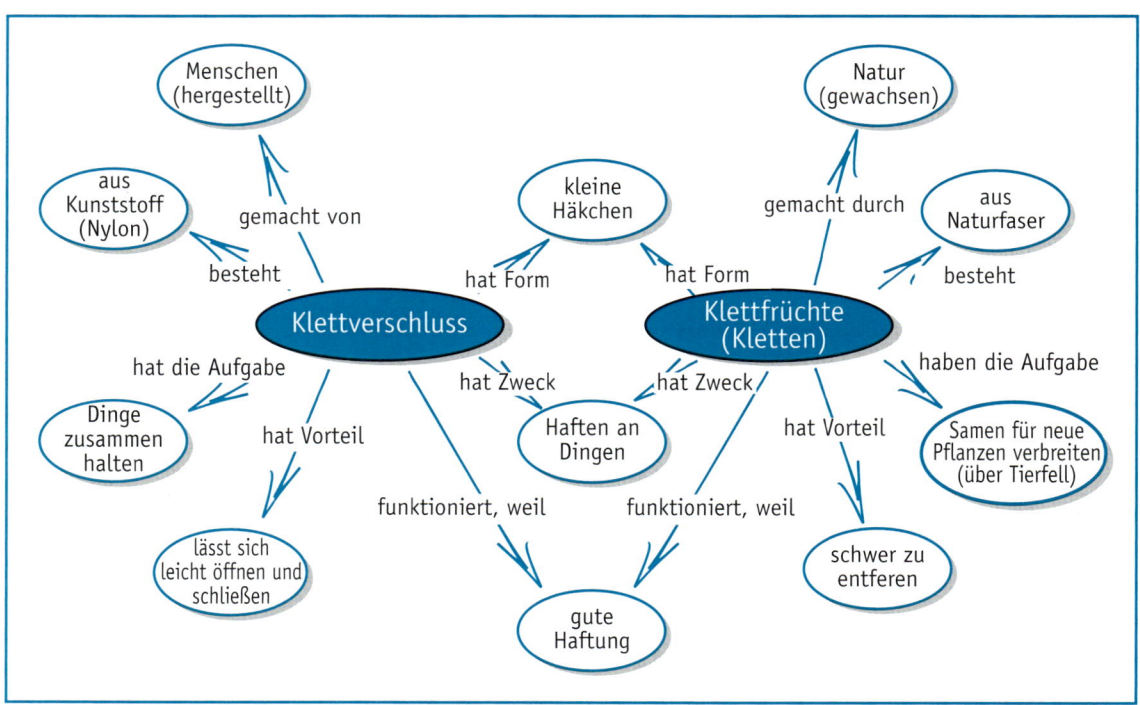

Abb. 13: Vergleichsmap Klettverschluss und Klettfrüchte

2.2.2 Wozu dienen die Tabelle und die Vergleichsmap?

Wie mit dem Venn-Diagramm können auch mit diesen grafischen Formen die Gemeinsamkeiten und Unterschiede eines Sachgebietes herausgearbeitet werden. Zusätzlich bieten sie die Möglichkeit, den Vergleich unter bestimmten Aspekten oder Kriterien durchzuführen. Dadurch wird er genauer, da jeweils das gegenübergestellt wird, was sich auf denselben Aspekt bezieht. Wenn Schüler selbst die Analysekriterien finden müssen, dann kommt es darauf an, dass sie aussagekräftige Aspekte finden. Wenn sie etwa historische Persönlichkeiten vergleichen, dann ist das Geburtsdatum sicherlich kein wesentlicher Aspekt, sondern eher Dinge, die sich auf ihre Leistungen beziehen, wegen denen man sich ihrer heute noch erinnert. Häufig hängt es von den gewählten Aspekten ab, ob der Vergleich ertragreich und sinnvoll ist. Nach einer ersten Phase der Einführung des Venn-Diagramms empfehlen wir daher, die Vergleiche in Ihrem Unterricht möglichst aspektorientiert durchführen zu lassen. Dabei können Sie zunächst die Aspekte vorgeben und dann die Schülerinnen und Schüler nach und nach selber welche finden lassen.

Eine Vergleichsmap ist nach unserer Erfahrung schon aufgrund der Darstellungsform komplexer und schwieriger als eine Tabelle, bei der die Aspekte in der linken Spalte stehen. Daher ist es mitunter ratsam, die Vergleichsmap erst einzuführen, wenn Ihre Schüler mit der Tabelle arbeiten können.

2.2.3 Wie erstellen Schüler eine Tabelle oder Vergleichsmap?

Denken Sie noch einmal an das Venn-Diagramm. Hier ordnen die Schüler etwas entweder einer der beiden Seiten zu oder schreiben die Gemeinsamkeiten in die Mitte. Doch innerhalb der einzelnen Bereiche gibt es keine Ordnung. Arbeiten Sie mit einer Tabelle mit Aspekten oder einer Vergleichsmap, dann müssen die Schüler auch noch innerhalb der Bereiche eine Ordnung herstellen. Ihr Denken ist also durch den Bezug auf die Vergleichsaspekte stärker gelenkt. Und durch die Auswahl der Aspekte können Sie die Komplexität des Lernprozesses und auch die Lernergebnisse stärker steuern.

Arbeiten Sie mit einer Tabelle oder einer Vergleichsmap, so steigen die Anforderungen mit der Zahl und dem Abstraktionsgrad der Vergleichsaspekte, die sie vorgeben. In unteren Jahrgangsstufen würden wir hier zunächst nur wenige Aspekte vorgeben.

Methodisch können Sie auch kleinschrittig vorgehen und zunächst in einem Sammlungsprozess die Stichworte zu beiden Sachgebieten sammeln, diese anschließend sortieren und dann hinsichtlich der Aspekte zuordnen. Als Visualisierungen würden die Schülerinnen und Schüler dann zunächst vielleicht zwei Word Webs anlegen, anschließend vielleicht die einzelnen Bereiche identifizieren und als Aspekte in eine Tabelle übertragen, die abschließend ausgefüllt wird. Alternativ können Sie im Unterricht mit den Schülern ein Venn-Diagramm erstellen und nach seiner Anfertigung nach Aspekten fragen, also den Inhalt der einzelnen Bereiche ordnen lassen. Denken Sie beispielsweise an eine Gegenüberstellung der mittelalterlichen Lebensbedingungen von Menschen auf dem Land und in der Stadt. Fordern Sie die Schüler auf zu überlegen, wo es um die materiellen Grundlagen, wo es um das Zusammenleben oder um die Herrschaft geht. Diese drei Bereiche lassen sich anschließend durch Farben markieren. Notieren Sie die Bedeutung der Farben in einer Legende am Rand des Venn-Diagramms.

Diese hier nur kurz beschriebenen hinführenden Prozesse können Sie an der Tafel exemplarisch vormachen. Ebenso gut können die Schüler diesen Prozess mit Ihrer Hilfe und Anleitung in einem Wechsel aus Einzelarbeit und Kooperation eigenständig durchführen.

TIPP! _____

Alle diese Prozesse benötigen Zeit. Guter Unterricht benötigt aber immer Zeit, denn Lernen heißt, die Dinge zu durchdringen und in die eigenen Wissensstrukturen zu integrieren. Sie entscheiden im Einzelfall, wann Sie diesen Prozess vor der Klasse in einem gelenkten Unterrichtsgespräch oder mit Formen des Kooperativen Lernens durchführen, ob Sie kleinschrittig vorgehen oder Ihre Schülerinnen und Schülern direkt zur Tabelle übergehen. Jeder Unterrichtsgegenstand und jede Lerngruppe hat ihre eigenen Voraussetzungen, die Sie am besten kennen.

2.3 Das Vergleichen mehrerer Gegenstände: Tabelle

2.3.1 Szenario

Im Biologieunterricht der 8c einer Realschule werden die Mineralien als Bestandteile von Lebensmitteln behandelt. Die Schüler bekommen einen Text, in dem sowohl Angaben zu der Menge der Mineralien in einzelnen Gemüsesorten gemacht werden als auch die Bedeutung der Mineralien dargestellt wird. Die erste Aufgabe der Schüler ist, eine Tabelle anzufertigen, in der die Mineralstoffgehalte von verschiedenen Gemüsesorten verglichen werden. Dabei sollen die Gemüsesorten in die linke Spalte und die Mineralien in die oberste Zeile eingetragen werden. Danach soll die Tabelle unter folgenden Fragestellungen ausgewertet werden: 1. Welches Gemüse sollte man essen, um besonders viel Calcium, Magnesium und Eisen zu erhalten?, 2. Wie reagieren die Mineralstoffe auf das Kochen?, Am Ende sieht Marions Tabelle und ihre Auswertung so aus:

Gemüsesorte	Calcium	Magnesium	Eisen
Bohnen gekocht	50 mg pro 100g	–	0,6 mg pro 100g
Brokkoli roh	113 mg	24 mg	1,3 mg
Kartoffel	12 mg	-	0,8 mg
Möhren roh	37 mg	13 mg	2,1 mg
Möhren gekocht	33 mg	-	0,6 mg
Pfifferling	8 mg	14 mg	6,5 mg
Tomaten roh	13 mg	20 mg	0,5 mg
Tomaten gekocht	11 mg	-	0,5 mg
Spinat roh	126 mg	58 mg	4,1 mg
Spinat gekocht	126 mg	46 mg	2,2 mg
Edelkastanien (Maroni)	50 mg	74 mg	3,2 mg

Auswertung unter den Fragestellungen:

1. *Welches Gemüse sollte man essen, um besonders viel Calcium, Magnesium und Eisen zu erhalten?*

Besondere Calciumlieferanten sind Spinat und Brokkoli, die die anderen Gemüsesorten um mehr als das Doppelte übertreffen. Spinat hat auch viel Magnesium, wird aber noch übertroffen von der Edelkastanie, auch Maroni genannt. Eisen bekommt man ebenfalls gut durch Spinat, nur Pfifferlinge bieten hier mehr.

2. *Wie reagieren die Mineralstoffe auf das Kochen?*

Diese Frage kann hier anhand von Möhren, Tomaten und Spinat beantwortet werden. Der Calciumgehalt verändert sich nur unwesentlich bzw. bei Spinat gar nicht. Der Magnesiumgehalt wird bei Spinat geringer, bei Möhren und Tomaten ganz zerstört. Durch gekochte Möhren und Tomaten kann der Körper also kein Magnesium bekommen. Der Eisengehalt wird bei Möhren erheblich reduziert, bei Spinat immerhin noch halbiert; bei der Tomate bleibt er dagegen gleich. Man kann auf die Frage, wie Mineralstoffe auf das Kochen reagieren, also keine generelle Auskunft geben.

Abb. 14: Tabelle zum Vergleichen von Mineralstoffen in Gemüse

2.3.2 Wozu dient die Tabelle?

Mit einer Tabelle kann ein Vergleich sowohl sehr einfach und übersichtlich als auch sehr detailliert strukturiert werden. Die Aspekte leiten den Blick beim Vergleich. So können die verschiedenen Dinge, in diesem Fall die Gemüsesorten, unter einem bestimmten Aspekt verglichen werden, etwa dem Eisengehalt. Es können auch zwei Dinge unter mehreren Aspekten verglichen werden, etwa wie sich der Mineralstoffgehalt von rohen und gekochten Möhren unterscheidet. Im Anschluss an die Tabelle sollten Sie ein Feld vorsehen, in dem die Schüler den Vergleich auswerten können. Die Tabelle selbst stellt also zunächst verschiedene Informationen systematisch nebeneinander, der Vergleich wird erst beim Lesen der Tabelle unter einer Fragestellung geleistet. Im Gegensatz zu den zuvor vorgestellten Strukturen zum Vergleichen geht es hierbei nicht um das Herausarbeiten der Gemeinsamkeiten.

2.3.3 Wie erstellen Schüler eine Tabelle?

Stellen Sie das Thema des Vergleichs vor. Geben Sie jeder Gruppe eine Folie und einen Folienstift. Wenn Sie bei der Gruppenarbeit Zeit sparen wollen, können Sie die Tabelle, in die die Daten eingetragen werden sollen, schon auf die Folie drucken.

Arbeitsanweisungen für die Schülerinnen und Schüler

Einzelarbeit

◆ Lege eine Tabelle an, die x Spalten und y Zeilen hat.

◆ Bearbeite den Text. A, B und C sollen verglichen werden. Schreibe sie in die oberste Zeile, jeweils über eine Spalte. Lasse die Spalte ganz links frei. Lies nun den Text und suche x Aspekte, unter denen A, B und C in dem Text verglichen werden. Schreibe die Aspekte in die linke Spalte untereinander und arbeite dann die Informationen heraus, die zu den einzelnen Aspekten gegeben werden. Fülle damit die Tabelle aus.

Kooperation

◆ Jeder Schüler in der Gruppe stellt nacheinander einen Aspekt vor. Die Schüler, die denselben Aspekt gewählt haben, ergänzen

oder korrigieren. Nachdem ein Aspekt abgeschlossen ist, wird er auf die Folie übertragen.

Austausch in der Klasse

◆ Die Gruppe, die zusammengezählt die kleinste Hausnummer hat, stellt jetzt ihre Folie vor, und zwar der Schüler mit der kleinsten Hausnummer in dieser Gruppe beginnt. Die anderen korrigieren oder ergänzen.

2.3.4 Anwendungsmöglichkeiten im Fachunterricht

Im Gegensatz zu den Möglichkeiten eines Venn-Diagramms oder einer Vergleichsmap können Sie diese Form der Tabelle auch dann einsetzen, wenn Sie mehr als zwei Elemente vergleichen wollen.

Deutsch

◆ Vergleich von Charakteren eines Romans unter ausgewählten Aspekten

Fremdsprachen

◆ Vergleich von Zeitformen unter ausgewählten Aspekten

Geschichte

◆ Vergleich von Revolutionen unter ausgewählten Aspekten

Erdkunde

◆ Vergleich von Klimazonen unter ausgewählten Aspekten

Biologie

◆ Vergleich verschiedener Suchtformen, Tiere oder Pflanzen

Philosophie

◆ Vergleich der Vorstellungen des Naturzustands bei Rousseau, Locke und Hobbes

Kunst

◆ Vergleich von verschiedenen Künstlern unter ausgewählten Epochen

Musik

◆ Vergleich von Komponisten oder Musikstilen

3 Sortieren und Kategorisieren

Bei der Wahrnehmung unserer Umwelt und beim Lernen erkennen wir nicht nur einzelne, ganz bestimmte Objekte. Wir neigen vielmehr dazu, die Dinge, die uns umgeben, zu ordnen, zu klassifizieren oder, wie die Lernpsychologie sagt, Kategorien zu bilden. Ohne die Kategorisierung wäre unser Informationsverarbeitungssystem völlig überfordert. Sie bildet die Grundlage unserer kognitiven Orientierung. Klassifizieren ist eine Grundform des Denkens.[1] Dazu suchen wir ständig bewusst oder unbewusst nach Merkmalen, die die uns umgebenden Objekte gemeinsam haben. Wir unterscheiden treffsicher Sitzmöbel von Tischen, weil wir schon als kleines Kind erkannt haben, dass die Sitzmöbel bestimmte Eigenschaften aufweisen, die sie von Tischen unterscheiden. Wir ordnen die Kleidung, wenn wir unseren Schrank einräumen, wir sortieren die Nahrungsmittel in unserer Küche und die Bücher im Regal. Wenn wir Jugendlichen zuhören, dann sprechen sie vielleicht von Skateboarden, Snowboarden, Wakeboarden oder Inline-Skaten. All das sind Kategorien. Diese Kategorisierung gehört zu unserem alltäglichen Denken und findet fast ständig statt. Erst das Sortieren nach bestimmten Kriterien ermöglicht die Orientierung im Alltag.

Aber diese Form des Denkens gehört auch zum Kern des Lernens und des Wissenserwerbs. Denn erst die Kategorisierung macht das Mannigfaltige übersichtlich und erleichtert seine Abspeicherung im Gedächtnis. Die Klassifizierung dient der Orientierung. Diese Grundform des Denkens wird in der Lernpsychologie auch Begriffsbildung genannt.

Im Unterricht sind die Schüler immer wieder aufgefordert zu kategorisieren, häufig ohne, dass dies ausdrücklich zur Sprache kommt. Sie unterscheiden mathematische Funktionen als linear, quadratisch, trigonometrisch, exponentiell oder logarithmisch. Im Politikunterricht lernen sie unterschiedliche Staatsformen kennen und differenzieren Monarchie, Tyrannis, Oligarchie, Aristokratie und Demokratie. In den Naturwissenschaften kategorisieren die Schüler Bäume als Nadel- oder Laubbaum, Lebewesen als Säugetiere, Reptilien, Amphibien und Vögel. In den Sprachen bilden Kategorien eine grundlegende Form der Erfassung und Beschreibung sprachlicher Formen. Die Schüler unterscheiden im Verlauf ihrer Schullaufbahn verschiedene Zeitformen, Formen von direkter und indirekter Rede oder verschiedene Fälle des Nomens usw. Kurz: Zu fast allen Lernprozessen inner- und außerhalb der Schule gehört immer auch die Begriffsbildung, d.h. Kategorisierung.[2]

Word Web, Mind Map, Baumdiagramm

Die im folgenden Kapitel vorgestellten grafischen Strukturierungen unterstützen diese Form des Denkens. Wenn Schüler von Ihnen aufgefordert werden, die grafischen Strukturierungen anzufertigen, dann bedeutet das gleichzeitig, dass Sie Ihre Schüler anhalten, die dazu notwendigen gedanklichen Operationen auszuführen. Ihre Schüler entscheiden dann, welche Dinge zu einer bestimmten Kategorie gehören. Diese Kategorie geben Sie als Unterrichtender vielleicht vor oder sie wird von den Schülern selbst gebildet. Durch die Prozesse der Zu-, Über- und Unterordnung durchdringen sie zwangsläufig den Lerngegenstand.

Die in diesem Kapitel vorgestellten grafischen Strukturen sind hierarchisch aufgebaut, sie werden deshalb von innen nach außen oder von oben nach unten gelesen, d.h. sie folgen einer Richtung. Dabei lassen sich zwei Grundstrukturen unterscheiden: die Baumstruktur und die Zentralvernetzung. In beiden Fällen steht zu Beginn bzw. im Mittelpunkt das Thema oder der Ausgangsbegriff. Davon ausgehend verzweigt sich die Struktur zunehmend.

Auch wenn die drei hier vorgestellten grafischen Formen Mind Map, Word Web und Baumdiagramm alle der Kategorisierung dienen, sind sie nicht identisch. Der Kernunterschied zwischen der recht bekannten Mind Map und dem Word Web ist, dass letzteres ohne Bilder und Symbole auskommt. Und statt einer wurzelähnlichen Zeichnung der Verzweigung werden beim Word Web die Begriffe in Kreise geschrieben und durch Linien verbunden. Im Gegensatz zu Mind Maps sind die Word Webs daher sehr schnell anzufertigen. Baumdiagramme sind im Grunde umstrukturierte Word Webs. Mitunter sind sie übersichtlicher als Word Webs und unterstreichen durch die Baummetapher den dargestellten Beziehungszusammenhang.

---

[1] Vgl. Aebli, 1983, S. 246ff.; Edelmann, 2000, S. 116ff.

[2] Vgl. zur methodischen Umsetzung im Unterricht Brüning/Saum, 2006 c.

Wann können Word Webs und Mind Maps eingesetzt werden?

Neben der zu Beginn des Kapitels beschriebenen Kategorisierung bieten sich diese grafischen Formen auch an, wenn es darum geht, einen zunächst eher assoziativen Denkprozess in eine geordnete Struktur zu überführen, wie dies zum Beispiel bei Schreibaufgaben oder Projektplanungen der Fall ist.

Nehmen wir einmal an, Sie sitzen im Auto und sind auf dem Weg zur Schule. Sie denken gerade über Ihre bevorstehende große Reise in den kommenden Sommerferien nach. Vielleicht werden Sie überlegen, welche Reisevorbereitungen nötig sind. Die notwendigen Dinge kommen Ihnen willkürlich und assoziativ in den Sinn. Vielleicht denken Sie an notwendige Medikamente, Kleidung oder Lebensmittel? Ihnen fällt ein, dass der Reisepass noch verlängert werden muss und Sie noch kein Geld in der Landeswährung haben. Sie haben noch niemanden gefragt, der Ihre Blumen gießt. Vermutlich wird dies noch einige Zeit so weiter gehen. Ein Gedanke folgt auf den nächsten. Ihre Gedanken sind vermutlich relativ ungeordnet, denn wir denken in der Regel nicht linear, sondern assoziativ bzw. nichtlinear.

Sollten Sie zufällig an demselben Tag nachmittags die Elterninformationen für die nächste Klassenfahrt schreiben, werden Sie vermutlich anders vorgehen und zunächst überlegen, was die Schüler bzw. die Eltern beachten und mitnehmen sollen. Im nächsten Schritt werden Sie die Informationen systematisieren und erst dann den Merkzettel schreiben.

Unseren Schülern geht es genauso. Sie müssen zum Beispiel mehr oder weniger strukturierte und systematisierte Texte schreiben, die Gedanken kommen ihnen aber nicht in der für eine bestimmte Textform notwendigen Reihenfolge.[1] Mind Map und Word Web sind hier ein Mittel der Wahl. Durch ihre Form können immer wieder neue Gedanken zugeordnet werden, zwischen einzelnen Bereichen kann der Schüler springen, wenn ihm dazu noch etwas eingefallen ist. Am Ende hat der Schüler aber dennoch eine systematisierte Aufzeichnung, die ein guter Ausgangspunkt für einen linearen Text darstellt.

TIPP! _____

Im Gegensatz zu häufig zu lesenden Vorschlägen in der einschlägigen Ratgeberliteratur haben wir die Erfahrung gemacht, dass Mind Maps und Word Webs nicht immer das optimale Präsentationsmedium bei Vorträgen sind. Denn das, was für den Vortragenden als Strukturierung hilfreich ist, wird als Folie oftmals unübersichtlich. Hier ist in jedem Fall eine Reduzierung der Inhalte und Gestaltungselemente sehr ratsam.[2]

[1] Vgl. Plieniger, 2000, S. 89ff.; Edelmann, 2000, S. 160ff.

[2] Vgl. dazu Brüning, 2000 b, S. 82 ff.

3.1 Word Web

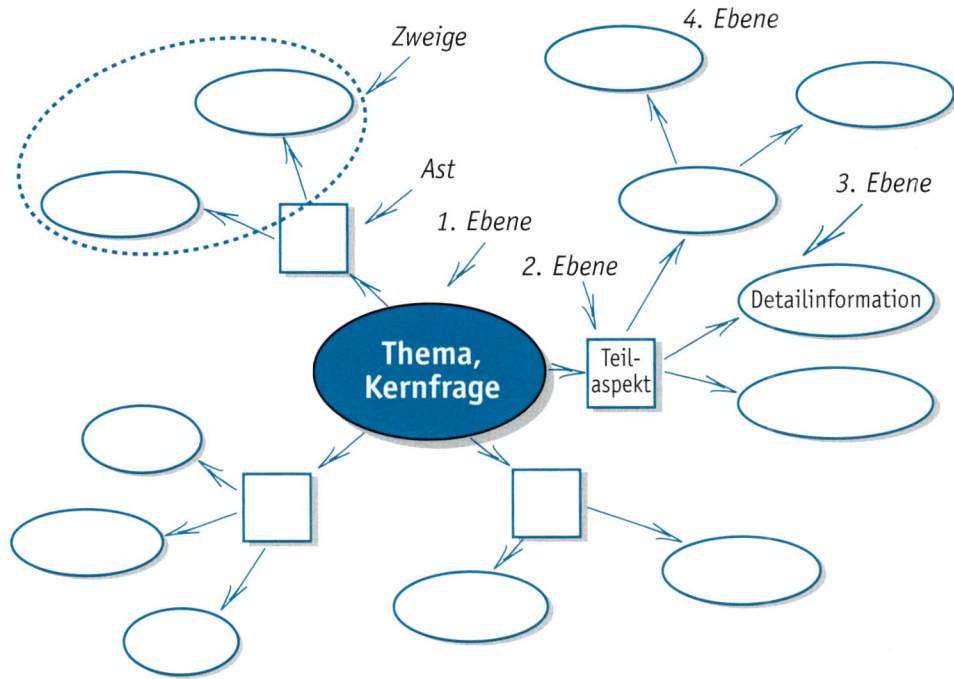

Abb. 15: Word Web

3.1.1 Szenario

Wir sind zu Gast bei Schülerinnen und Schülern einer 9. Realschulklasse in Dresden. Sie arbeiten im Biologieunterricht über die Sinnesleitungen und Steuerungssysteme des Menschen. Im Rahmen einer Unterrichtsreihe mit der Fragestellung, wie die Nerven unsere Lebensvorgänge steuern, geht es heute um das Nervensystem. Dazu setzt die Lehrerin Anke Mirsch einen informierenden Sachtext aus einem Schulbuch ein. Aus dem Text können die Schüler entnehmen, was unter dem Begriff Nervensystem zu verstehen ist und aus welchen Bestandteilen es sich zusammensetzt. Die miteinander in Verbindung stehenden Bestandteile des Nervensystems werden dort zunächst isoliert beschrieben. Erst in einem weiteren Text wird unter der Fragestellung „Wie werden im Nervensystem Informationen weitergegeben?" das Zusammenspiel von Zentralnervensystem und peripherem Nervensystem erläutert.

Die Schülerinnen und Schüler haben die Aufgabe, den Text mit den üblichen Strategien zu erschließen und ihr Verständnis desselben mit Hilfe von Leitfragen im Wechsel aus Einzel- und Partnerarbeit zu prüfen. Anschließend ist jeder Schüler gefordert, durch die Anfertigung eines Word Webs die Inhalte des Textes zu strukturieren und die Informationen in übersichtlicher Weise zu ordnen. Schon vor dem Unterricht hatte uns die Lehrerin mitgeteilt, dass sich die Klasse in Phasen der individuellen visuellen Sicherung vermutlich von der besten Seite zeigen würde. Alle Schülerinnen und Schüler arbeiten sehr konzentriert und ruhig, lesen den Text erneut oder beginnen mit der Grafik. Am Ende der Stunde haben fast alle eine vorläufige Grafik des Textes, in der die inhaltlichen Hauptmerkmale des Nervensystems sehr übersichtlich dargestellt sind. Als nachbereitende Hausaufgabe sollen die Schüler das Word Web fertig stellen, sofern das in dieser Stunde nicht geschafft wurde.

Für Anke Mirsch eine sehr gute Stunde: „Alle Schülerinnen und Schüler haben sich in dieser Stunde aktiv mit den Informationen auseinander gesetzt. Ich konnte während der Phase, in der die Schüler das Word Web zeichneten, in der Klasse herumgehen, die Arbeit der Schüler beobachten und sehen, dass die Klasse sich intensiv mit dem Unterrichtsgegenstand auseinandersetzt. Einzelne Schüler haben noch nicht alle Zusammenhänge verstanden. Aber in der nächsten Stunde wird wahrscheinlich jeder Schüler in der Lage sein, mit Hilfe seines Word Webs die zentralen Inhalte des Textes frei vorzutragen. Letzte Wissenslücken können wir dann in der Klasse schließen."

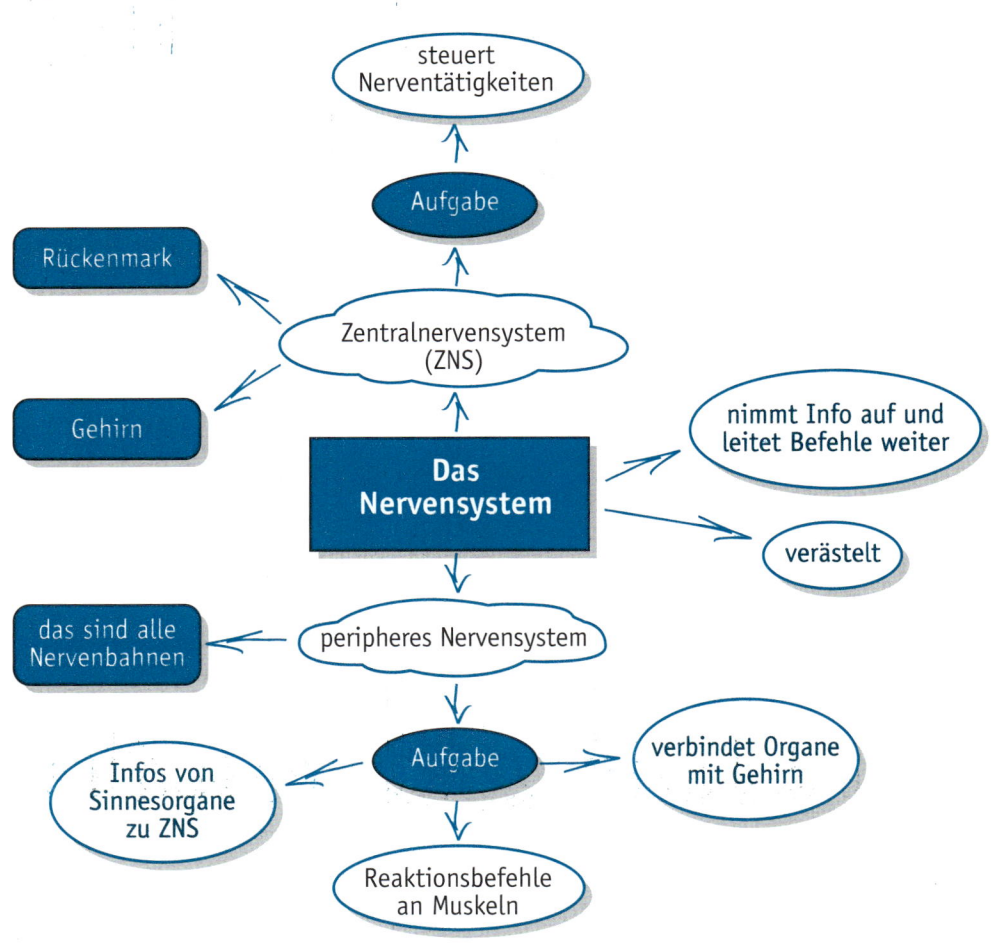

Abb. 16: Word Web „Nervensystem"

3.1.2 Die Elemente eines Word Webs

In der Abbildung 16 ist ein Word Web, das auch Wortstern genannt werden kann, dargestellt. Wie Sie schnell erkennen können, handelt es sich um eine Zentralstrukturierung, die aus nur wenigen Gestaltungselementen besteht. Ausgehend vom Thema, welches in die Mitte geschrieben wird, werden die einzelnen Aspekte (Kategorien) als Stichworte angeführt und durch weitere Unteraspekte ergänzt. Die Begriffe werden eingekreist und durch Linien so verbunden, so dass sie an der jeweils höheren Kategorie angeknüpft sind. In der Regel hat ein Word Web drei bis vier Ebenen, bei sehr großen Visualisierungen ist auch eine fünfte Ebene möglich.

3.1.3 Wie erstellen Schüler ein Word Web?

Das Word Web kann in der Praxis ohne große Mühe sehr schnell und übersichtlich angelegt werden, denn es stellt an die Schülerinnen und Schüler nur geringe zeichnerische Anforderungen.

Es hat sich bewährt, dass die Schüler die Stichworte einer Ebene mit jeweils identischen Formen umranden (Wolken, Kästen, Kreise, 3-D-Kästchen) und einen Ast abschließend in der gleichen Farben nachzeichnen oder die Flächen schraffieren.

Die folgenden Arbeitsanweisungen sind an dieser Stelle sehr ausführlich. Je nach Erfahrung Ihrer Schülerinnen und Schüler werden Sie auf vieles von dem, was wir hier einmal umfassend vorstellen, verzichten können.

Wenn Sie das Word Web für einen assoziativen Prozess verwenden möchten, dann können Sie den Arbeitsauftrag entsprechend umformulieren; hier gehen wir beispielhaft von der Arbeit mit einem Text aus.

Vorbereitung

♦ Überlegen Sie: Ist der Text beschreibend und stellt einzelne Sachverhalte dar? Sollen die Schülerinnen und Schüler einzelne Gesichtspunkte eines behandelten Themengebiets abschließend zusammenfassen?

♦ Wenn nötig, so teilen Sie Ihren Schülern noch einmal die praktischen Hinweise mit:

  • großes Blatt (DIN-A3, oder klebe ggf. zwei DIN-A4-Blätter zusammen) nehmen

  • Aufgabe oben in die Ecke des Blattes schreiben (Kopie oder Buch mit Seite, ggf. Abschnitt, Datum)

  • Fragestellung (oder den Titel bzw. das Thema) in die Mitte schreiben

  • im Uhrzeigersinn schreiben

  • jeden Begriff umkreisen

  • möglichst nur Stich- oder Schlüsselwörter benutzen

  • immer mit Bleistift arbeiten

Arbeitsanweisungen für die Schülerinnen und Schüler

Einzelarbeit

♦ Ihr habt den Text zum Nervensystem gelesen und die zentralen Aussagen markiert. Bitte legt jetzt ein Word Web an, in dem ihr in die Mitte das Stichwort „Nervensystem" schreibt und dann die Informationen aus dem Text grafisch umsetzt.

♦ Für diese Arbeit habt ihr 15 Minuten Zeit.

Kooperation

♦ Tauscht euch gleich mit dem Tischnachbarn aus. Der Ältere von euch beiden ist Person A und stellt zunächst sein Word Web vor. Dazu muss er sorgfältig erklären, warum er einzelne Stichworte gewählt hat und wo sich diese im Text wieder finden. Anschließend erläutert Schüler B seine Grafik.

♦ Wenn sich die beiden Word Webs unterscheiden, dann muss jedes Paar überlegen, ob diese Unterschiede vielleicht auf eine Ungenauigkeit hindeuten. Ändert nur dann die Grafiken, wenn ihr euch sicher seid, dass die Veränderung richtig ist. Schaut dazu immer wieder in den Text.

♦ Seid so vorbereitet, dass ihr mir beide Word Webs und mögliche Unterschiede erklären könnt.

♦ Ihr habt für diese Phase insgesamt zehn Minuten Zeit.

Austausch in der Klasse

♦ Wenn Sie vor der Arbeitsphase bereits eine Grafik an der Tafel begonnen haben, dann können Sie diese auf der Basis von Schülerbeiträgen vervollständigen. Ebenso gut möglich ist es, dass einzelne Schüler jeweils einen Ast an die Tafel schreiben. Vielleicht können zwei Schüler gleichzeitig an der Tafel schreiben, so dass diese Phase nicht zu viel Zeit beansprucht.

◆ Neben diesen plenar-ausgerichteten Austauschphasen können Sie auch mit stärker kooperativen Methoden den Austausch gestalten.[1]

◆ Denken Sie daran: Wenn der Austausch abgeschlossen ist, dann müssen die Schüler, die nicht fertig geworden sind, noch Zeit bekommen, die Grafik zu ergänzen, damit sie ein vollständiges Ergebnis im Heft haben. Die anderen Schüler können jetzt die einzelnen Äste farbig schraffieren oder die Einrahmungen bunt nachzeichnen.

Link

Neben der Demonstration an der Tafel, gibt es noch andere methodische Möglichkeiten der Hinführung zur Arbeit mit anspruchsvollen grafischen Strukturierungen. Vielleicht lesen Sie dazu einmal unsere Vorschläge zur Einführung von Concept Maps (S. 78f.).

3.1.4 Anwendungsmöglichkeiten im Fachunterricht

Geschichte

◆ Jg. 9: Bitte fasst die Ursachen für den Untergang der Weimarer Republik in einem Word Web zusammen. Achtet auf eine möglichst saubere und übersichtliche Gestaltung und arbeitet nur mit Bleistift.

Englisch

◆ Jg. 8: Read the text „The Mountain Gorilla" and present the animal with a word web.

Physik

◆ Jg. 6: Fasse die verschiedenen Arten der Wolken in einem Word Web zusammen; füge die entsprechenden Merkmale hinzu.

Kunst

◆ Jg. 11: Wir haben die typischen Merkmale der Romanik in der Kunst behandelt. Bitte fassen Sie diese noch einmal auf einem DIN-A3-Blatt mit Hilfe eines Word Webs zusammen und bereiten Sie sich darauf vor, in der kommenden Stunde ihre Ergebnisse vorzutragen.

3.1.5 Übung

Im Folgenden haben wir zwei Texte ausgewählt. Nach unserer Ansicht entspricht der eine recht gut der Struktur eines Word Webs. Der andere hingegen lässt sich nur unzureichend mit Hilfe eine Zentralstrukturierung darstellen, da die Zusammenhänge verloren gehen würden und das Word Web unter dem eigentlichen Aussageniveau des Textes bleiben würde, da es in ihm ja gerade auf die Verknüpfungen und Zusammenhänge ankommt.

Lesen Sie beide Texte aus dem Geschichtsunterricht einer 6. Klasse durch.

Text 1 Warum ist aus einer kleinen Stadt ein Weltreich geworden?

Diese Frage ist nicht leicht zu beantworten. Viele Geschichtswissenschaftler haben versucht eine gute Antwort auf diese Frage zu geben. Endgültig und völlig zufriedenstellend konnte bislang aber noch keine Antwort gegeben werden. Die folgende Teilantwort könnte eine Erklärung sein:

Manche Wissenschaftler, unter ihnen auch der bedeutende Wirtschaftswissenschaftler J.A. Schumpeter, nehmen an, dass die römischen Politiker immer dann, wenn es in dem Staat Probleme gab, einen neuen Krieg begannen. Dieser neue Krieg sollte die Römer dann von den inneren Problemen ablenken, denn ein neuer Krieg wurde natürlich zum Gesprächsgegenstand in Rom. Die Menschen sprachen viel über den Krieg: Der eine erhoffte sich Vorteile vom Krieg, für den anderen bedeutete er vielleicht, als Legionär die Stadt zu verlassen. In jedem Fall änderte sich das Gesprächsthema und die Menschen vergaßen die Probleme in Rom häufig und dachten nicht daran, die verantwortlichen Politiker abzusetzen. Manche Geschichtswissenschaftler glauben, dass viele Politiker so ihre Macht behalten konnten.

Text 2 Wie lebten die unteren gesellschaftlichen Schichten im alten Ägypten?

Wir wissen über den Alltag der unteren gesellschaftlichen Schichten in Ägypten nur wenig. Allerdings können wir annehmen, dass sie in kleinen und ärmlichen Häusern gewohnt haben. Auf der untersten Stufe der gesellschaftlichen Rangordnung standen Sklaven – meist Kriegs- und Strafgefangene. Sie wurden überwiegend in häuslichen Diensten beschäftigt. Allerdings gab es im alten Ägypten nicht

---

[1] Vgl. dazu Brüning/ Saum, 2006 a, S. 44ff.

so viele Sklaven, wie später in Athen und Rom. Daneben gab es freie Diener und Dienerinnen. Aber ihr Herr konnte ihre Arbeitskraft vermieten. Der weitaus größte Teil der Bevölkerung war in der Landwirtschaft beschäftigt. Die Arbeit der Bauern war vermutlich sehr anstrengend und hart. Während der Überschwemmungszeit, in der sie nicht auf ihren Feldern arbeiten konnten, wurden sie zu staatlichen Baumaßnahmen verpflichtet. Über freie Zeit werden sie wohl nur in sehr geringem Maße verfügt haben. Hunger brauchten sie allerdings nicht zu leiden, denn wie alle Ägypter

hatten sie Anspruch auf eine staatliche Grundversorgung. Die Arbeit der Handwerker wurde wie die Arbeit der Bauern von Beamten gelenkt und überwacht. Aber vor allem die hoch qualifizierten Zeichner, Maler, Bildhauer, Holzarbeiter, Glashersteller, Juweliere konnten nebenbei etwas herstellen und tauschen.

1. **Überlegen Sie, welcher Text in einem Word Web dargestellt werden kann.**

2. **Fertigen Sie dann selbst ein Word Web an.**

Unsere Lösungsvorschläge finden Sie in Kapitel VII.

3.2 Mind Map

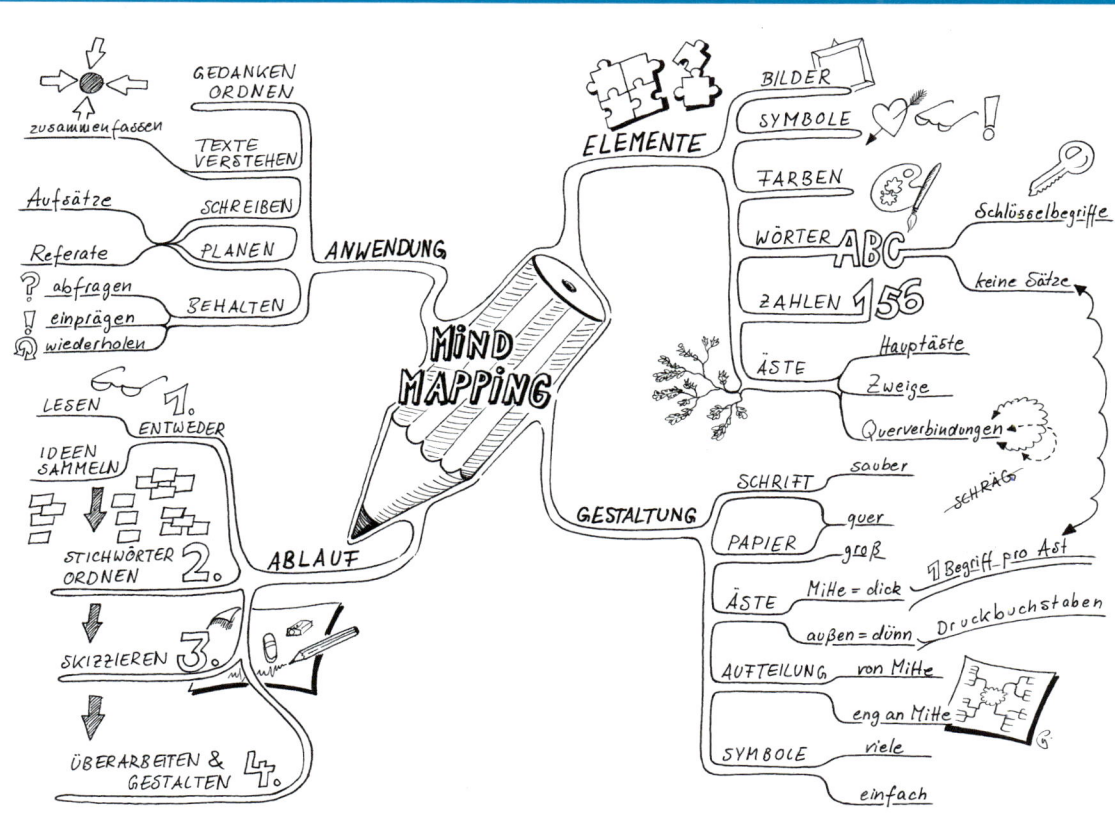

Abb. 17: Mind Map über Mind Mapping

3.2.1 Szenario

Wir sind im Biologieunterricht an einer Hauptschule in Saarbrücken. Die Schülerinnen und Schüler der 5. Klasse hatten vor einigen Wochen den Wunsch geäußert, sich mit Raubtieren zu beschäftigen. Deshalb hat Peter Heckhausen jetzt nahezu alle vorhandenen Tierschädel aus der Schulsammlung vor seiner Klasse ausgebreitet. Er fordert die Schülerinnen und Schüler auf, alle Schädel genau zu betrachten und dabei besonders auf das Gebiss zu achten, denn nur ein Teil der Exponate sei von Raubtieren.

Die Schüler gehen am Tisch vorbei und besprechen dann in ihren Gruppen, welche Merkmale die Schädel

aufweisen, die vermutlich zu Raubtieren gehören. Im weiteren Verlauf stellen die einzelnen Gruppen ihre Vermutungen der Klasse vor und im Unterrichtsgespräch hält der Lehrer an der Tafel die Merkmale von Raubtieren, die die Schüler anhand der Exponate erkennen konnten, fest. Offensichtlich ist bei allen Exponaten das Gebiss meist recht stark ausgeprägt und durch deutlich entwickelte Eckzähne und meist scharfe Reißzähne gekennzeichnet. Jetzt erhält jede Gruppe fünf bis sechs der Exponate und muss sie zuordnen. Am Ende bringen alle Schüler die Exponate wieder nach vorn. Rechts liegen nun die Schädel der Raubtiere, links die der anderen Tiere. Für die Schüler ist jetzt sehr deutlich geworden, woran sie erkennen können, ob ein Teil zur Art der Raubtiere gehört.

Einige Wochen später sind wir wieder in der 5a bei Peter Heckhausen zu Gast. Die Schüler haben offensichtlich einzelne Raubtiere näher kennengelernt. Die Schüler können jetzt hundeartige Raubtiere von Katzen, Bären oder Hyänen unterscheiden. Sie wissen, dass manche Raubtiere Allesfresser sind usw. Die Schüler berichten von einer Exkursion in den Saarbrücker Zoo und sind einhellig der Meinung, fast schon Raubtierexperten zu sein. In der Klasse hängen jetzt sieben große Poster. Dort haben die Schüler die Ergebnisse ihre Beschäftigung mit Hilfe einer Mind Map, ergänzt durch viele Bilder und Zeichnungen, dokumentiert.

Schauen wir noch einmal in die Klasse von Peter Heckhausen. Die Schüler haben anfänglich herausgear-

beitet, was die charakteristischen Merkmale von Raubtieren sind. Sie haben Wissen zunehmend ausgebaut und weitere Unterscheidungen getroffen, sie können Katzen von Bären abgrenzen, reine Fleischfresser von gelegentlichen usw. Am Ende haben die Schüler diese so erlernten Zusammenhänge in einer Zentralstrukturierung visualisiert. Das aber konnten sie nur, weil sie die Zusammenhänge zutreffend erfasst haben. Die Schüler haben ununterbrochen Kategorien gebildet, Objekte zugeordnet und bestehende Kategorien präzisiert. Und genau das ist eine zentrale Art des Lernens.

Die Schülerinnen und Schüler von Peter Heckhausen sind jetzt in der Lage, Raubtiere zu erkennen, da sie als gemeinsames Merkmal typische Ausprägungen des Gebisses erkannt haben.

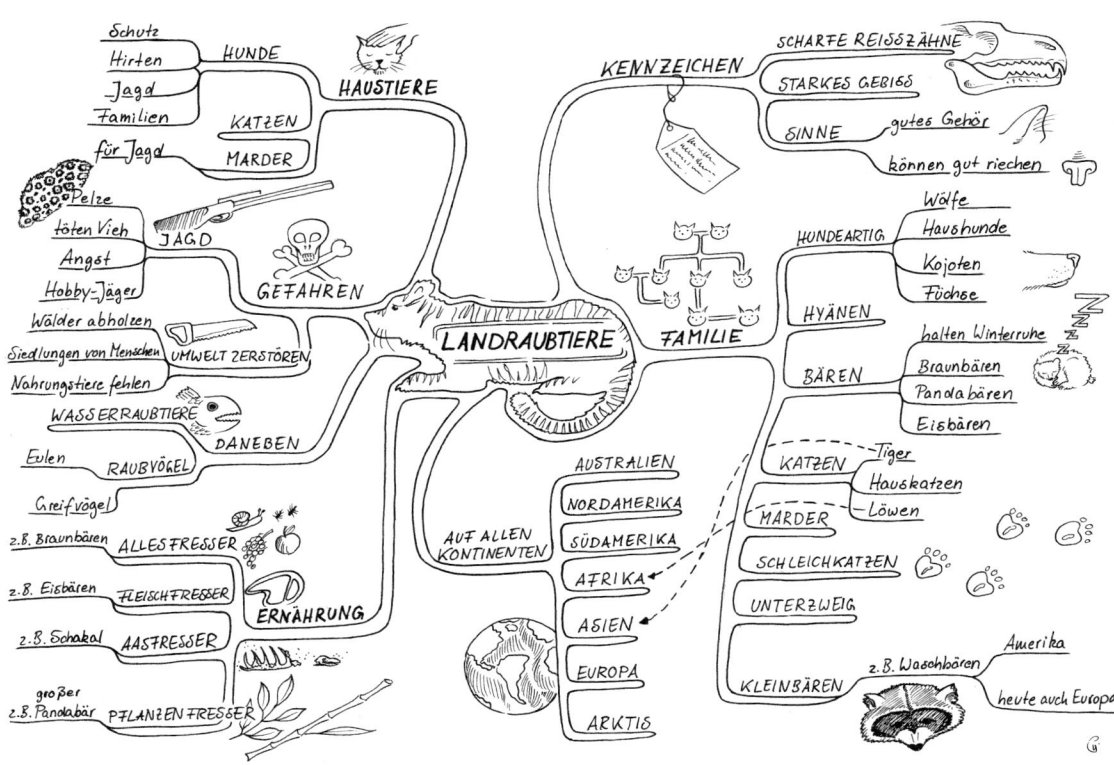

Abb. 18: Mind Map einer 5. Klasse zum Thema Raubtiere

3.2.2 Wozu dient die Mind Map?

Mind Maps sind gegenwärtig die wohl bekannteste grafische Strukturierungsform. Kaum eine Volkshochschule oder Weiterbildungseinrichtung, die in den vergangenen Jahren nicht ein Seminar dazu angeboten hat. In nahezu jedem aktuellen Schulbuch finden sich Abbildungen, die als Mind Map bezeichnet werden. Und in der kaum noch überschaubaren Literatur dazu wird nicht selten der Eindruck vermittelt, als handele es sich hier um eine Art „Wundermittel", mit dem der Benutzer seine Gehirnleistung exorbitant steigern kann oder leistungsschwache Schüler schon bald zu den Klassenbesten gehören werden.[1] Solche Versprechungen decken sich weder mit unseren Erfahrungen

im persönlichen und schulischen Gebrauch von Mind Maps, noch sind sie mit den Erkenntnissen der Lernpsychologie zu vereinbaren.

Dennoch sind auch Mind Maps gewinnbringend in der Schule einsetzbar. Wenn sie gezielt und maßvoll in den Unterricht integriert werden, können wir beobachten, dass viele Schüler sehr motiviert sind, wenn es darum geht, mit dieser Visualisierungsform zu lernen. Das wirkt sich nach unserer Erfahrung auf die innere Aktivierung der Schülerinnen und Schüler aus und beeinflusst so positiv das Lernen in der Schule. Aber auch die seriöse pädagogisch-psychologi-

[1] So zum Beispiel bei Buzan/ North, 1997, S. 7, etwas differenzierter aber immer noch sehr euphorisch sind die Versprechungen bei Svantesson, 1998, 11f.

sche Forschung kann inzwischen mit einer breiten empirischen Forschung über Lernen und Wissensmanagement im Zusammenhang mit Visualisierungen aufwarten.[1] Neben der bereits angesprochenen Strukturierung von Wissen im Sinne der Kategorisierung und der abstrakten Speicherung von Wissen in Form von Sprache (aussageartige Repräsentation) erlauben Mind Maps die bildliche Umsetzung von Wissen (analoge Repräsentation) und tragen so dem konkret-anschaulichen Denken Rechnung.[2] Mind Maps – und jede andere grafische Strukturierung, die bildliche Elemente integriert – fördern so sowohl den sprachlichen als auch den bildlichen Wissensaufbau.

TIPP!

Unsere Schülerinnen in der Sekundarstufe I erarbeiten mit umfassenden Mind Maps größere Wissensgebiete und bereiten sich damit sehr nachhaltig auf Arbeiten, Klausuren oder Prüfungen vor. Aber die Anfertigung der Mind Maps ist noch kein Garant erfolgreicher Lernergebnisse. Erst wenn die Schüler anschließend *mit den Mind Maps aktiv lernen*, werden die dargestellten Zusammenhänge nachhaltig behalten. Fordern Sie deshalb Ihre Schülerinnen und Schüler immer wieder auf, mit den Mind Maps Partnerinterviews zu führen, sich abzufragen etc.[3]

3.2.3 Elemente einer Mind Map

Beim Arbeiten mit der Mind Map werden visuelle Elemente (Zeichnungen und Farben) mit Schriftsprache (Stichwörtern) kombiniert. Sehen Sie sich dazu noch einmal die Maps auf Seite 47 u. 48 an. Dort sind, bis auf die farbige Gestaltung, alle im Folgenden angeführten Elemente realisiert.[4]

In die **Mitte des Blattes** wird ein einprägsames Bild oder eine kleine Skizze gezeichnet, die das zu behandelnde **Hauptthema** darstellt. Sollte kein Symbol gefunden werden, so kann das thematische Stichwort grafisch hervorgehoben werden.

Von dem zentralen Bild ausgehend wird für jeden wichtigen Bereich des Themas ein **Hauptast** gezeichnet. Auf diesen Hauptast wird das einzelne Schlüsselwort geschrieben. Vom Ende der eingezeichneten Hauptäste gehen **Zweige** ab, auf denen die Gedanken weiter untergliedert werden. Von diesen weiterführenden Ästen können wieder andere ausgehen usw. Wir empfehlen, dass immer nur **ein Begriff auf einen As**t geschrieben wird. Ferner sollten die Äste annähernd **waagerecht** auslaufen, um die Lesbarkeit zu erleichtern (sonst muss man ständig den Kopf verdrehen).

3.2.4 Wie erstellen Schüler eine Mind Map?

Vorbereitungen

◆ Weisen Sie die Schülerinnen und Schüler darauf hin, dass die Schlüsselwörter der **2. Ebene** eng um die Mitte angeordnet werden. Wer hier zu viel Raum lässt, wird nur wenig notieren können.

◆ Eine sehr saubere Schrift ist wichtig (**Druckbuchstaben**), um die Lesbarkeit und Einprägsamkeit der Mind Map zu erhöhen.

◆ Ferner sollte die fertige Mind Map mit unterschiedlichen **Farben** koloriert werden, um die Übersichtlichkeit zu erhöhen und den visuellen Zugang zu unterstützen. Oft ist es sinnvoll, alle Äste, die zu einem Hauptast gehören, mit der gleichen Farbe zu zeichnen. So kann leicht verdeutlicht werden, welche Gedanken und Ideen zusammengehören.

◆ Fordern Sie Ihre Schülerinnen und Schüler auf, mit möglichst **vielen bildlichen Elementen** zu arbeiten: Pfeile, geometrische Figuren, kleine Bilder, gemalte Ausrufe- oder Fragezeichen und selbst definierte Sinnbilder sind so oft wie möglich zu nutzen. Sie erleichtern die Erfassung des Inhalts und können helfen, einzelne Bereiche abzugrenzen oder hervorzuheben.

Arbeitsanweisungen für die Schülerinnen und Schüler

Die Arbeitsanweisung ist für die Zusammenfassung oder Wiederholung von Unterrichtsthemen formuliert. Wenn es um die Ideenfindung, Planung oder auch um Textarbeit geht, müssen die Aufträge etwas anders gestellt werden.

Einzelarbeit

◆ Überlegt, was ihr alles über das Thema wisst. Notiert eure Gedanken in Stichworten auf ein Notizpapier.

[1] Vgl. Nückles u.a., 2004, S. VI; Tergan, 2004, S. 259ff.

[2] Die populäre Vorstellung, dass kognitive Operationen auf die rechte und linke Gehirnhemisphäre verteilt sind und es gelte, eine jeweils weniger genutzte Hälfte zur Hebung der Leistung zu aktivieren, ist wissenschaftlich nicht haltbar. Gesichert hingegen ist die Erkenntnis, dass beide Hälften in einem komplementären Verhältnis zueinander stehen, d.h., dass sie sich mit ihren spezifischen Leistungsfähigkeiten ergänzen. Vgl. Edelmann, 2000, S. 12ff.

[3] Vgl. zu den Formen der Partnerarbeit Saum/ Brüning, 2006 a, S. 59ff.

[4] Wir orientieren uns bei der Mind Map an der Beschreibung von Tony Buzan, 1997, S. 41ff., der als Erfinder der Mind Map gilt.

◆ Ordnet anschließend die Stichworte so, dass die zusammengehörigen Bereiche immer eine Gruppe bilden. Versucht einen passenden Oberbegriff zu finden.

◆ Schaut jetzt noch einmal in eure Aufzeichnungen. Sind eure Stichworte zutreffend? Habt ihr wichtige Themenbereiche vergessen?

◆ Beginnt jetzt mit der Mind Map: Schreibt das Thema in die Mitte des Blattes ...

◆ Für diese Arbeit habt ihr 30 Minuten Zeit.

Kooperation

◆ Egal, ob ihr mit der Skizze fertig seid, tauscht ihr euch jetzt mit euren Tischnachbarn aus. Wenn es Unterschiede gibt, dann klärt diese bitte.

◆ Ihr habt für diese Phase insgesamt zehn Minuten Zeit.

Austausch in der Klasse

◆ Ein Schüler stellt gleich seine Mind Map der Klasse vor.[1] In der Klasse werden wir dann besprechen, ob die Mind Map vollständig und sachlich zutreffend ist.

◆ Als Hausaufgabe sollt ihr dann die Mind Map gestalten und mit Bildern und Farben ergänzen.

TIPP! _____

Die Zeichnung von guten Mind Maps beansprucht aufgrund des recht hohen zeichnerischen Aufwandes relativ viel Zeit. So ist es nach unserer Erfahrung kaum möglich, zum Beispiel am Ende einer Stunde „noch schnell" die Ergebnisse mit einer Mind Map zu sichern. Wenn Sie hingegen eine lange Phase der Einzelarbeit geplant haben, dann sind Mind Maps sehr gut von den Schülern auch im Unterricht zu zeichnen. Wenn es schneller gehen soll, dann ist das Word Web häufig das Mittel der Wahl.

3.2.4 Anwendungsmöglichkeiten im Fachunterricht

Die Anwendungsmöglichkeiten gleichen denen des Word Webs. Durch die bildlichen Elemente bieten sich Mind Maps gerade dann an, wenn die Schüler mit ihnen Wissen memorieren und nachhaltig verankern sollen. Wenn die Schüler den dargestellten Zusammenhang zuvor verstanden haben, genügt oftmals ein Blick auf die Mind Map und bei einem bestimmten Symbol oder Zeichen ist ihnen der Sachzusammenhang wieder präsent.

Deutsch

◆ Jg. 6: Zeichne eine Mind Map zum Text von Frank Littek „Was ist das besondere an Büchern?" im Buch auf Seite 92.

Physik

◆ Jg. 11: Fassen Sie abschließend die Unterrichtsreihe zur Kinematik zusammen. Oberbegriffe können sein: gleichförmige Bewegung, beschleunigte Bewegung, Fallbewegung, Gesetze, Bremsweg und Bewegung. Greifen Sie auch auf das Schulbuch Seite 7-18 zurück.

Biologie

◆ Jg. 12: Erarbeiten Sie den Text „Integrative Funktion des Zentralen Nevensystems" und stellen Sie Ihre Ergebnisse in einer Mind Map dar.

Politik

◆ Jg. 10: Fassen Sie mit Hilfe der Mind Map die Ergebnisse zum Thema „Krise der sozialen Stadt" zusammen. Als Oberbegriffe können dienen: Ursachen, Folgen, Erscheinungen, Krisenbekämpfung.

3.2.5 Übung

Sie haben bislang noch keine Mind Maps gezeichnet? Dann möchten wir Sie einladen, aus den folgenden Vorschlägen ein Thema auszuwählen und eine Mind Map zu entwickeln.

◆ *Meine Vision einer guten Schule*

◆ *Was ich für meine Geburtstagsfeier bedenken sollte*

◆ *Vorbereitungen für die nächste Klassenfahrt, einen Elternabend oder eine Exkursion*

◆ *Was fällt Ihnen ein zum Thema „Fernsehen"?*

◆ *„Hänsel und Gretel" oder „Frau Holle" - Was fällt Ihnen dazu ein?*

Schreiben Sie das Thema in die Mitte des Blattes, notieren Sie auf einem ersten Hauptast den ersten Unterbegriff. Fällt ihn eine neue Kategorie ein oder ein Detail, das an den ersten Hauptast anschließt? Die Gedanken werden sich gleich von selbst einstellen.

[1] Hier sind die kaum noch gebräuchlichen Episkope sehr hilfreich. Sie erlauben es im Handumdrehen, die Visualisierung vor der Klasse zu präsentieren, ohne dass der Schüler oder die Schülerin eine Folie anfertigen muss.

EXKURS

Kein Lernen ohne innere Bilder?
Zum Zusammenhang von innerer Sprache und Bildern für das Lernen

Die moderne Lernpsychologie stellt sich die Frage, in welcher Form wir Menschen unser Wissen geistig abbilden und speichern. Dabei unterscheidet sie drei innere geistige Repräsentationen von Wissen.

Zunächst geht die Lernforschung davon aus, dass wir Wissen gewissermaßen sprachlich abspeichern. Bei dieser **aussageartigen Repräsentation** wird unser Wissen jedoch nicht als zusammenhängender Text abgespeichert – gleichsam wie ein auswendig gelerntes Gedicht, sondern vielmehr als Netzwerk von Begriffen. Zwischen diesen Begriffen gibt es Beziehungen, die hierarchisch geordnet sein können. Diese innere Anordnung von Begriffen kann dann von uns versprachlicht werden. Und erst wenn wir sprechen, werden diese Netzwerke in textlich zusammenhängende Sachverhalte umgewandelt. So können wir beispielsweise ein Erlebnis oder den Inhalt eines Romans mitteilen oder die Lösung einer Rechenoperation erklären und aufgrund des Netzwerkcharakters flexibel denken und formulieren.

Neben dieser sprachlichen inneren Speicherung von Wissen, gibt es aber auch den bildlichen Wissensaufbau. Bei der **analogen Repräsentation** haben wir eben keine Begriffe, sondern Vorstellungsbilder abgespeichert. Wir sind zum Beispiel in der Lage uns vorzustellen, dass ein Würfel gedreht oder gekippt wird. Diese imaginative Repräsentation stellt sich uns im Moment des Denkens als innere Bildfolge oder Film dar, die bzw. der von unserem inneren Auge entwickelt wird. Auch wenn wir es versprachlichen können, so ist es doch bildlich bei uns gespeichert. Zudem sind wir in der Lage uns vorzustellen, wie bestimmte Gegenstände sich verhalten, auch wenn wir sie in der Form noch nie gesehen haben. Denken Sie nur an den Würfel. Stellen Sie sich einmal vor, er sei jetzt orange. Auch diesen Würfel können Sie ohne Probleme vor Ihrem inneren Auge in Bewegung setzen, weil Sie über gut trainierte Denkschemata verfügen. Unser innerer Wissensaufbau und das damit verbundene Denken sind also immer auch bildlich organisiert.

Weniger gut erforscht und begrifflich uneinheitlich gebraucht ist die **handlungsmäßige Repräsentation**. Die Frage der inneren Abspeicherung ist dabei bislang kaum zu beantworten. Sicher ist aber, dass eine rein sprachliche Präsentation eines Lehrstoffes zum Beispiel im Kindergarten oder in der Grundschule zur Informationsverarbeitung nicht ausreicht, und dass auch die zusätzliche Veranschaulichung häufig nicht zur erstrebten Verarbeitungstiefe bei den Schülern führt. Erst der handelnde, aktive Umgang ermöglicht den verstehenden Zugang zum Lehrstoff. Der angesehene Lernpsychologe Jerome Bruner ist der Auffassung, dass die Transformation der zu lernenden Inhalte von einer Darstellungsform in eine andere als handelnder Umgang lernwirksam und gleichzeitig ein wichtiger Anreiz für die kognitive Entwicklung sei. Oder denken Sie einmal an den Unterricht. Es besteht ein beträchtlicher Unterschied im Wissen zwischen einem Studenten, der ein Seminar über Motivation besucht hat, und einem, der im Rahmen des Praktikums zusätzlich handelnd mit Schülern unter Berücksichtigung der Frage der Motivation gearbeitet hat.

Nun sind diese drei inneren Formen des Wissens nicht isoliert zu verstehen, gleichsam als drei Bereiche, die voneinander hermetisch getrennt sind. Im Gegenteil: Die Lernpsychologie geht von einer **multiplen Repräsentation** aus. Diese Vorstellung von der Mehrfachkodierung besagt, dass bestimmte Wissensstoffe leichter erfasst und besser behalten werden, wenn sie sowohl sprachlich-inhaltlich als auch bildhaft verarbeitet werden.

Für die Schule wird betont, dass verbal übermittelte Begriffe und Regeln nur defizitäres Lernen erlauben. Erst die Mehrfachverarbeitung schöpft die Lernmöglichkeiten unserer Schülerinnen und Schüler bestmöglich aus.

Grafische Strukturierungen sind, das wird Ihnen bestimmt schon aufgefallen sein, häufig der Versuch, die zuerst angesprochene aussageartige Repräsentation abzubilden und für das Lernen nutzbar zu machen. Bei allen Formen haben Sie aber immer auch die Möglichkeit, sie durch bildliche Elemente zu erweitern und so die analoge Repräsentation zu fördern. Und wenn Sie an die Aussage Bruners denken, der gerade die Umwandlung des Lernstoffs in eine andere Form als sehr lernwirksam beschreibt, dann ist die Anfertigung einer Visualisierung immer eine innere Aktivierung und somit unmittelbar lernwirksam.[1]

---

[1] Vgl. zur hier skizzierten Theorie der inneren Repräsentation die Darstellung von Edelmann, 2000, S. 146-156. Dort finden sich auch die entsprechenden Literaturhinweise zur vertiefenden Lektüre.

3.3 Baumdiagramm

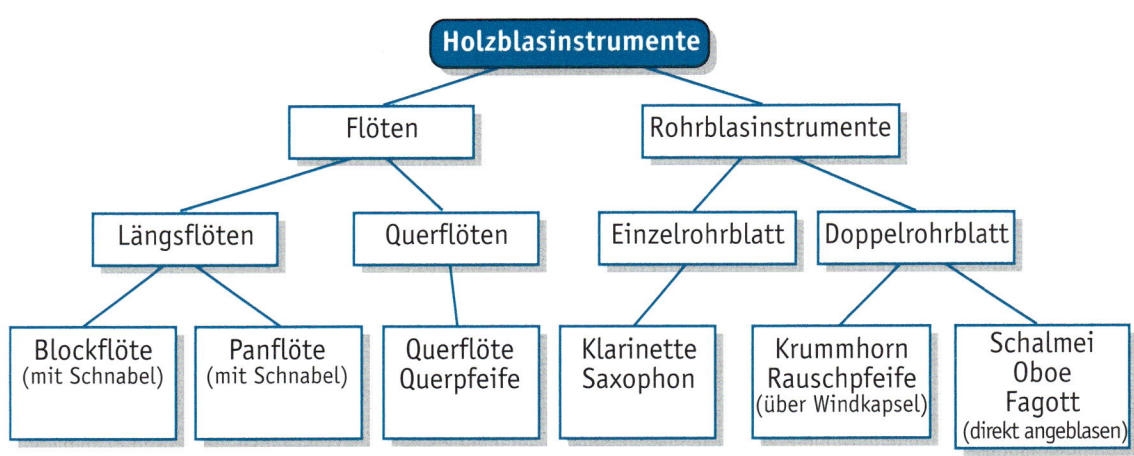

Abb. 19: Baumdiagramm

3.3.1 Szenario

In einem kleinen Leistungskurs an einem Gymnasium in Frankfurt bekommen die Schüler aus der 12. Jahrgangsstufe von Britta Berke im Musikunterricht eine Vielzahl von Holzblasinstrumenten vorgelegt. Die Lehrerin fordert die Schüler auf, die Instrumente in die Hand zu nehmen und zu untersuchen. Sie werden über ihre Funktionsweise und Eigenart informiert, und die Lehrerin und auch einzelne Schüler spielen auf den verschiedenen Instrumenten vor dem Rest des Kurses. Am Ende bekommen die Schüler die Aufgabe, die Holzblasinstrumente innerhalb einer Baumstruktur zu kategorisieren. Am Ende eines längeren Prozesses aus Einzel- und Gruppenarbeit hängt im Musikraum eine großformatige Übersicht verschiedener Holzblasinstrumente (Abb. 20). Bevor die Schüler aber die Kategorisierung vornehmen konnten, mussten sie eine genaue Vorstellung von den Holzblasinstrumenten entwickelt haben. Die Baumstruktur selber anzufertigen, gelang eben nur, weil den Schülern die Unterschiede zwischen den Instrumenten klar waren.

An anderer Stelle haben wir bereits deutlich gemacht, dass ein zentraler Aspekt des Lernens die Unterscheidung von Begriffen und ihren zugehörigen Objekten ist. Und wenn ein Mensch sich eine Vorstellung von einem Begriff macht, dann heißt dies eigentlich, ihn gleichzeitig von benachbarten Begriffen zu unterscheiden, wie auch ihn zu ähnlichen Begriffen in Beziehung zu setzen. Das haben die Schüler mit Hilfe von Frau Berke getan. Sie haben von den verschiedenen Objekten Begriffe gebildet und diese voneinander abgegrenzt. Das Baumdiagramm ist das sichtbare Ergebnis des Denk- und Lernprozesses.

Abb. 20: Baumdiagramm „Holzblasinstrumente"

3.3.2 Wozu dient das Baumdiagramm?

Neben den oben ausführlich vorgestellten Zentralstrukturierungen finden wir vor allem in den Schulbüchern sehr häufig verschiedene Formen von Baumdiagrammen. Bei ihnen gibt es einen Ausgangspunkt, ein Basiselement, von dem alles abhängt. Über mehrere Ebenen verzweigen sich die Begriffe zunehmend. Neben der dargestellten Kategorisierung eignen sich Baumdiagramme natürlich auch, um Beziehungen sichtbar zu machen, wenn zum Beispiel Familienstammbäume dargestellt werden sollen.

Auch für Baumdiagramme gilt: Als Instrumente einer aktiven Auseinandersetzung der Schülerinnen und Schüler mit einem Lerngegenstand werden sie dann besonders lernwirksam, wenn sie von den Schülern selbst angefertigt werden.

3.3.3 Anwendungsmöglichkeiten im Fachunterricht

Die Anwendungsmöglichkeiten sind weit gestreut: In der Biologie finden sich Art-Gattungsschemata und Suchbäume, in der Organisationsbeschreibung die Rangbäume, Syntaxbäume in der Sprachwissenschaft, Stammbäume in der Geschichtswissenschaft, Entscheidungsbäume zur Problemlösung etc.[1] Alle diese Darstellungen haben in ihren Anwendungsbereichen und eben auch in den Schulfächern ihre Berechtigung und dienen nicht selten der Veranschaulichung sprachlich nur schwer zu beschreibender Zusammenhänge.

Deutsch

◆ Jg. 11: Wir haben im Unterricht die Literatur zunächst in zwei Bereiche gegliedert, fiktionale und nichtfiktionale Texte, und dann einzelne Gattungen und Formen in den Blick genommen. Stellen Sie abschließend in Form eines Baumdiagramms eine Übersicht her. Ordnen Sie auch die bislang im Unterricht gelesene Literatur der vergangenen zwei Jahre den einzelnen Formen (Roman, Novelle, Sage, Komödie usw.) zu.

Geschichte

◆ Jg. 6: Untersuche deine Familiengeschichte. Lege dazu einen Familienstammbaum an, der möglichst bis zu deinen Urgroßeltern zurück reicht.

Biologie/Musik

◆ Jg. 12: Entwerfen Sie einen Familienstammbaum der Familie Bach und kennzeichnen sie die Träger musikalischer Begabung.

4 Abläufe darstellen

Abläufe begegnen uns jeden Tag sowohl im Alltag als auch in der Schule: als Versuchs- oder Reparaturanleitungen, als Gebrauchsanweisungen, grammatische Regeln, Regeln zur Bearbeitung von Anträgen usw. Von Abläufen sprechen wir immer dann, wenn eine Abfolge von Handlungen beschrieben wird. Möchte man diese Abläufe visualisieren, eignen sich verschiedene grafische Formen. In diesem Kapitel werden dazu das Flussdiagramm, das Sequenzdiagramm und die Zeitleiste vorgestellt. Gemeinsam ist den damit dargestellten Abläufen, dass sich die jeweils folgende Handlung nicht kausal aus der vorherigen ergibt, sondern sie zeitlich aufeinander folgen. Kausalketten hingegen beschreiben eine Abfolge von Ereignissen, wobei das jeweils vorherige Ereignis die Ursache für die daraus folgende Wirkung ist. Sie werden im nächsten Kapitel beschrieben.

Flussdiagramm, Sequenzdiagramm, Zeitleiste

Zunächst möchten wir Ihnen in diesem Kapitel das Flussdiagramm vorstellen. Es erlaubt die differenzierte Darstellung von Handlungsabfolgen mit Entscheidungsalternativen. Anschließend erläutern wir das Sequenzdiagramm, das mitunter auch als Schrittfolge bezeichnet wird. Es ist im Grunde eine einfachere Form des Flussdiagramms und lässt sich bereits in der Grundschule einsetzen. Mit dem Sequenzdiagramm wird eine Reihenfolge dargestellt, um ein angestrebtes Ziel in einer zeitlichen Abfolge zu erreichen. Am Ende werden wir die weithin bekannte Zeitleiste kurz vorstellen. Auch sie beschreibt eine zeitliche Abfolge, ermöglicht aber auch die Darstellung paralleler Handlungen und Ereignisse. Allerdings verzichtet sie auch auf die Verknüpfung der einzelnen Handlungen, z.B. durch Pfeile. Dies ist für die Geschichtswissenschaft von Bedeutung, die sich bemüht, den Eindruck einer zwangsläufigen Entwicklung der Geschichte zu vermeiden. Als Instrument der Projektplanung finden wir immer wieder mehrdimensionale Zeitleisten, in denen die Aufgabenverteilung im Verlauf der Zeit sehr übersichtlich festgehalten werden kann.

Das Denken der Schüler anleiten und fördern

Ein Wort noch zu den kognitiven Prozessen, die bei der Arbeit mit und an Abläufen stattfinden. In den Kapiteln IV.2 und IV.3 haben wir bereits betont, dass Denkprozesse und Wissenserwerb in hohem Maße durch Vergleichen und Kategorisieren erfolgen. Diese kognitiven Prozesse finden auch statt, wenn wir bzw. unsere Schüler Ereignisse oder Handlungen in eine Abfolge bringen. Erst wenn sie einzelne Einheiten miteinander vergleichen, erkennen sie die Eigenheiten und Unterschiede. Erst wenn sie diese Unterschiede erkennen, können sie sie in eine Reihenfolge bringen. Das klingt einleuchtend und scheint eine simple geistige Operation zu sein. Aber überlegen Sie einmal: Was müs-

[1] Vgl. Stary, 1997, S. 30f.

sen Schüler tun, um die Schrittfolge in einem mathematischen Lösungsalgorithmus festzulegen? Sie müssen den Prozess bereits weitgehend durchschaut haben, seine Bestandteile erkennen und sie dann in die richtige Reihenfolge bringen. Wer seine Schüler zum Denken anleiten möchte, der hat mit den hier vorgestellten grafischen Strukturen die richtigen Werkzeuge.

4.1 Flussdiagramm

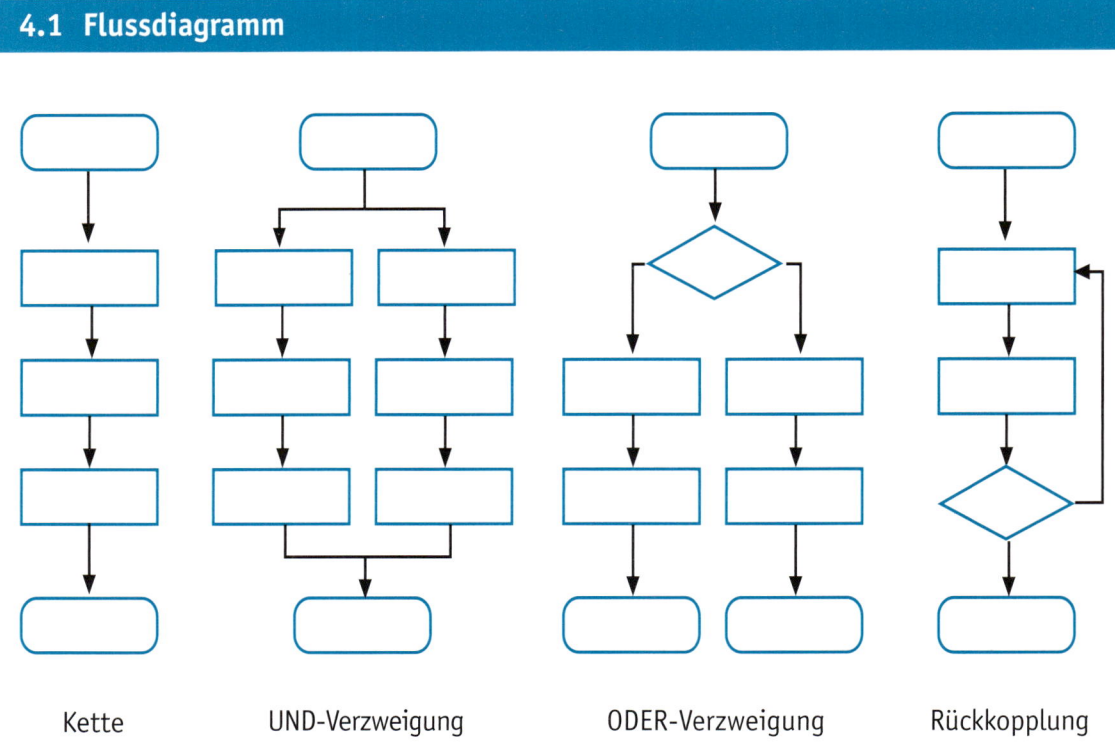

Kette   UND-Verzweigung   ODER-Verzweigung   Rückkopplung

Abb. 21: Grundmuster von Flussdiagrammen

4.1.1 Szenario

Im Zusammenhang mit der Vermittlung der Grundlagen der Textverarbeitung stellen sich die angehenden Bürokaufleute an einem Berufskolleg in Hagen die Frage, wann es sinnvoll ist, bei einem Text Blocksatz zu benutzen und wann man besser Flattersatz (linksbündig) nehmen sollte. Dazu bekommen Sie den folgenden Text, in dem die durchaus nicht ganz einfache Frage, beantwortet wird. Damit verbunden ist für die Schüler die Aufgabe, den Text in ein Flussdiagramm zu übertragen.

Für die Textgestaltung am PC stellt sich die Frage, ob ein Text linksbündig oder als Blocksatz gestaltet wird. Die Entscheidung orientiert sich an drei Aspekten:

1) der benutzten Schriftproportion (hier ist nur die Unterscheidung zwischen proportionalen und nicht-proportionalen Schriftarten interessant)

2) der Spaltenzahl des Seitenlayouts

3) dem Verwendungszweck des Textes

Bei nicht-proportionalen Schriften ist jeder Buchstabe gleich breit, d.h. er hat eine feste Zeichenbreite. Proportionale Schriften (Times, Arial) hingegen haben eine dem Buchstaben angepasste Zeichenbreite. Wenn sich also die Frage nach der Textausrichtung stellt, können Sie wie folgt entscheiden:

Bei proportionalen Schriften sollte man den Blocksatz wählen, denn er garantiert ein ruhiges und ausgeglichenes Schriftbild. Bei nichtproportionalen Schriften hingegen, wie zum Beispiel bei der Schriftart „Courier", ist eine linksbündige Textausrichtung besser, denn hier führt der Blocksatz zu einem zerrissenen Schriftbild. Wenn Sie einen Brief schreiben, dann wird er linksbündig ausgerichtet, denn er wirkt so persönlicher und entspricht auch heute noch den üblichen Formatierungsgewohnheiten. Bei Texten mit einem Seitenlayout, in dem mehr als zwei Spalten vorgesehen sind, ist es ebenfalls ratsam, linksbündig zu formatieren. Das gilt sowohl für proportionale wie für nicht-proportionale Schriften. Beachten Sie abschließend: Wenn Ihr Text die Schriftgröße 12 Punkte überschreitet, dann sollten Sie ihn in jedem Fall linksbündig formatieren. [1]

---

[1] Die Idee ist entnommen aus Stary, 1997, S. 50f.

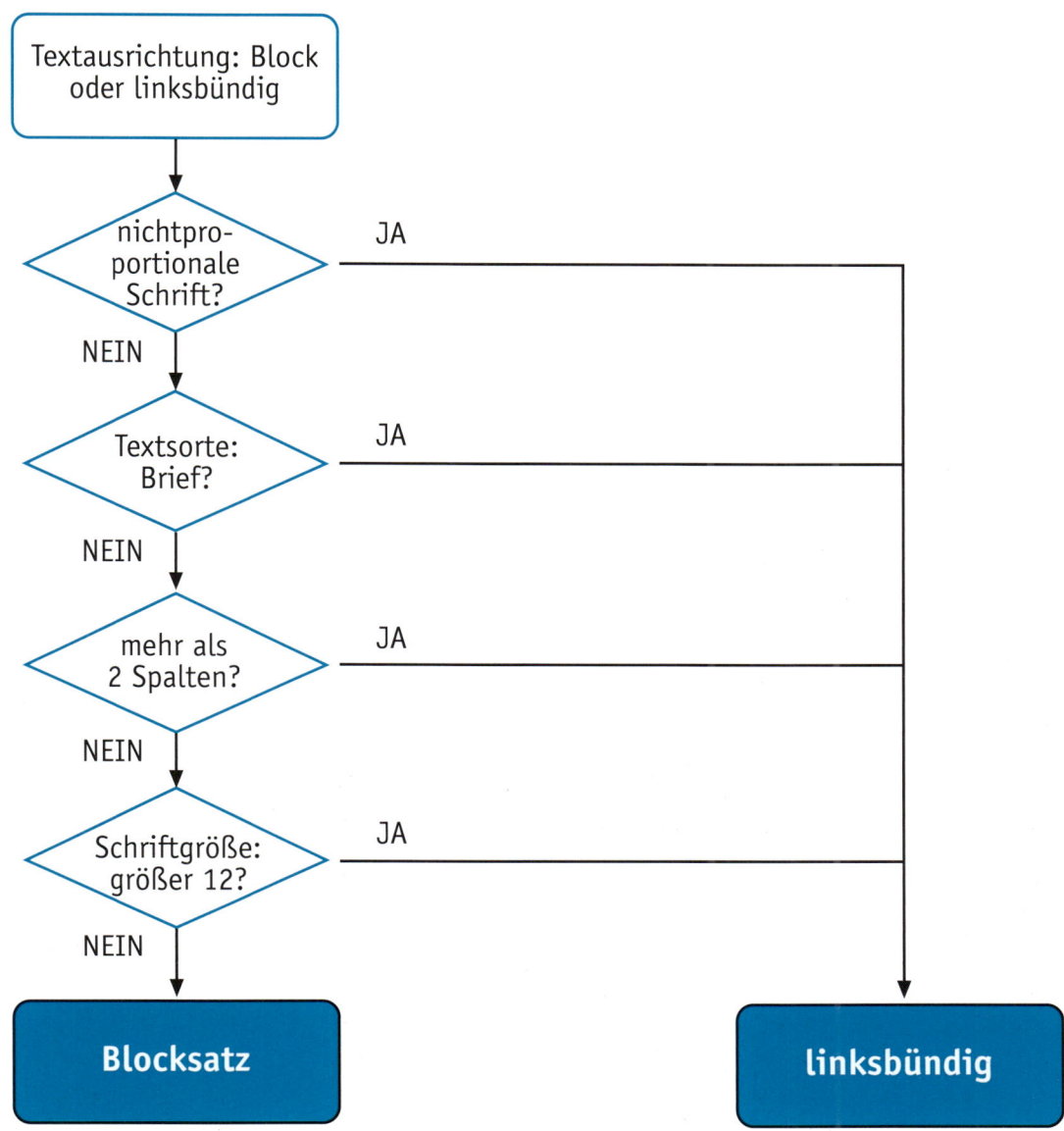

Abb. 22: Flussdiagramm zur Textausrichtung

4.1.2 Wozu dient das Flussdiagramm?

Wenn es darum geht, Abläufe zu visualisieren, dann sind Flussdiagramme (Flow Charts) das wohl bekannteste Mittel. Vor allem in den naturwissenschaftlichen Fächern sind sie weit verbreitet. Sie lassen sich, wie gezeigt, aber auch in anderen Fächern vielfach einsetzen.

Mit dem Flussdiagramm lassen sich alle Handlungsanleitungen und -abfolgen darstellen. Dabei dienen sie entweder dazu, einen Prozess nachvollziehbar zu machen, wie dies zum Beispiel bei den Flussdiagrammen der Fall ist, mit denen der Prozess der Gesetzgebung beschrieben wird. Noch häufiger begegnet uns aber diese grafische Struktur, wenn es darum geht, Handeln anzuleiten. Dies ist zum Beispiel der Fall, wenn Schüler die Lösung

mathematischer Probleme oder Auszubildende z.B. die Reparatur eines Dieselmotors in Form eines Flussdiagramms vorgestellt bekommen oder selbst dokumentieren.

4.1.3 Die Elemente eines Flussdiagramms

Ein Flussdiagramm besteht aus maximal fünf verschiedenen Gestaltungselementen, denen jeweils eine bestimmte Bedeutung zukommt, und die variabel angeordnet werden können. Wenn Sie möchten, dass Ihre Schüler mit Flussdiagrammen arbeiten, dann sollten Sie immer wieder die Elemente des Flussdiagramms und seine Gestaltungsregeln in Erinnerung rufen. Sie sind schnell an die Tafel gezeichnet.

Ein an den Ecken abgerundetes Rechteck stellt den Anfang und das Ende eines Flussdiagramms dar.

Eine Raute symbolisiert ein Entscheidungsfeld. Das Entscheidungsfeld hat einen Eingang, und kann mehrere Abzweigungen aufweisen (Ja-Nein-Feld).

In einem Rechteck werden die Stationen bzw. Handlungen eingetragen, die im Verlauf des Flussdiagramms von Bedeutung sind.

Ein Kreis bezeichnet einen Anschlusspunkt. Der ist dann notwendig, wenn das Flussdiagramm über eine Seite hinausgeht. In dem Kreis wird eine Zahl eingetragen, so dass der Anschluss auf der folgenden Seite leicht zu erkennen ist.

Ein Pfeil stellt die Richtung des Handlungsablaufes dar.

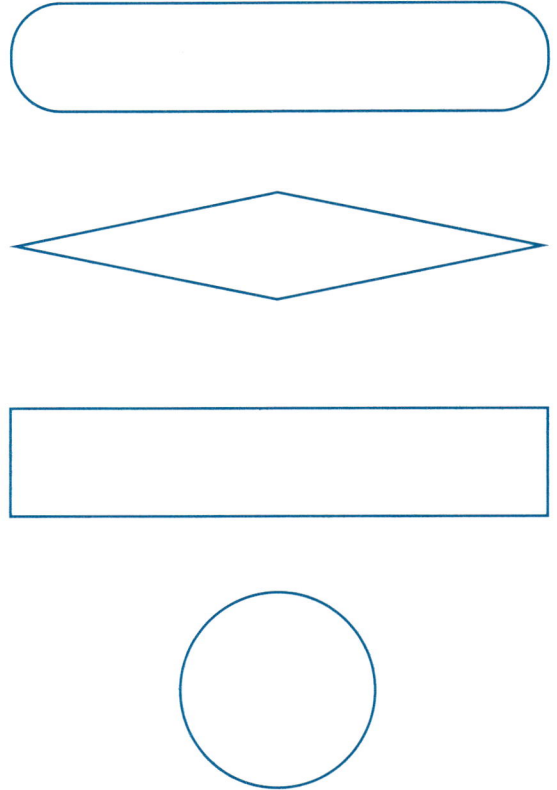

4.1.4 Wie erstellen Schüler ein Flussdiagramm?

Vorbereitungen

◆ Auch für Flussdiagramme gilt, dass zunächst die einzelnen Begriffe bzw. Handlungseinheiten identifiziert sein müssen, bevor die Schüler ein Flussdiagramm anlegen können. Flussdiagramme werden daher auch in drei Schritten angefertigt:

1. Sachzusammenhang erschließen und ordnen

2. vorläufige Bleistiftzeichnung anfertigen

3. Revision der Bleistiftzeichnung und Ausgestaltung

◆ Wenn die Schüler aus einer Textvorlage die Informationen für das Flussdiagramm entnehmen, dann ist eine sorgfältige Markierung derselben die beste Vorbereitung. Die Schüler können dann anstreichen, wo z.B. ein Entscheidungsfeld vorliegt. Sollten die Schüler fortgeschrittene Techniken der Textmarkierung beherrschen und bereits im Text die Schlüsselwörter durch Pfeile ver-

binden, dann ist die Übertragung in ein Flussdiagramm noch einfacher.

◆ Denken Sie daran, dass Sie ihren Schülern die Möglichkeit geben, die Ergebnisse aus der Einzelarbeit in einer kooperativen Phase zu verbessern.

Arbeitsanweisungen für die Schülerinnen und Schüler

Die Arbeitsanweisungen gehen davon aus, dass Schüler ein Flussdiagramm auf der Basis eines Textes entwickeln. Wenn sie jedoch aus ihrem Vorwissen bestimmte Abläufe rekonstruieren sollen, sollten Sie die Aufträge umformulieren.

Einzelarbeit

◆ Lest den Text und unterstreicht alle zentralen Aussagen. Versucht schon im Text den Ablauf durch Pfeile sichtbar machen.

◆ Erstellt nun ein Flussdiagramm zum Text. Ordnet die Stichworte so an, dass die Abfolge deutlich wird. Überlegt dabei, wann es Ja-Nein-Felder gibt. Zeichnet die entsprechenden Rahmen um die Stichworte.

◆ Schaut jetzt noch einmal in den Text und lest ihn Schritt für Schritt. Vergleicht euer Flussdiagramm damit genau.

Kooperation

◆ Wir arbeiten mit einem Lerntempo-Duett[1]. Wer also fertig ist, steht auf, so dass sichtbar wird, dass ihr einen Partner sucht. Der nächste, der fertig ist, steht auch auf. Ihr bildet ein Paar und vergleicht eure Flussdiagramme. Wenn es Unterschiede gibt, dann klärt diese bitte immer mit Blick auf den Text. Sprecht bei dem Austausch bitte leise.

◆ Gebt das fertige Flussdiagramm bei mir ab. Ich werde es bewerten. Anschließend bekommt ihr von mir eine neue Aufgabe.

Austausch in der Klasse

◆ Morgen werde ich die Flussdiagramme zurückgeben und mit euch in der Klasse besprechen.

4.1.4 Anwendungsmöglichkeiten im Fachunterricht

Einfache Flussdiagramme können bereits Schülerinnen und Schüler in der Grundschule und zu Beginn der Sekundarstufe 1 anlegen. Sie beschreiben dann meistens einen linearen Ablauf. Fortgeschrittene und geübte Schüler können aber auch Flussdiagramme mit Entscheidungsfeldern anlegen und so komplexere Abläufe darstellen.

Technik

◆ Stellen Sie den Prüfablauf bei einem technischen Problem eines Personalcomputers mit Hilfe eines Flussdiagramms dar.

Politik

◆ Vom Gesetzentwurf zur Verabschiedung – Der Prozess der Gesetzgebung in Deutschland

Mathematik

◆ Beschreiben Sie das Vorgehen bei der Lösung quadratischer Gleichungen mit Hilfe eines Flussdiagramms.

Berufsschule

◆ Bitte entwickeln Sie ein Flussdiagramm, in dem ein idealer Ablauf der Entgegennahme einer Autorreparatur sichtbar wird, so wie er in Ihrem Ausbildungsbetrieb erfolgen könnte.

[1] Vgl. Brüning/ Saum, 2006 a, S. 68-75.

4.2 Sequenzdiagramm (Schrittfolge)

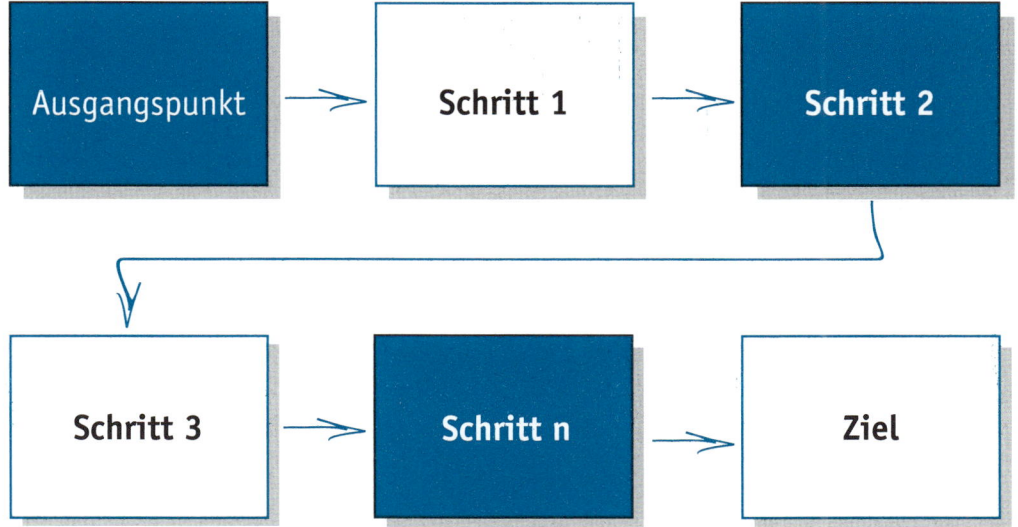

Abb. 23: Sequenzdiagramm

4.2.1 Szenario

In einer Fortbildung erzählt uns Andreas Weinreich, dass sich seine 9. Klasse vor drei Jahren das Ziel gesetzt hat, als Abschlussfahrt eine Woche mit dem Kanu zu fahren. Andreas Weinreich ist damit grundsätzlich einverstanden gewesen. Er berichtet uns, dass er ohnehin über einschlägige Erfahrungen verfügt und einer Kanufahrt mit Schülern gelassen entgegen sehen konnte. Allerdings wollte er die Planung gemeinsam mit den Schülern durchführen und die formalen und juristischen Vorgaben genau prüfen, bevor eine endgültige Entscheidung getroffen wird. Den Planungsprozess hat Andreas Weinreich damit begonnen, dass alle Schülerinnen und Schüler seiner Klasse zuerst in Einzelarbeit ungeordnet alle vorbereitenden Schritte und Aufgaben notieren sollten. Anschließend wurden diese unstrukturiert an der Tafel gesammelt. Dann entwickelte der Kollege im Unterrichtsgespräch eine Schrittfolge, nach der er mit der Klasse die weitere Vorgehensweise plante.

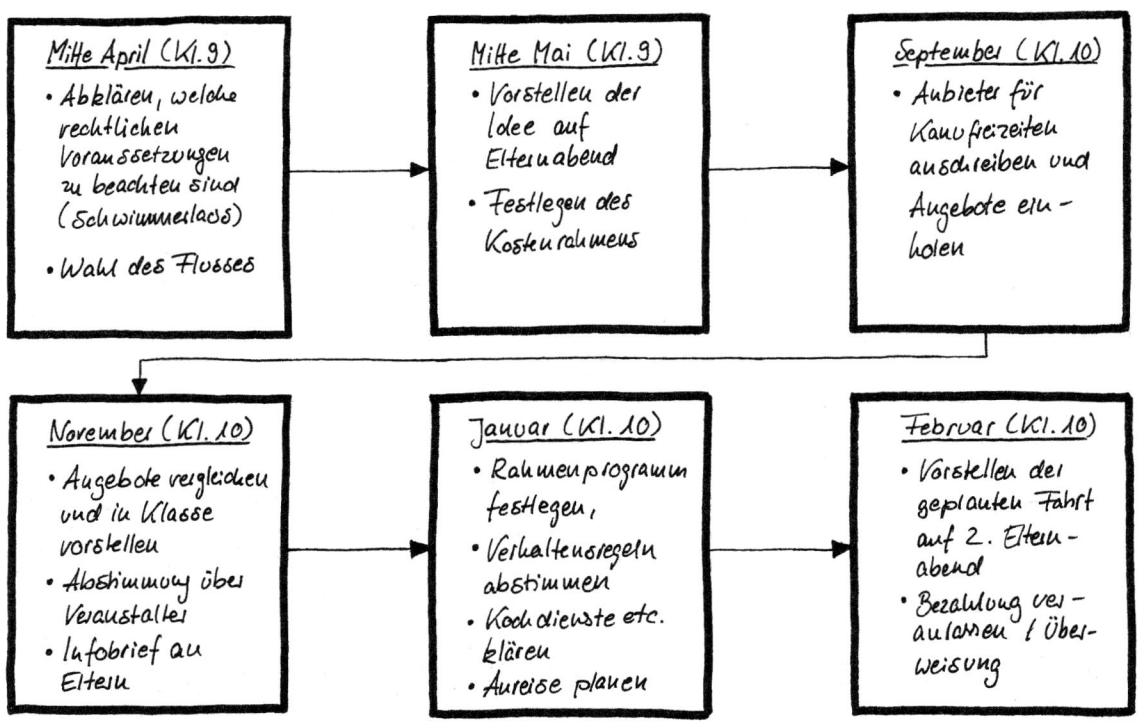

Abb. 24: Sequenzdiagramm zur Planung einer Klassenfahrt

4.2.2 Wozu dient das Sequenzdiagramm?

Mit dem Sequenzdiagramm, das auch Schrittfolge genannt werden kann, wird die Abfolge von abgrenzbaren Ereignissen dargestellt. Im Grunde kann alles, was in Sequenzen zerlegbar ist, durch ein Sequenzdiagramm dargestellt werden (Abläufe, Experimente, Erzählungen). Dabei geht es beim Sequenzdiagramm nicht um eine mögliche Proportionalität der Darstellung von Zeiträumen, wie sie bei der Zeitleiste möglich ist. Eher werden die Schritte oder Phasen in den Blick genommen.

4.2.3 Wie erstellen Schüler ein Sequenzdiagramm?

Da es bei dem Sequenzdiagramm keine Entscheidungsfelder gibt, haben die einzelnen Felder keinen besonderen Symbolwert. Es bleibt Ihnen überlassen, ob Sie mit Rechtecken oder Kreisen usw. arbeiten. Im Grunde können Sie hier auch Ihre Schüler anregen, verschiedene Formen zu wählen, um so eine ansprechende Visualisierung zu erhalten.

Die Arbeit mit dem Sequenzdiagramm ist variabel: Wenn, wie in unserem Beispiel, aus den Ideen eine Planung erwachsen soll, dann sollten Sie mit einer Phase der Ideenfindung beginnen und dann den Ablauf planen. Geht es aber um

Abfolgen, bei denen das Material oder die Ideen schon vorliegen – zum Beispiel die Abfolge zur Lösung einer Mathematikaufgabe –, dann können die Schüler gleich in Einzelarbeit die Schrittfolge notieren, und anschließend in der kooperativen Phase ihre Sequenzdiagramme vergleichen, bevor die Ergebnisse im Plenum besprochen werden. Natürlich sollte sich dann auch eine Erprobung in der Praxis anschließen.

4.2.4 Anwendungsmöglichkeiten im Fachunterricht

Chemie

◆ Experimentelle Versuchsstruktur darstellen

Deutsch, Geschichte, Kunst

◆ Plan zur Wiederholung der Merkmale von historischen Epochen als Prüfungsvorbereitung

Mathematik

◆ Beschreibung des Vorgehens bei der Lösung einfacher Aufgaben ohne Entscheidungsmöglichkeiten

Deutsch, Kunst

◆ Storyboard entwickeln für die Produktion eines Kurzfilms, einer Theaterszene etc.

Religion

◆ Phasen des Hellenismus in Palästina von Alexander d. Gr. bis zu den Römern

Schreibplanung

◆ Festlegung der Abfolge von Argumenten als Vorbereitung zu einer Erörterung

Klassengeschäfte

◆ Planungen von Projekten und Exkursionen

Allgemein

◆ Gemeinsame Planung von Unterrichtsreihen oder Teilen davon

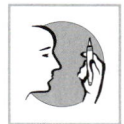

4.2.5 Übung

Vorschlag 1

Wenn Sie für die nächste Zeit einen Versuch, ein Experiment oder ein Projekt mit Ihren Schülern planen, dann wäre jetzt die passende Gelegenheit, dazu ein Sequenzdiagramm anzulegen.

Vorschlag 2

Vielleicht haben Sie auch gerade die Zeit und Muße, Ihr bisheriges Leben zu betrachten? Können Sie einzelne Phasen ausmachen? Legen Sie doch Ihr persönliches Sequenzdiagramm an und tragen die Besonderheiten in die Felder ein.

[1] Vgl. Viereck, 1998, S. 33ff.

4.3 Zeitleiste

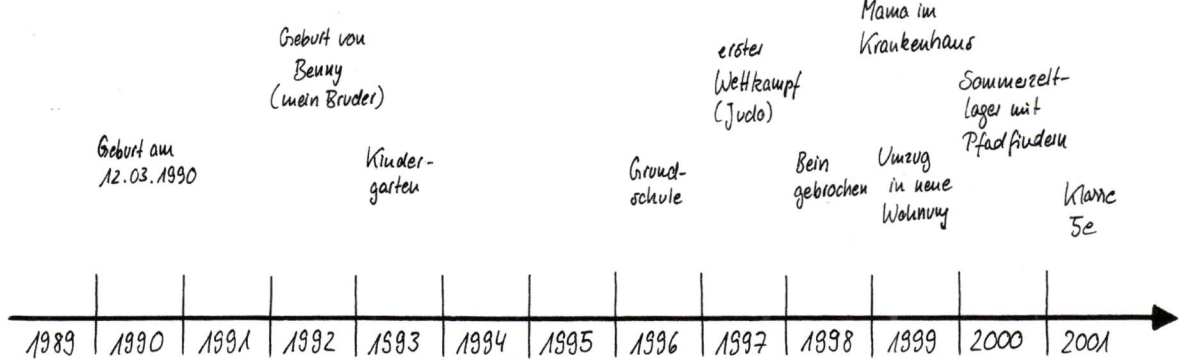

Abb. 25: Zeitleiste der Lebensgeschichte

4.3.1 Szenario

Im Anfangsunterricht des Faches Gesellschaftslehre an einer Grundschule im Berliner Bezirk Neukölln legen die Schülerinnen und Schüler einer 5. Klasse eine Zeitleiste zur eigenen Geschichte an. Die Lehrerin Carola Winkel hat dazu eine Folie vorbereitet, auf der sich eine Zeitleiste befindet. Das Muster vor Augen und mit ersten Anweisungen versehen, beginnen die Schülerinnen und Schüler mit der Arbeit. Wie zu erwarten ist, taucht recht schnell die Frage auf, wie die Zeitleiste einzuteilen ist. Carola Winkel gibt vor, dass die bisherigen Lebensstationen der Schüler darauf Platz haben müssen. Nach 45 Minuten haben die Schüler die Zeitleiste gezeichnet. Einzelne haben bereits ihren Geburtstag eingetragen. Die weiteren Ereignisse und Daten sollen sie zu Hause erfragen, im Heft notieren und möglichst dazu eigene Fotos mitbringen. Dabei sollen die Schüler eigene Prioritäten bei der Gestaltung der Zeitleiste setzen.

In der nächsten Stunde arbeiten die Schüler weiter an ihrer Zeitleiste. Einige haben nur wenige Daten in Erfahrung gebracht, andere haben jeden Sommerurlaub etc. notiert und jetzt Mühe mit der übersichtlichen Gestaltung – sie müssen eher überlegen, was sie weglassen. Nach gut drei Stunden haben fast alle Schüler eine sehr schöne Heftdoppelseite mit ihrer Geschichte fertig gestellt.

In der kommenden Stunde wird Carola Winkel wenige historisch bedeutsame Ereignisse der letzten 13 Jahre im Unterricht vorstellen. Die Schüler tragen diese dann am unteren Rand der Zeitleiste unter dem Stichwort „Allgemeine Geschichte" ein. So schaffen die Schülerinnen und Schüler eine erste Verbindung zwischen individueller und allgemeiner Geschichte.[1]

4.3.2 Wozu dient die Zeitleiste?

Zeitleiste und Geschichtsfries sind unterschiedliche Begriffe für eine grafische Struktur, in der eine räumlich-anschauliche Umsetzung des Abstraktums Zeit geschieht.

Wenn die Schülerinnen und Schüler die Zeitleisten eigenständig, zum Beispiel mit Hilfe ihrer Aufzeichnungen, anlegen, dann findet noch einmal eine Rekapitulation und eine damit verbundene Reorganisation des Wissens statt. Die Schüler erreichen so eine tiefere Durchdringung des historischen Sachgebietes. Aus lernpsychologischer Sicht erfolgt hier eine aktiv handelnde Auseinandersetzung mit dem Lerngegenstand, die für den Aufbau kognitiver Strukturen sehr förderlich ist.[1]

Ganz praktisch können wir außerdem festhalten, dass Zeitleisten das zeitliche Nacheinander durch ein räumliches Nebeneinander veranschaulichen. Sie können auch helfen, im Unterricht geschichtliche Ereignisse einzuordnen. Die häufige Arbeit mit Zeitleisten im Unterricht för-

dert die Entwicklung eines Zeitgefühls und geschichtlichen Bewusstseins. Wie fast alle hier vorgestellten grafischen Strukturen kann die Zeitleiste immer auch zur Festigung und Wiederholung geschichtlicher Kenntnisse dienen.

TIPP!

Biografisches Lernen fördern

Geht es Ihnen auch um die Bewusstmachung der eigenen Geschichtlichkeit oder darum, persönliche Biografie und Geschichte in einen Bezug zu setzen, dann können Sie Ihre Schülerinnen und Schüler anregen, eine Zeitleiste der eigenen Familiengeschichte anzulegen und dazu die Eltern oder Großeltern zu befragen. Vielleicht haben Sie auch schon daran gedacht: Ein Baumdiagramm (Vgl. S. 52), in dem die Familie dargestellt wird, könnte hier als Ergänzung dienen.

Wenn Sie einen Jugendroman lesen, in dem auch die Familiengeschichte thematisiert wird, dann ist ein Vergleich des eigenen Lebens mit dem des jugendlichen Protagonisten in Form eines Venn-Diagramms (Vgl. S. 32) sehr gut einsetzbar und erlaubt den Schülern oftmals einen unmittelbaren Zugang zum Romanhelden.

4.3.3 Wie erstellen Schüler eine Zeitleiste?

Zunächst sollten Sie sich entscheiden, ob jeder Schüler eine Zeitleiste in seinen Aufzeichnungen haben soll, oder ob diese in Form eines Geschichtsfrieses im Klassenraum aufgehängt wird.

Der Geschichtsfries

Wenn Sie einen Geschichtsfries anlegen, dann sollte er sich über eine ganze Wand erstrecken. Wir haben die Erfahrung gemacht, dass dieser Fries so weit oben im Klassenraum aufgehängt werden sollte, dass er dort lange unbeschadet bleibt und gleichzeitig noch für die notwendigen Eintragungen und Ergänzungen erreichbar ist. Nehmen Sie dazu etwas festeres Papier (Packpapier). Der Fries kann eine Breite von 40 bis 50 cm haben. Teilen Sie den Streifen in drei Räume, so dass Sie etwa in der Mitte die Zeitachse mit den Jahreszahlen notieren können. Die Epochenbezeichnungen können dann oberhalb eingetragen werden. Im unteren Bereich bleibt Platz für kopierte Abbildungen oder auch Schülerskizzen, die sym-

[1] Vgl. Edelmann, 2000, S. 152f.

bolhaft für bestimmte Ereignisse stehen können.[1] Wenn Sie Korrekturen vornehmen müssen, können Sie eine alte Eintragung mit dem Packpapier sauber überkleben.

Die Zeitleiste

Sie ist eine verkleinerte Form des Geschichtsfrieses. Allerdings kann sie sich auch auf eine bestimmte Epoche beschränken und erlaubt detailliertere Eintragungen, als dies bei einem Geschichtsfries der Fall ist.

Je größer die Zeiträume sind, die die Schülerinnen und Schüler in einer Zeitleiste erfassen sollen, desto problematischer wird die Frage des angemessenen Maßstabs. Wer zum Beispiel in einer Projektwoche eine Darstellung von der Altsteinzeit bis in die Gegenwart mit den Schülern entwickeln will, der hat fast alle Ereignisse in einem viel zu kleinen Zeitraum. Ein ähnliches Problem tritt auf, wenn bspw. die unterschiedlichen Epochen der Literaturgeschichte vom Barock bis zur Gegenwart eingetragen werden sollen. Mit dem Ende des 19. Jahrhunderts drängen sich Eintragungen der Literaturrichtungen. In der Praxis hat sich bewährt, hier ganz pragmatisch vorzugehen und im Zweifelsfall eine weitere Zeitleiste anzulegen, in der die Details dadurch, dass ein Ausschnitt gewählt wird, mehr Raum erhalten.[2]

Mit Zeitleisten können Sie bzw. Ihre Schülerinnen und Schüler in verschiedenen Phasen des Unterrichts arbeiten: Vielleicht stellen Sie am Ende einer Einheit für Ihre Schüler eine Sammlung von typischen Abbildungen bzw. Fotos zusammen und fordern sie auf, diese in eine chronologische Reihenfolge zu bringen und dann eine Zeitleiste anzulegen. Auch Begriffe, die historische Ereignisse bezeichnen, können auf diese Weise geordnet werden. In beiden Fällen vertiefen sie abschließend den Sachzusammenhang, der zuvor erarbeitet wurde. Als Orientierungsinstrument kann eine vorgegebene Zeitleiste selbstverständlich immer dann dienen, wenn Fragen zur geschichtlichen Einordnung im Klassenraum stehen. Wir konnten bislang beobachten, dass das in der Klasse angebrachte Geschichtsfries häufig von unseren Schülern nur für einen kurzen Moment in den Blick genommen wurde. Im Klassengespräch konnten wir erfahren, dass es für viele Schüler eine schnelle Orientierungshilfe darstellt.

4.3.4 Anwendungsmöglichkeiten im Fachunterricht

Vielleicht haben Sie beim Lesen gedacht, dass Zeitleisten ein Arbeitsmittel im Geschichtsunterricht sind. Das ist auf den ersten Blick auch zutreffend. Aber auch in anderen Fächern können sie sehr gut eingesetzt werden – wenn es zum Beispiel darum geht, Epochen im Literatur- oder Kunstunterricht abzugrenzen, sozialwissenschaftliche Theorien aber auch naturwissenschaftliche Entdeckungen historisch einzuordnen. In Pädagogik oder Psychologie können Sie mit Zeitleisten z.B. sehr gut die verschiedenen Stufen in den Entwicklungsmodellen von Freud, Piaget oder Erikson visualisieren. Wenn in der Klasse bereits ein Geschichtsfries aufgehängt ist, dann könnte der Mathematiklehrer bspw. eintragen, wann der Mathematiker Leonhard Euler das Rechnen mit negativen Zahlen etablierte, Pythagoras die Dreiecksberechnung entwickelte oder der griechische Gelehrte Thales von Milet den gleichnamigen Satz von Thales entdeckte.

[1] Bei Jung/ Meyer, 1952, finden Sie eine detaillierte Beschreibung zur Arbeit mit einem Geschichtsfries, mit Vorlagen und praktischen Anleitungen. Leider ist das kleine Heftchen nur noch mit Mühe in Büchereien zu finden.

[2] Vgl. Gautschi, 1999, 140ff. und Sauer, 1999, S. 197ff. Dort finden Sie auch weiterführende Literatur zur Zeitleiste.

5 Ursache-Wirkungszusammenhänge – Mittel-Zweck-Beziehungen

In einer Tageszeitung gab es vor einiger Zeit eine Meldung von Wettbewerben, bei denen die Teilnehmer in tagelanger Arbeit mit einer möglichst großen Anzahl von Dominosteinen eine Kette so aufbauen, dass das Kippen eines Steines alle anderen Steine zum Umkippen bringt. In wenigen Minuten setzt sich vor den Augen der Zuschauer diese Bewegung fort. Sieger dieses merkwürdigen Wettbewerbs sind diejenigen, die den offensichtlich schönsten und schwierigsten Parcours aufgebaut haben und bei denen die Kette der umfallenden Steine nicht abreißt.

Aber was hat diese Beschreibung mit Ursache-Wirkungszusammenhängen zu tun? Nun, im Grunde ist der erste umfallende Stein der Grund dafür, dass der zweite Stein umkippt. Dieser wiederum ist die Ursache für den folgenden Stein und so weiter. Kippt ein Stein nicht um, weil der Abstand zwischen beiden zu groß ist, dann ist das wiederum die Ursache für eine Unterbrechung.

Mit den hier vorgestellten grafischen Strukturierungen lassen sich solche Ursache-Wirkungszusammenhänge darstellen. Es geht also nicht um die einfache zeitliche Abfolge im Sinne einer Vorgänger-Nachfolge-Relation. Natürlich ist in einer kausalen Abfolge immer auch eine Zeitdimension enthalten, sie stellt aber nicht den Kern der Beziehung zwischen den einzelnen Ereignissen dar. Die kausale Verknüpfung ist in der Schule und vor allem im problemorientierten Unterricht eine der häufigsten Beziehungen. Mit ihnen erklären wir viele Erscheinungen und vergrößern so das Weltwissen der Heranwachsenden.

Neben der kausalen Beziehung spielt die Mittel-Zweck-Relation eine große Rolle im Unterricht. Auch sie lässt sich mit Hilfe der hier vorgestellten grafischen Strukturen gut erfassen.

Ursachenkette, Fischgräten-Diagramm, Kreislauf-Diagramm

Im Folgenden werden wir drei grafische Strukturen näher erläutern. Die Ursachenkette ist eine sehr einfache Visualisierung, um Ursache-Wirkungszusammenhänge zu beschreiben. Sie lässt sich bereits in der Grundschule einsetzen. Das Fischgräten-Diagramm erfasst komplexere Zusammenhänge, geht dabei aber nicht so sehr auf die Abfolge einzelner Ereignisse ein, sondern stellt die Ursachen geordnet nebeneinander. Das Kreislauf-Diagramm ist im Grunde eine Sonderform der Ursachenkette. In der Praxis und in der Literatur wird das Kreislauf-Diagramm sowohl für zeitliche als auch für kausale Abfolgen verwendet. Insofern ist es hinsichtlich der Relation nicht eindeutig zuzuordnen.

5.1 Ursachenkette

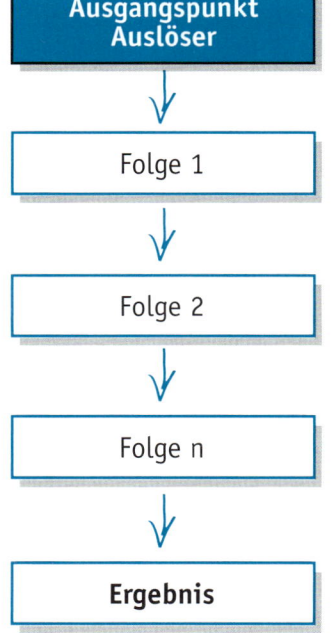

Abb. 26: Ursachenkette

5.1.1 Szenario

Im Geschichtsunterricht der 6. Klasse taucht im Zusammenhang mit einer Unterrichtsreihe zur Alt- und Jungsteinzeit die Frage auf, warum es heute keine Dinosaurier mehr gibt. Auch wenn die Thematik nicht zum Kernbereich des Faches und historisch ohnehin nicht in die Steinzeit gehört, ist es sinnvoll, darauf im Unterricht einzugehen.

Denn an dieser Frage können die Schüler zum einen sehr früh erfahren, dass es für historische Phänomene häufig nicht nur einen Erklärungsansatz gibt. Ferner führt diese Problematik die Schüler dazu, eine Abfolge von Ereignissen in ihrem kausalen Zusammenhang zu erfassen.

Schauen Sie sich dazu einmal das folgende Beispiel an. Auch wenn Sie nicht Geschichte unterrichten, werden Sie die Erklärungen bestimmt interessieren.

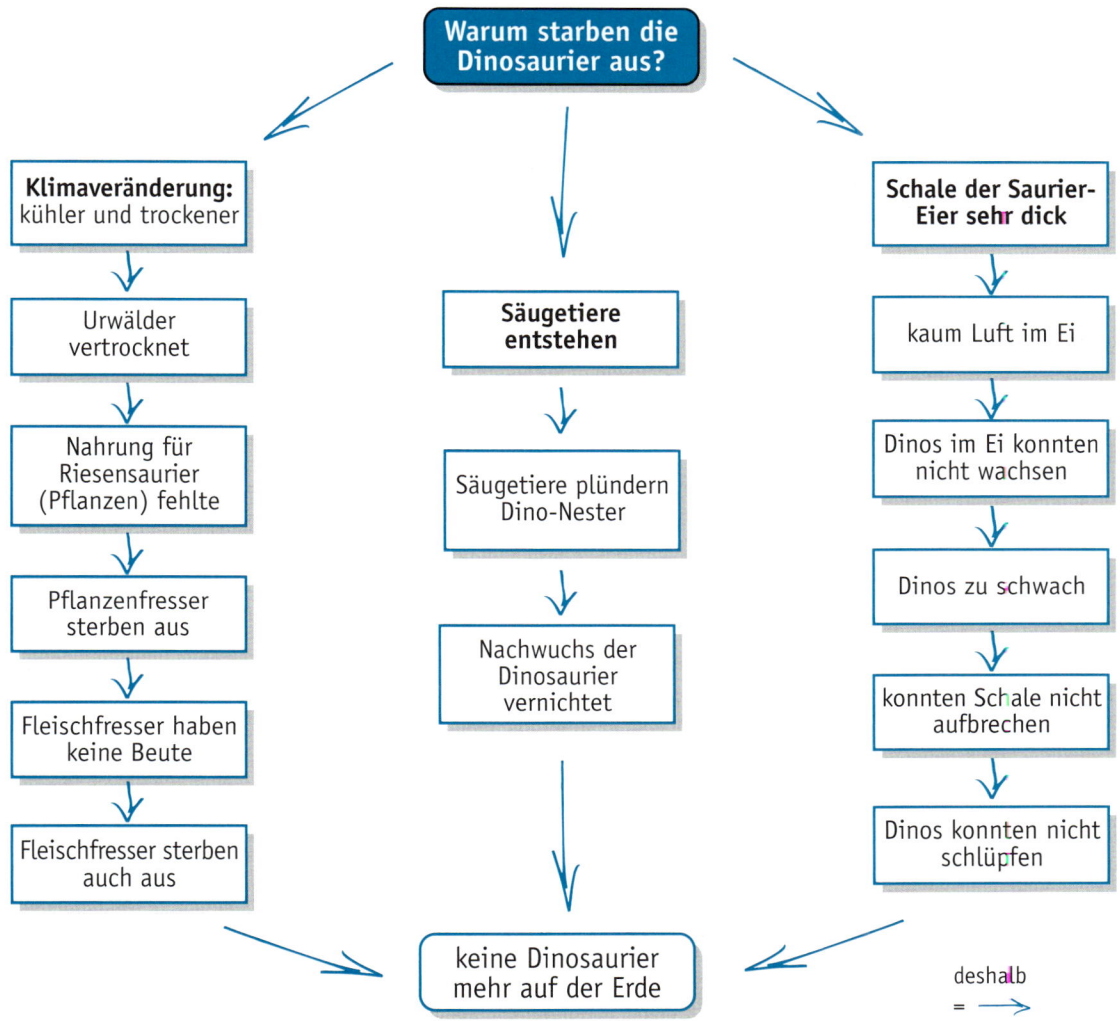

Abb. 27: Ursachenkette aus Jg. 6 zum Aussterben von Dinosauriern

5.1.2 Wozu dient die Ursachenkette?

Die Ursachenkette ist eine sehr übersichtliche Struktur. Sie erlaubt den Schülerinnen und Schülern, eine Abfolge von sich bedingenden Ereignissen darzustellen. Zur Gestaltung gibt es nur wenige Vorgaben: Die Ausgangsfrage wird an den Beginn der Ursachenkette geschrieben. Anschließend werden die sich daraus ergebenden Folgen in das nächste Feld geschrieben und durch einen Pfeil verbunden. Der Pfeil drückt in der Ursachenkette aus, dass das vorherige Ereignis das folgende auslöst. Es ist häufig sinnvoll, dies am Rand der Darstellung als kleine Legende bzw. Erklärung zu notieren. Am Ende der Kette steht das Ergebnis als Antwort auf die Ausgangsfrage.

Wenn es im Unterricht um einen Erklärungsansatz geht, dann sind Ursachenketten sehr geeignet. Sie sind übersichtlich und werden in der Regel von oben nach unten angeordnet (vgl. Abb. 26). Wenn mehrere Erklärungen bzw. Ursachenfolgen verglichen werden sollen, dann können die Diagramme auch nebeneinander gezeichnet werden und in einer Visualisierung integriert werden (vgl. Abb. 27).

5.1.3 Wie erstellen Schüler eine Ursachenkette?

Wenn Sie Ihren Schülerinnen und Schülern in den unteren Klassenstufen erklären möchten, was eine Ursachenkette ist, dann können Sie ihnen das Beispiel mit den Dominosteinen vorstellen. Dieses Beispiel ist für jüngere Schüler sehr anschaulich. Bedenken Sie: Mitunter stellt es eine enorme intellektuelle Herausforderung dar zu erfassen, was wir als Unterrichtende unter einer kausalen Beziehung verstehen.

Arbeitsanweisungen für die Schülerinnen und Schüler

Einzelarbeit

♦ Arbeite die Schritte heraus, die zu dem Ereignis geführt haben. Fasse die Schritte jeweils in ganz wenigen Stichworten zusammen.

♦ Schreibe den Ausgangspunkt oder die -frage in ein Kästchen oben auf dem Blatt.

♦ Notiere nun die einzelnen Schritte untereinander. Zeichne jeweils einen Schritt in ein Kästchen und verbinde sie mit Pfeilen.

Kooperation

♦ Stellt euch gegenseitig eure Ergebnisse vor und versucht euch auf ein Ergebnis zu einigen. Wenn die Ursachenketten unterschiedlich aussehen, so überlegt noch einmal, welche Schritte im Text genannt werden.

Austausch in der Klasse

♦ Bereitet euch darauf vor, die Ursachenkette vor der Klasse zu präsentieren und die Grafik an die Tafel zu übertragen.

5.1.4 Anwendungsmöglichkeiten im Fachunterricht

Die Anwendungsmöglichkeiten im Fachunterricht sind vielfältig. Immer dann, wenn es um eine kausale Verkettung von Ereignissen oder Abfolgen geht, bietet sich die Ursachenkette an. Ursachenketten sind vor allem dann sinnvoll, wenn die im Unterricht vorgestellten Zusammenhänge sich in einer Abfolge von Ereignissen oder Erscheinungen darstellen lassen.

Geschichte

♦ Warum ist aus Rom ein Weltreich geworden?

Wirtschaft/ Politik

♦ Wie kommt es zum Preisanstieg?

Pädagogik

♦ Lesen Sie den Textauszug aus Adornos „Studien zum autoritären Charakter" und erarbeiten Sie, weshalb nach Adorno eine autoritäre Erziehung zu einer fremdenfeindlichen Grundeinstellung führen kann. Stellen Sie die Erklärung Adornos in einer Ursachenkette dar.

Deutsch

♦ In vielen Jugendromanen werden Erklärungen für Verhalten gegeben. Warum wird ein Schüler zum Außenseiter? Wie gewinnt ein Romanheld seine Anerkennung?

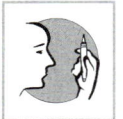

5.1.5 Übung

Vorschlag 1

Überlegen Sie einmal: Bei welchen Themen geht es in Ihrem Unterricht um die kausale Verkettung einer Abfolge? Schlagen Sie die Schulbücher auf, die Sie benutzen. Finden Sie einen Text oder einen Textausschnitt, in dem eine Kausalkette beschrieben wird? Wenn Sie Zeit oder Lust haben, so entwickeln Sie doch auf Grundlage des Textes eine grafische Struktur. Am besten wählen Sie einen solchen Text aus, den Sie in den nächsten Tagen im Unterricht einsetzen möchten. So sind Sie gleich gut vorbereitet.

Vorschlag 2

Neben den drei oben vorgestellten Erklärungen für das Aussterben der Dinosaurier könnte im Unterricht noch eine weitere Theorie vorgestellt werden. Wenn Sie etwas Zeit haben, dann entwerfen Sie doch analog zu dem vorherigen Beispiel (Abb. 27) ausgehend von dem folgenden Text eine vierte Ursachenkette.

Seit 1950 wird eine weitere Theorie diskutiert. Danach könnte es vor 65 Millionen Jahren zu einer Katastrophe gekommen sein, die sich der Erde aus dem Weltall genähert hat. Entweder hat es unweit der Erde eine Sternexplosion gegeben oder ein riesengroßer Meteorit von mehreren Kilometern Durchmesser ist auf die Erde gestürzt. Explosion oder Aufprall, so vermuten diese Forscher, haben dann Erdbeben und Vulkanausbrüche verursacht. Dadurch gelangten riesige Mengen an Staub in die oberen Schichten der Lufthülle. Für Monate war die Erde vom Sonnenlicht abge-

schnitten, Dunkelheit und Kälte breiteten sich aus. Ohne Sonnenlicht starben die Pflanzen, dann die Pflanzen fressenden Tiere und schließlich die Raubtiere, die sich von den Pflanzenfressern ernährt hatten.[1]

[1] Vgl. Lendzian/ Mattes, 2002, S. 7. Text leicht verändert.

5.2 Fischgräten-Diagramm: Viele Ursachen, eine Wirkung - viele Mittel, ein Zweck

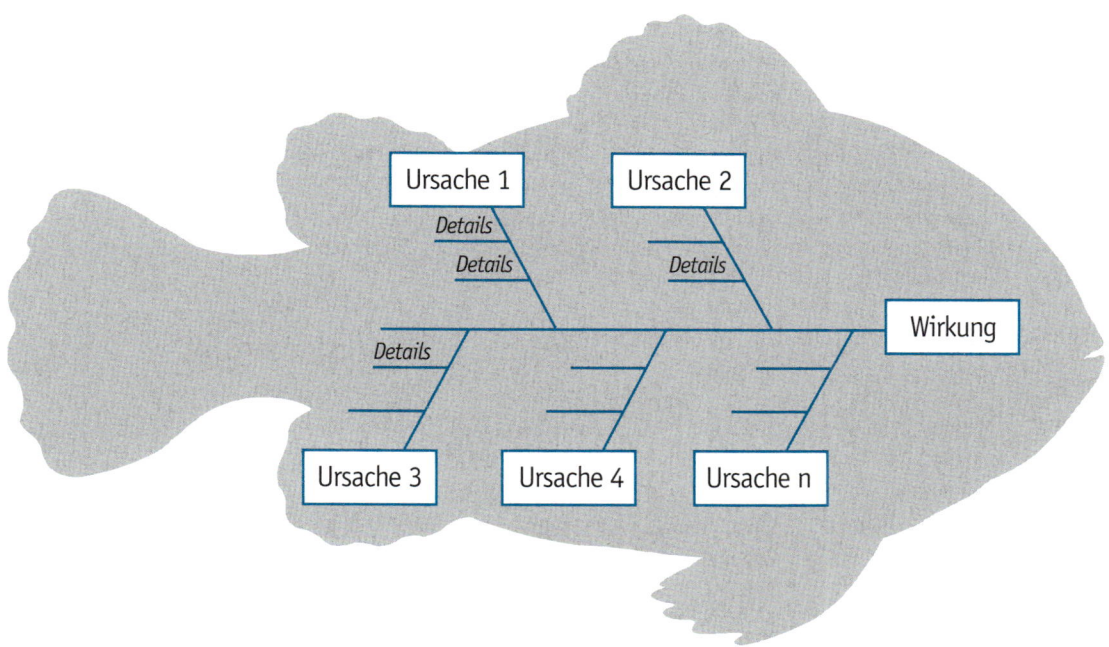

Abb. 28: Fischgräten-Diagramm zur Bestimmung von Ursache-Wirkungsbeziehungen

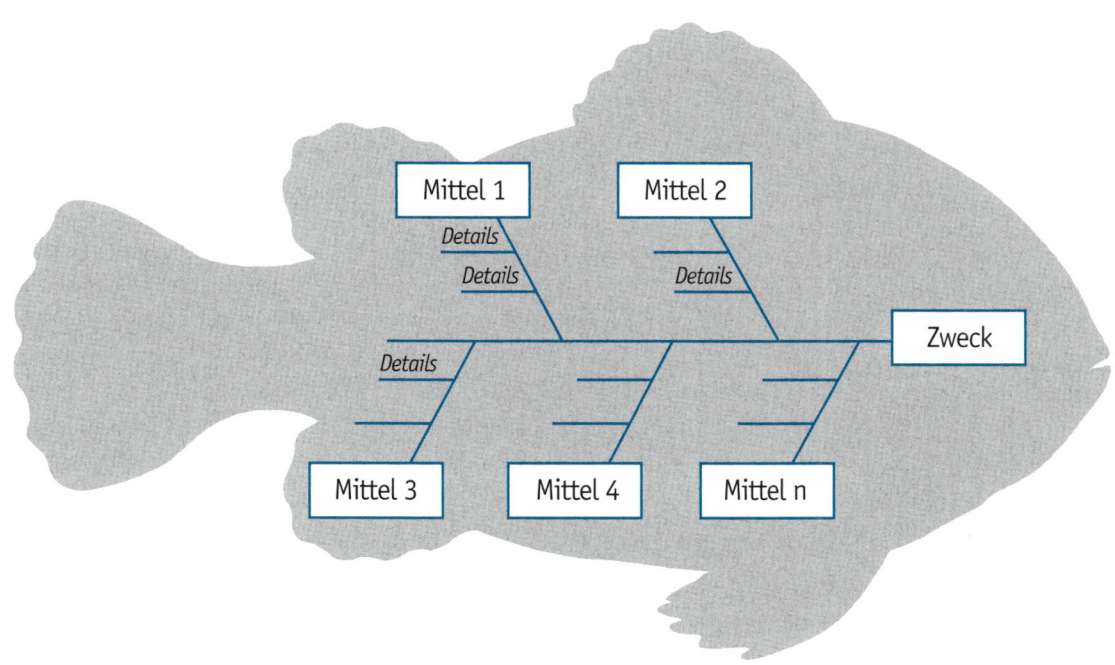

Abb. 29: Fischgräten-Diagramm zur Bestimmung von Mittel-Zweck-Beziehungen

5.2.1 Szenario

Im Bildungsgang an einer kaufmännischen Berufschule in Speyer haben die jungen Erwachsenen im Unterricht die Aufgabe, ein Produkt zu entwerfen und die zugehörige Markteinführung zu planen. Sie haben in vier Gruppen ganz unterschiedliche Produkte aus dem Bereich Nahrungsmittel erfunden und in der Klasse vorgestellt. In diesem Planspiel geht es darum, die Schülerinnen und Schüler mit den Schwierigkeiten einer Produkteinführung vertraut zu machen. Jetzt bekommen sie die Aufgabe zu überlegen, mit welcher Strategie das Produkt auf den Markt gebracht werden könnte. Josef Witt unterrichtet die angehenden Kaufleute. Bevor die Schüler in die nächste Phase der Kooperation gehen, stellt er an der Tafel das Fischgräten-Diagramm vor. Er erklärt, dass dieses Diagramm ein Strategie- und Analyseinstrument darstellt, mit dem gleichermaßen betriebliche Probleme untersucht wie Lösungsstrategien erarbeitet werden können. Die Schüler erhalten nun die Aufgabe, die Ergebnisse ihrer Überlegungen, Diskussionen und Entscheidungen mit Hilfe des Fischgräten-Diagramms auf Folie den Mitgliedern der anderen Gruppen vorzustellen und ihre Planung zu begründen.

Eine Gruppe hat ein neues Fitnessgetränk auf Milchbasis entwickelt. Die Überlegungen zur Einführung des Produkts stellt sie mit Hilfe des Fischgräten-Diagramms vor (Abb. 30). Dabei nutzen sie diese grafische Form zur Darstellung einer Mittel-Zweck-Beziehung. Die Fragestellung lautet: Mit welchen Mitteln kann das Produkt erfolgreich am Markt eingeführt werden? In der Klasse entwickelt sich eine angeregte Diskussion unter anderem über die Frage, ob die angestrebte Exklusivität des Produktes im Einklang mit dem Vertrieb bzw. Verkauf im Lebensmitteleinzelhandel steht, oder ob dieses Fitnessgetränk nicht besser ausschließlich in Drogeriemärkten angeboten werden sollte. Auch regen die anderen Schüler an darüber nachzudenken, ob die angestrebte Käuferschicht sich wirklich in den von der Gruppe vorgeschlagenen Fitness-Studios durch Gratisproben gewinnen lasse oder nicht vielmehr darauf bewusst verzichtet werden sollte, um die beabsichtigte Exklusivität nicht in Frage zu stellen. Für die Teammitglieder wird schon nach dieser ersten Vorstellungsrunde deutlich, dass die Strategie noch einmal überarbeitet werden muss. Mit Hilfe des Fischgräten-Diagramms war für die Mitschüler die Gesamtplanung sehr übersichtlich. Es war ihnen offensichtlich leicht möglich, bestimmte Schwachstellen der Planungen zu erkennen.

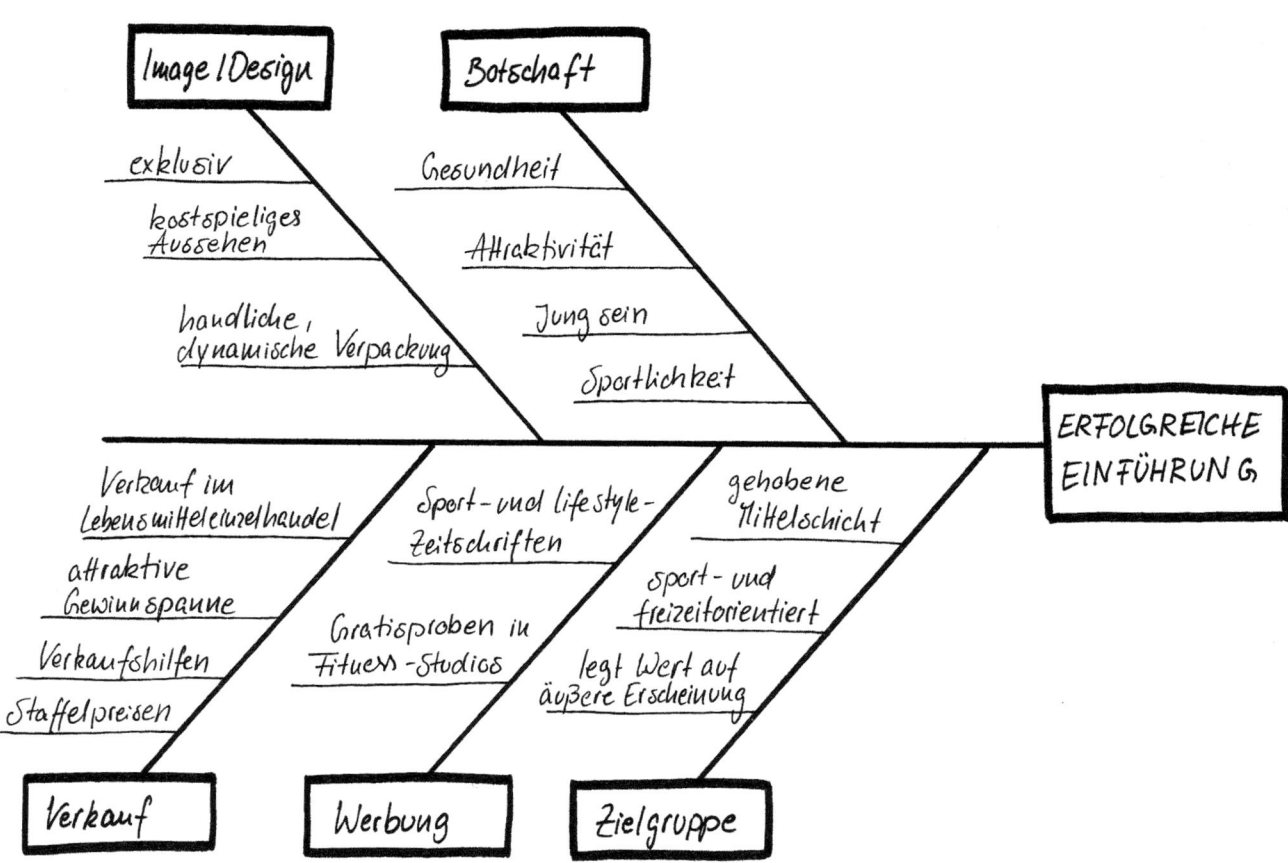

Abb. 30: Fischgräte zur Markteinführung eines Fitnessgetränks

5.2.2 Wozu dient das Fischgräten-Diagramm?

Das Fischgräten-Diagramm (Fishbone-Diagramm) wurde von dem japanischen Wissenschaftler Kaoru Ishikawa entwickelt, deshalb wird es mitunter auch Ishikawa-Diagramm genannt.

Wie aus den Abbildungen 28 und 29 hervorgeht, besteht das Fischgräten-Diagramm aus drei Elementen:

1. Dem Kopf der Fischgräte, auf den alles hinläuft und in den die Wirkung all der Ursachen oder der beabsichtigte Zweck eingetragen wird.

2. Mehreren Hauptgräten, an deren Enden jeweils eine Ursache oder ein Mittel eingetragen wird.

3. Kleineren Gräten, die an den Hauptgräten hängen und auf die Einzelaspekte oder Details notiert werden.

Wie aus dieser Beschreibung deutlich wird, kann man mit dem Fischgräten-Diagramm also zwei unterschiedliche logische Verhältnisse grafisch beschreiben:

1. Zum einen kann das kausale Zusammenspiel in einem komplexen Ereignis dargestellt werden. Es kann gezeigt werden, wie viele Ursachen ein Phänomen oder Ereignis hat. Hier liegt auch der entscheidende Unterschied zu der in Kapitel IV.5.1 vorgestellten Ursachenkette. Während diese dazu dient, kausale Abfolgen darzustellen, kann man mit der Fischgräte multikausale Zusammenhänge visualisieren, bei denen es viele Ursachen für eine Wirkung gibt, ohne dass dabei die Abfolge in den Blick gerät. Dabei können die Ursachen noch unterteilt werden, in Hauptursachen und zugehörige Details.

2. Zum anderen können mit dem Fischgräten-Diagramm auch finale Beziehungen dargestellt werden, bei denen viele Mittel auf einen Zweck ausgerichtet sind.

Wenn ein Projekt geplant oder ein Problem gelöst werden soll, also immer dann, wenn eine Absicht erreicht werden soll, eignet sich das Fischgräten-Diagramm, um die Mittel darzustellen, die zielorientiert eingesetzt werden sollen. Für die Darstellung der Mittel-Zweck-Beziehung haben Sie im Szenario (S. 66) ein Beispiel kennen gelernt.

Mit der Fischgräte können Sie Ihren Schülern auch sehr gut den Unterschied von kausalen und finalen Beziehungen vermitteln. Denn oft fällt es den Schülern nicht leicht, diesen Unterschied zu verstehen.[1] Bei *finalen* Beziehungen geht es immer um ein gesetztes Ziel, eine Absicht oder einen Zweck, der erreicht werden soll. Ob dieses Ziel erreicht wird, spielt dabei keine Rolle. Das Fischgräten-Diagramm ist hier vor allem ein Planungsinstrument. In einem Fischgräten-Diagramm mit *kausalen* Beziehungen werden dagegen vorliegende Zusammenhänge dargestellt. Die Wirkung ist meist schon eingetreten und nicht wie bei der finalen Beziehung bloß beabsichtigt. Nun werden ihre Ursachen analysiert. Kausale Beziehungen können mit dem Fischgräten-Diagramm dargestellt werden, wenn Tatsachen vorliegen, die analysiert werden können. Wenn ein Produkt also bereits erfolgreich eingeführt worden ist, dann können die Ursachen für die Einführung in einem Fischgräten-Diagramm dargestellt werden. Wenn es noch eingeführt werden soll, können die Mittel der Einführung in derselben Struktur dargestellt werden.

Sowohl bei Ursache-Wirkungszusammenhängen als auch bei Mittel-Zweck-Beziehungen kann zwischen einmaligen Ereignissen und bestehenden Phänomenen unterschieden werden. In beiden Fällen kann das Fischgräten-Diagramm benutzt werden. Beispiele für beide Bereiche sind in der folgenden Matrix dargestellt:

---

[1] Vgl. dazu auch die Beschreibung einer sehr wirksamen Methode zur Begriffsbildung im Unterricht in Brüning/ Saum, 2006 c.

	Ereignis	**Phänomen**
Ursache-Wirkung	Wieso kam es zu Hungersnot?	Welche Erklärung gibt es für Lernschwierigkeiten?
Mittel-Zweck	Wie können wir den Wahlkampf gewinnen?	Wie kann Unterentwicklung überwunden werden?

Abb. 31: Matrix zu Einsatzmöglichkeiten des Fischgräten-Diagramms

5.2.3 Wie erstellen Schüler ein Fischgräten-Diagramm?

Am Anfang steht das Thema bzw. das Problem, um das es in Ihrem Unterricht geht. Entweder haben Sie es in den letzten Stunden behandelt oder die Schüler müssen zunächst dazu einen Text bearbeiten. Wenn der Inhalt den Schülern präsent ist, dann klären Sie mit ihnen, ob es um kausale Zusammenhänge geht oder um die Darstellung der Mittel, die für einen Zweck eingesetzt werden sollen. Danach bereiten die Schüler auf einem DIN-A4-Blatt ein Fischgräten-Diagramm vor, ggf. geben Sie ihnen die Möglichkeit, es von der Tafel oder einer Folie abzuzeichnen; in die Felder ist aber noch nichts geschrieben. Die Anzahl der Gräten kann später noch erhöht werden, wenn mehr Ursachen bzw. Mittel entdeckt werden. Anschließend sammeln die Schüler alle Ursachen bzw. Mittel, die sie dazu gefunden haben, und notieren sie auf einem Stichwortpapier.

Auf dieser Basis können Sie dann folgende Arbeitsanweisungen geben, die sich in diesem Fall auf einen kausalen Zusammenhang beziehen.

Arbeitsanweisungen für die Schülerinnen und Schüler

Einzelarbeit

◆ Für welches Phänomen oder Ereignis sollen die Ursachen dargestellt werden? Trage dies in den Kopf des Fisches ein.

◆ Welche Ursachenbereiche kannst du erkennen? Schreibe jeden Ursachenbereich an das Ende einer Hauptgräte und rahme ihn ein.

◆ Welche Details gehören zu den Ursachenbereichen? Schreibe die Details jeweils an die einzelnen Hauptgräten auf Linien, die davon abgehen.

Kooperation

◆ Tauscht euch mit dem Partner (oder den Gruppenmitgliedern) aus. Stellt euch nacheinander die Ergebnisse vor. Wichtig:

a. Hört dabei genau zu.

b. Wo habt ihr Unterschiede in der Darstellung? Klärt die Unterschiede anhand des Textes und eurer Unterlagen.

c. Wo muss die Fischgräte noch verändert werden?

d. Jeder muss sich darauf vorbereiten, seine Fischgräte vor der Klasse vorzustellen.

Austausch in der Klasse

◆ Per Zufall ausgewählte Schüler stellen ihre Fischgräte in der Klasse vor. Vielleicht haben sie dazu eine Folie angefertigt, oder die Fischgräte auf einen Bogen übertragen.

Nach der Präsentation

◆ Geben Sie ihren Schülerinnen und Schülern nach der Präsentation, Diskussion und ggf. Verbesserung im Klassengespräch noch Zeit, die Visualisierung in das eigene Heft zu übertragen bzw. die Veränderungen zu übernehmen.

TIPP!

Verwenden Sie eine Fischgräte nicht in der gleichen Weise wie eine Mind Map oder ein Word Web. Auch wenn Sie mit der Fischgräte ebenso kategorisieren können, würden wir davon abraten. Denn in der Unterrichtspraxis hat es sich bewährt, die Zielrichtung, die in der Fischgräte angelegt ist, bewusst zu nutzen. Die Gräten laufen visuell auf den Kopf zu. In ihn soll die Wirkung oder der Zweck eingetragen werden. So macht die Fischgräte eben besonders diese Art der Beziehung deutlich. Wenn Sie davon abweichen, wird die selbstständige und gezielte Auswahl einzelner grafischer Strukturen für die Schüler nach unseren Beobachtungen schwieriger.

5.2.4 Anwendungsmöglichkeiten im Fachunterricht

Im Grunde lassen sich zwei grundsätzliche Einsatzmöglichkeiten unterscheiden:

◆ Zunächst kann die Fischgräte vor allem dann im Unterricht eingesetzt werden, wenn der zu strukturierende Sachzusammenhang bereits erarbeitet wurde und es jetzt darum geht, eine Zusammenfassung und einen Überblick herzustellen. Vielleicht haben Sie im Geschichtsunterricht die verschiedenen Ursachen für den Ausbruch der Französischen Revolution thematisiert und möchten diese jetzt noch einmal systematisieren und zusammenfassen. Wenn nötig, so geben Sie die Kategorien noch einmal vor: geistesgeschichtliche, sozialgeschichtliche, wirtschaftsgeschichtliche oder machtpolitische Ursachen. Ebenso gut einsetzbar ist das Diagramm, wenn die Schüler eine in einem Text beschriebene, komplexe Ursachen-Wirkungsbeziehung herausarbeiten.

◆ Daneben bietet sich die Fischgräte an, wenn Sie stärker planend oder vorausschauend eine Mittel-Zweck-Beziehung in den Blick nehmen, wie das auch die Schüler in der eingangs vorgestellten Berufsschulklasse getan haben.

Englisch

◆ Arbeit am Drama Hamlet: „The cause of Hamlet`s death"

◆ Erzählung Death of a Salesman: „The cause of Willy`s failure"

Geschichte

◆ Ursachen für ...
  • den Ausbruch des 1. Weltkriegs
  • den Zusammenbuch der UDSSR
  • das Scheitern der Weimarer Republik

Biologie/ Chemie

◆ Faktoren des Waldsterbens

◆ Ursachen der Meeresverschmutzung

Sozialwissenschaften

◆ Ursachen für den ökonomischen Aufschwung

◆ Mittel zur Belebung der Konjunktur ...

Sport

◆ Bedingungen optimaler Leistungen in der Leichtathletik

5.2.5 Übung zum Fischgräten-Diagramm

Wir möchten Sie hier einladen, über guten Unterricht nachzudenken:

Überlegen Sie, welche Kennzeichen es nach Ihrer Einschätzung für erfolgreichen und guten Unterricht gibt. Sie können dazu auch auf das Cluster zurückgreifen, das sie vielleicht bereits in der Übung auf Seite 30 angefertigt haben. Legen Sie ein Fischgräten-Diagramm an und schreiben in den Kopf das angestrebte Ziel „guter Unterricht".[1] Wenn Sie noch kein Cluster zu dem Thema entwickelt haben, dann notieren Sie zunächst auf einem Notizblatt alle Gedanken in Stichworten. Bilden Sie anschließend Kategorien, die Sie an den Enden der Gräten eintragen. Schreiben Sie dann zu den einzelnen Gräten die Details, die Sie mit Ihren Kategorien verbinden.

Unsere Lösungsvorschläge finden Sie in Kapitel VII.

[1] Zur Frage, was guter Unterricht ist, finden Sie bei Meyer, 2004 eine sehr gut lesbare, recht praxisnahe und auf dem Stand der aktuellen pädagogischen Forschung befindliche Gesamtschau.

5.3 Kreislauf-Diagramm

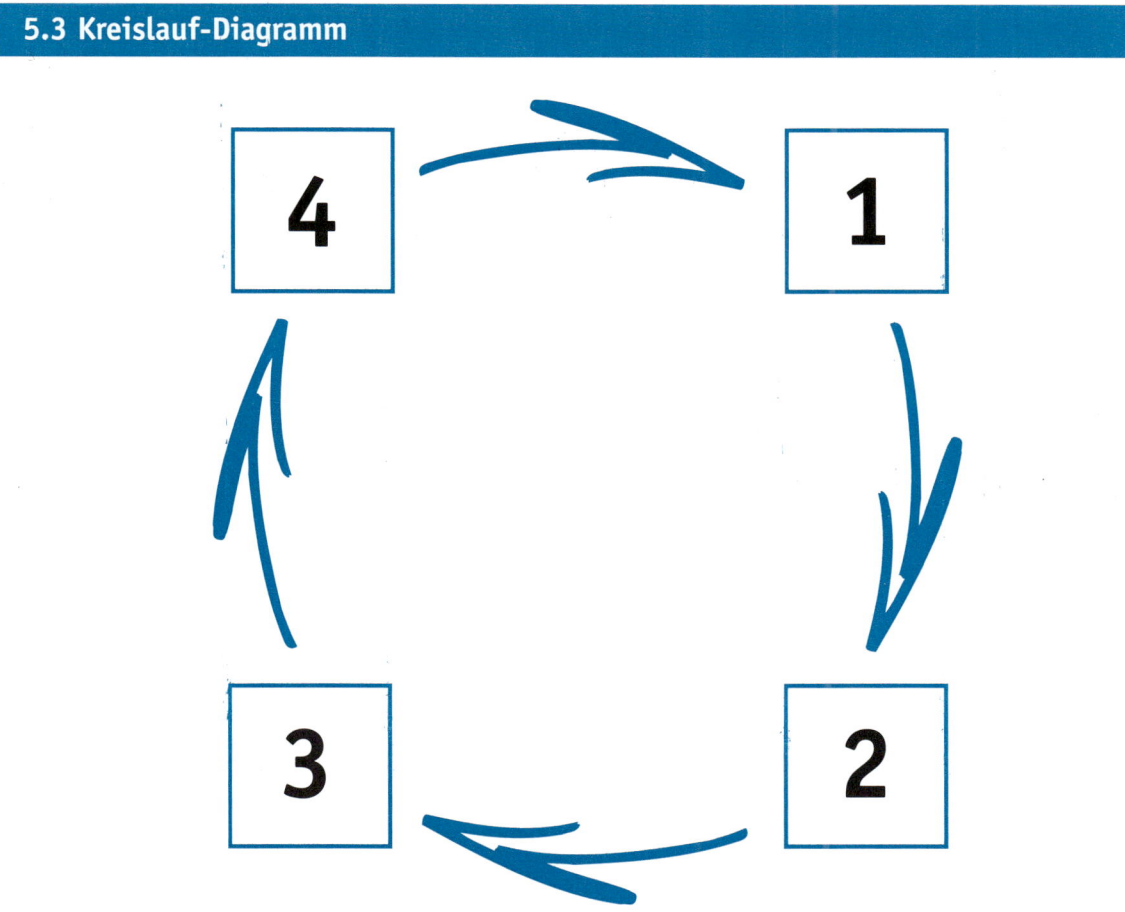

Abb. 32: Kreislauf-Diagramm

5.3.1 Szenario

Die Schüler sind ruhig, sie wirken sehr konzentriert und lesen offensichtlich sehr sorgfältig einen Text. Wir sind in einer 10. Klasse einer Realschule in Ostwestfalen. Im sozialwissenschaftlichen Unterricht führt die junge Lehramtsanwärterin Silke Karweg eine Unterrichtsreihe zur Frage von Entwicklung und Unterentwicklung durch. Die Schülerinnen und Schüler suchen nach Erklärungen für die Unterernährung in bestimmten Regionen der Welt. In den ersten beiden Stunden hatte Silke Karweg die Vorkenntnisse der Schülerinnen und Schüler ermittelt. Als Ergebnis hängt im Klassenraum ein großes Plakat mit der Überschrift „Unsere Vermutungen: Wie kommt es zur Unterernährung?". Die Schüler in der Klasse verfügen durchaus über unterschiedliche Erklärungsansätze: Unwetterkatastrophen, Kriege oder ökonomische Fehlplanungen sind angeführt. Im Verlauf der Reihe möchte die Referendarin die einzelnen Ansätze der Schüler genau in den Blick nehmen und so, ausgehend von deren Vermutungen, systematisch die Kenntnisse der Schülerinnen und Schüler ausweiten und gleichzeitig zu einer Beurteilung unterschiedlicher Erklärungsansätze gelangen.

In dieser Stunde beginnt sie mit dem so genannten „Teufelskreis der Unterernährung".[1] Die Schülerinnen und Schüler sind aufgefordert, zunächst zu überlegen, was sie darunter verstehen. Nach einem Moment des individuellen Nachdenkens tauschen die Schüler mit ihren Tischnachbarn ihre Gedanken aus. Es entwickeln sich in der gesamten Klasse kurze, aber intensive Gespräche. Silke Karweg ruft dann einzelne Schüler auf, ihre Vorstellungen und Gedanken mitzuteilen. Jetzt haben alle Schüler ihre Aufmerksamkeit auf das Thema gerichtet und die individuellen Wissensstrukturen sind angeregt. Die neuen Informationen können von den Schülern aufgenommen und mit dem vorhandenen Wissen verknüpft werden. Dazu hat sie einen Text mitgebracht, in dem dieser Teufelskreis beschrieben wird. Die Schüler erhalten eine detaillierte Aufgabe. Sie sollen den Text in Einzelarbeit lesen und das Wesentliche markieren. Anschließend sollen sie den beschriebenen Teufelskreis skizzieren. Dazu legt Frau Karweg eine Folie auf (Abb. 32), so dass die Schüler erkennen, in welcher grafischen Struktur sie ihn darstellen sollen. In einem dritten Schritt sollen sie die Grafik mit ihrem Partner vergleichen und besprechen. Die Schüler machen sich an die Arbeit. Sie sind offensichtlich seit langer Zeit an viele verschiedene Arbeitstechniken herangeführt worden. Nur wenige Hinweise sind nötig, und die Klasse beginnt zu arbeiten. Die Schüler arbeiten mit Bleistift und markieren bestimmte Begriffe. Einige Schüler machen zusätzliche Randnotizen oder verbinden im Text einzelne Begriffe mit Pfeilen. Kaum einmal findet ein Gespräch mit dem Nachbarn statt. Nach gut 25 Minuten haben die meisten Schüler ihre Einzelarbeit abgeschlossen. Sie wenden sich dem Nachbarn zu und stellen sich gegenseitig ihre Ergebnisse vor (vgl. Abb. 33). Silke Karweg weist die Schüler darauf hin, dass sie zu Beginn der kommenden Stunde in der Lage sein müssen, ihr Diagramm in der Klasse zur Diskussion zu stellen. Deshalb sollten alle Schüler die Partnerarbeit nutzen, um mögliche Schwächen zu beseitigen.

Als Hausaufgabe bekommen die Schüler die Reflexionsaufgabe, darüber nachzudenken, wie sich ihre Vorstellungen, von dem Begriff „Teufelskreis der Unterernährung" durch die Stunde verändert haben und diese Gedanken schriftlich festzuhalten.

---

[1] Dritte Welt Haus Bielefeld (Hg.), 1992, S. 94 f.

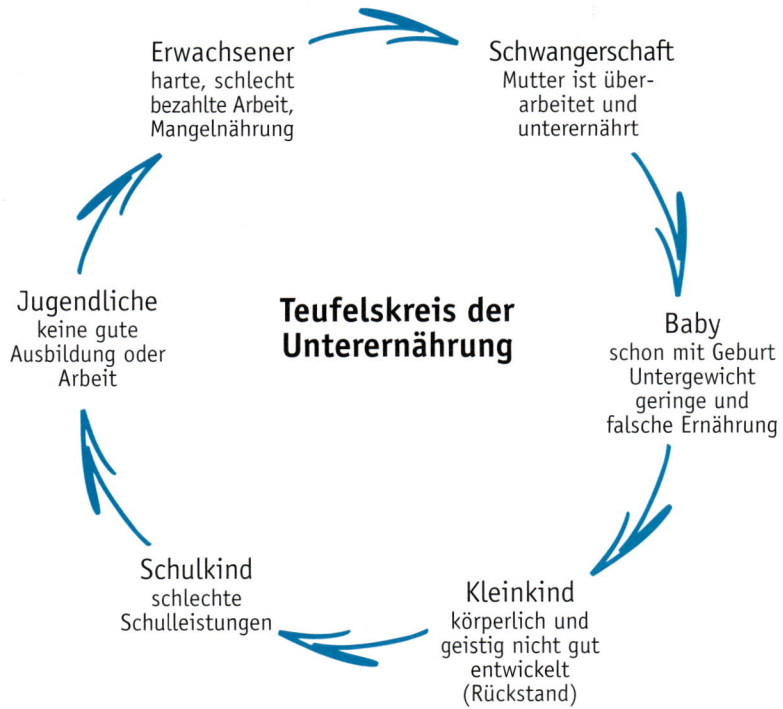

Abb. 33: Kreislauf-Diagramm zur Erklärung der Unterernährung

5.3.2 Wozu dient das Kreislauf-Diagramm?

Sie unterrichten Naturwissenschaften oder eine Gesellschaftswissenschaft? Dann werden Sie in Ihrem Unterricht vermutlich häufig mit Kreislauf-Diagrammen Ihren Schülerinnen und Schülern einen Sachzusammenhang vorstellen. So ergeht es zum Beispiel der jungen Lehramtsanwärterin, die im Zusammenhang mit einer Unterrichtsreihe zur Unterernährung in den Ländern der Dritten Welt auf den so genannten „Teufelskreis der Unterernährung" eingeht (Abb. 33). Eine Kollegin mit dem Fach Biologie vergleicht den Kreislauf der Stechmücke (Vgl. S. 72) von der Eiablage über das Schlüpfen bis zur Paarung mit der Entwicklung der Libelle. Sie wird einige Monate später den Kreislauf des Sauer- und Kohlenstoffs darlegen und vielleicht im gleichen Zusammenhang an weiteren Stoffkreisläufen zeigen, welche Bedeutung diese im Ökosystem Wald haben. In der Physik oder Wirtschaftslehre werden die Schüler möglicherweise am Beispiel der Verpackungsabfälle herausarbeiten, wie eine Kreislaufwirtschaft funktioniert und welche Vorteile sie für die Menschen hat. Viele komplexe Zusammenhänge lassen sich durch Kreislaufdiagramme häufig so darstellen, dass die innere Beziehung der einzelnen Stationen sichtbar wird.

Zeitliche und kausale Verknüpfungen

Für Sie als Unterrichtsprofi ist dabei zu beachten, dass im Grunde zwei Arten von Abfolgen mit dem Kreislauf-Diagramm dargestellt werden können: Die im obigen Kreislauf-Diagramm visualisierten Zusammenhänge der Unterentwicklung sind kausaler Natur: Weil die Mutter ständig überarbeitet und unterernährt ist, wird das Neugeborene schon bei der Geburt unterernährt sein usw. Hingegen sind viele naturwissenschaftlichen Erscheinungen häufig eher als zeitliche Abfolge zu verstehen: Aus der Larve wird eine Puppe, daraus dann die eigentliche Mücke usw.

Diese Unterscheidung ist vielen Schülerinnen und Schülern bei der Auseinandersetzung mit einem Unterrichtsthema nicht immer bewusst, da auch die kausalen Verkettungen stets eine zeitliche Dimension haben. Aber gerade die Art der Beziehung ist ein zentraler Bestandteil dessen, was die Schüler erkennen müssen, um die Sache selbst wirklich zu verstehen. Wenn Sie mit Kreislauf-Diagrammen in Ihrem Unterricht arbeiten, dann können Sie dieser Schwierigkeit begegnen, indem Sie die Art der Beziehung kennzeichnen. Fordern Sie Ihre Schülerinnen und Schüler einfach auf, durch die Verwendung von Begriffen wie „deshalb" oder „dann" die Art der Verknüpfungen deutlich zu machen. Diese Begriffe können auf die Pfeile notiert werden. Eine kleine Legende am Rande der Visualisierung ist natürlich in gleicher Weise dienlich.

5.3.3 Wie erstellen Schüler ein Kreislauf-Diagramm?

Die folgende Arbeitsanweisung ist nur dann sinnvoll zu verwenden, wenn Ihre Schülerinnen und Schüler die grafische Struktur des Kreislauf-Diagramms bereits kennen. Andernfalls können Sie auch hier zunächst an der Tafel ein Beispiel mit der Klasse entwickeln.

Arbeitsanweisungen für die Schülerinnen und Schüler

Einzelarbeit

◆ Nimm ein leeres DIN-A4-Blatt, das blanko, also nicht liniert oder kariert ist.

◆ Kläre die folgenden Fragen:

   a. Geht es um einen in sich geschlossenen, sich immer wiederholenden Vorgang?

   b. Was sind die Hauptaspekte des Kreislaufs?

   c. Wie hängen die Hauptaspekte zusammen und führen immer wieder zum Ausgangspunkt?

   d. Geht es um eine kausale Verknüpfung oder um eine zeitliche Abfolge?

◆ Schreibe die Hauptaspekte kreisförmig angeordnet auf das Papier, rahme die Stichworte ein und verbinde sie durch Pfeile.

◆ Schreibe auf die Pfeile, ob es sich um eine zeitliche Reihenfolge handelt (dann...), oder ob das eine Ereignis das nächste auslöst, also seine Ursache ist (deshalb...).

Kooperation

◆ Tauscht euch mit eurem Partner (oder den Gruppenmitgliedern) aus. Stellt euch nacheinander die Ergebnisse vor. Wichtig:

   a. Hört dabei genau zu.

   b. Wo habt ihr Unterschiede in der Darstellung?

   c. Wo müsst ihr das Kreislauf-Diagramm noch verändern?

   d. Bereitet euch darauf vor, das Kreislauf-Diagramm der Klasse vorzustellen.

Austausch in der Klasse

◆ Per Zufall ausgewählte Schüler stellen ihr Kreislauf-Diagramm der Klasse vor.

Reflexion

◆ Wenn uns noch Zeit bleibt, dann möchte ich am Ende von euch in einer Blitzlichtrunde erfahren, ob ihr mit Hilfe des Kreislauf-Diagramms den Zusammenhang gut verstanden habt.

5.3.4 Anwendungsmöglichkeiten im Fachunterricht

Biologie

◆ Stelle den geschlossenen Kreislauf der ökologischen Landwirtschaft am Beispiel der Tierhaltung dar. Greife dazu auf das Kreislauf-Diagramm zurück.

Religion

◆ Stellen Sie das prophetische Geschichtsbild aus dem Buch Jesaja der griechisch beeinflussten Auffassung im Buch Kohelet gegenüber. Ordnen Sie beiden Auffassungen je eine grafische Struktur zu.

Sozialwissenschaften

◆ Im Text werden drei Ursachenkreisläufe als Erklärung für Armut beschrieben. Bitte arbeiten Sie die Zusammenhänge heraus und visualisieren Sie sie mit Hilfe dreier ineinandergreifender Kreislauf-Diagramme.

Chemie

◆ Stelle den im Text beschriebenen Wechsel der Aggregatzustände von Wasser in einem Kreislauf-Diagramm dar.

◆ Das Wasser auf der Erde befindet sich in einem Kreislauf. Erarbeite mit dem Schulbuch den Zusammenhang und stelle ihn in einem Kreislauf-Diagramm dar.

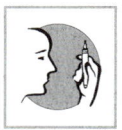

5.3.5 Übung

Im Folgenden haben wir einen Text ausgewählt, wie er in jedem Biologiebuch für die 7. Klasse stehen kann. Nach unserer Einschätzung lässt er sich sehr gut mit Hilfe eines Kreislauf-Diagramms darstellen. Dabei handelt es sich bei der beschriebenen Entwicklung von Libelle und Stechmücke – im Gegensatz zu dem obigen Beispiel (Abb. 33) - um eine zeitliche Abfolge.

Das Leben der Libellen beginnt im Wasser. Aus den Eiern schlüpfen keine fertigen Libellen, sondern flügellose Larven. Sie leben ausschließlich im Wasser. Während ihrer ein- bis dreijährigen Larvenzeit streifen sie mehrmals die zu eng gewordene Körperhülle ab. Zur letzten Häutung klettern sie an einem Pflanzenstängel aus dem Wasser und aus der Larvenhaut schlüpft eine ausgewachsene Libelle, die meist nur wenige Wochen lebt. In dieser Zeit reift die Libelle heran (Phase der Reifung) und es kommt zur Paarung. Anschließend werden die befruchteten Eier vom Weibchen an Wasserpflanzen abgelegt.

Etwas anders entwickeln sich die Larven der Stechmücken, denn sie bilden nach ihrer Larvenzeit noch im Wasser eine Puppe aus. Unter einer Puppenhülle wandeln sich während einer Ruhezeit die Organe der Larve in die eines voll entwickelten Insekts um. Nach wenigen Tagen reißt die Hülle auf und eine junge Mücke zwängt sich heraus, die dann das Wasser verlässt. Danach gleicht die Entwicklung wieder der der Libelle.

Nach etwa sechs Wochen ist die vollkommene Verwandlung der Stechmücke vom Ei über die Larve und Puppe abgeschlossen. Der Fachbegriff für eine vollkommene Verwandlung ist „Metamorphose". Die Entwicklung der Libellen ohne ein Puppenstadium nennt man dagegen unvollkommene Verwandlung.

Wenn Sie möchten, dann fertigen Sie doch gleich hier ein Kreislauf-Diagramm an, in dem Sie die Entwicklung der zwei Insekten darstellen. Denken Sie an die Unterschiede zwischen beiden Entwicklungen.

Unsere Lösungsvorschläge finden Sie in Kapitel VII.

6 Komplexe Zusammenhänge darstellen: Concept Map

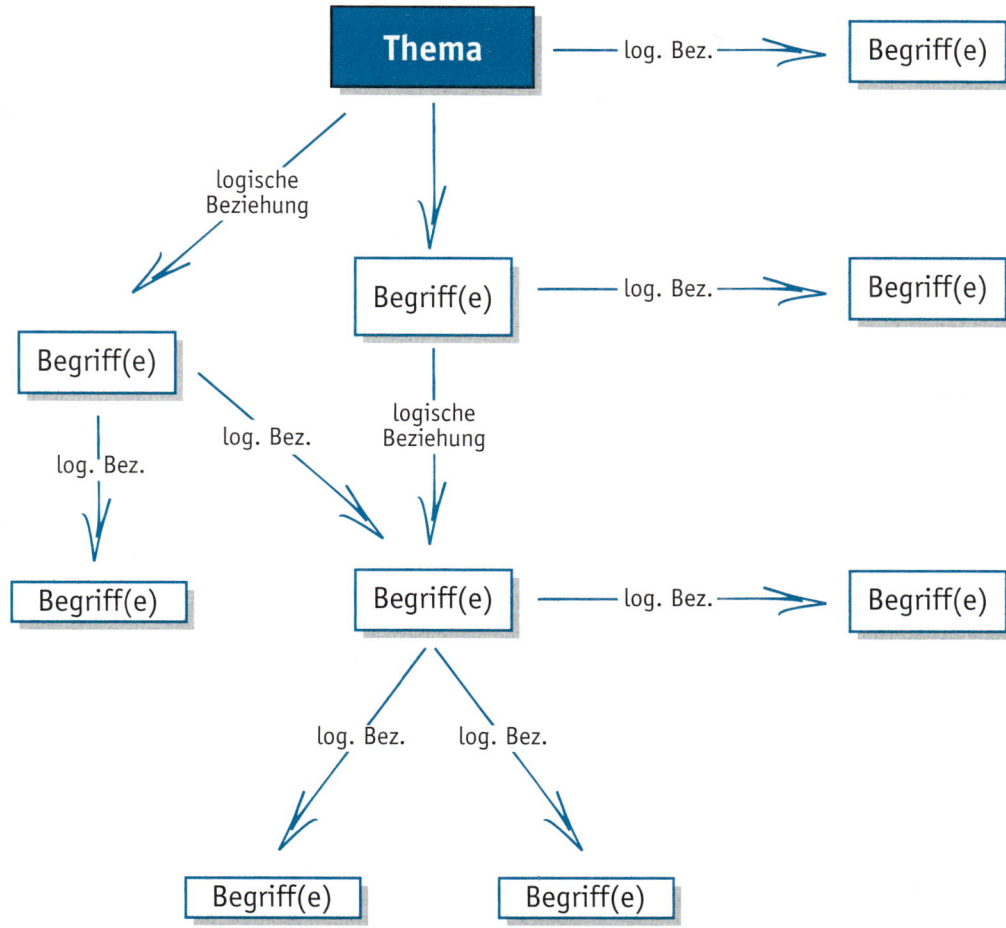

Abb. 34: Concept Map

6.1 Szenario

Wir sind zu Gast im Physikunterricht der 9c eines Gymnasiums im Bergischen Land. Gegenstand des Unterrichts sind Generatoren. In der heutigen Stunde möchte der Physiklehrer, Dr. Alexander Thorwald, seinen Schülern die Funktionsweise des Pumpspeicherwerkes nahe bringen. Er weiß, dass das nicht einfach ist, doch er ist zuversichtlich, da er auf einer Fortbildung die Concept Map kennen gelernt hat. Seit einiger Zeit arbeiten seine Schülerinnen und Schüler damit. Er hat sie in diese Methode eingeführt, indem sie zunächst eine vorgegebene Concept Map, bei der die Kästchen leer und die Pfeile beschriftet waren, ausgefüllt haben. Bei einer anderen Concept Map mussten sie die logischen Beziehungen auf die Pfeile eintragen, während die Kästchen schon ausgefüllt waren. Inzwischen sind die Schülerinnen und Schüler der Klasse 9c in der Lage, selbstständig Concept Maps zu erstellen. Mit Hilfe dieser grafischen Strukturierungsform, so ist sich Dr. Thorwald sicher, werden sich die Schüler ein Verständnis des Pumpspeicherwerkes erarbeiten können.

Im Physikbuch findet sich nicht nur ein Text zum Thema, sondern auch eine Visualisierung (siehe nächste Seite). Der Unterricht beginnt mit einer kleinen Wiederholung, dann führt Dr. Thorwald seine Schüler zum Thema hin und gibt ihnen den Auftrag, den Text zum Pumpspeicherwerk zu erarbeiten. Die Strategien der Texterschließung haben die Schüler schon von Jahrgang 5 an gelernt; sie holen ihre Marker und Stifte hervor und beginnen mit der Arbeit. Beim Gang durch die Klasse können wir sehen, wie die Texte markiert und Bemerkungen am Rand notiert werden.

Nach der Texterarbeitung bekommt dann jeder ein leeres DIN-A3-Blatt. Dr. Thorwald gibt den Auftrag, in den nächsten 15 Minuten eine Concept Map zum Text zu erstellen und erinnert noch einmal daran, dass alle mit dem Bleistift arbeiten, damit jederzeit Veränderungen möglich sind. Wie so oft schließt er seinen Hinweis mit dem Satz: „Und weil denken heißt, sich auch immer wieder zu verbessern, sind Bleistift und Radiergummi die wichtigsten Kulturwerkzeuge."

Es ist sichtbar, dass die Schüler sehr intensiv arbeiten. Dr. Thorwald sieht nach 15 Minuten, dass die Schüler trotz intensiver Arbeit noch Zeit brauchen und gibt ihnen noch weitere fünf Minuten. Im Raum herrscht während der ganzen Zeit eine gespannte Stille. Nach 20 Minuten läutet der Lehrer dann die Gruppenarbeit ein und erklärt, wie gearbeitet werden soll. Jede Gruppe bekommt einen

Flip-Chart-Bogen und dicke Marker. Jedes Gruppenmitglied stellt zunächst seine Concept Map in der Gruppe vor, dann wählen die Schülerinnen und Schüler eine Grafik aus, mit der sie weiterarbeiten. Sie diskutieren über die einzelnen Elemente und logischen Beziehungen dieser Concept Map und korrigieren und ergänzen sie, wenn sie sich einig geworden sind. Im letzten Schritt übertragen sie die Map dann auf den Flip-Chart-Bogen und hängen ihn an die Wand. Insgesamt haben die Schüler bislang 45 Minuten intensiv gearbeitet.[1] Weil der Lehrer von der Länge dieser Prozesse weiß, hat er für die Arbeit eine Doppelstunde gewählt. In der Pause zwischen den Stunden schauen sich schon viele Schüler die Plakate an und kleine Diskussionen entstehen. Auch hier merkt man, wie die Concept Map die Schüler geistig in die Thematik involviert hat. Nach der kleinen Pause stellen dann zwei Gruppen ihre Ergebnisse vor. In der Rückmeldephase entstehen lebhafte Gespräche und an wenigen Stellen müssen die Plakate korrigiert werden. Am Ende haben die Schüler schließlich Zeit, ihre eigene Concept Map aufgrund der gewonnenen Kenntnisse zu korrigieren oder eine korrekte Version von dem Plakat abzuschreiben.

Nicht nur das hohe Niveau der Diskussion der Ergebnisse, sondern auch die Intensität der Arbeit und die starke Motivation der Schüler zeigten in dieser Doppelstunde die Wirksamkeit der Concept Map, gerade bei komplexen Zusammenhängen, bei denen sonst viele Schüler geistig aussteigen. Auf der folgenden Seite zeigen wir Ihnen zu dem Text und der Visualisierung aus dem Buch (Abb. 35) das Beispiel einer gelungenen Concept Map (Abb. 36).

Generatoren in der Technik: Pumpspeicherwerke

Abb. 35: Pumpspeicherwerk

Morgens, mittags und gegen Abend werden in Haushalten und Betrieben mehr Elektrogeräte betrieben als in der Nacht. Deshalb müssten Kraftwerke eigentlich nachts einige ihrer Maschinen ausschalten.

Doch das häufige Ausschalten und Wiederanwerfen der mächtigen Turbinen und Generatoren würde diese stark beanspruchen. Eine Lösung dieses Problems stellen die so genannten Pumpspeicherwerke dar.

Wenn der Bedarf an elektrischer Energie gering ist, setzt man die Generatoren dieser Kraftwerke als Elektromotoren ein. Sie treiben dann Pumpen an, mit deren Hilfe Wasser aus dem Unterbecken in das Oberbecken hinaufgepumpt wird.

Wenn aber zu den „Stoßzeiten" besonders viel elektrische Energie gebraucht wird, schaltet man diese Maschinen einfach wieder auf Generatorbetrieb um. Man lässt dann Wasser aus dem Oberbecken durch die Druckrohre und Turbinen wieder zurück in das Unterbecken laufen. Dabei werden die Generatoren, die ja mit den Turbinen verbunden sind, angetrieben und können erneut elektrische Energie erzeugen.[2]

[1] Viele Schulen in Deutschland denken über die Einführung von 60-Minuten-Stunden oder festen Doppelstunden nach, weil intensive Lernprozesse meist mehr Zeit als 45 Minuten brauchen. Dies erlaubt nachhaltigere Lernprozesse und reduziert die kognitiv weniger sinnvollen Fächer- und Themenwechsel an einem Vormittag. Erste Erfahrungen an Schulen in Nordrhein-Westfalen belegen deutlich die entlastende Funktion für Lehrer und Schüler (Vgl. www.weiterbildung-fuer-schulen.de/projekte/60minuten).

[2] Text und Abbildung leicht verändert, nach Heepmann u.a., 2000, S. 81.

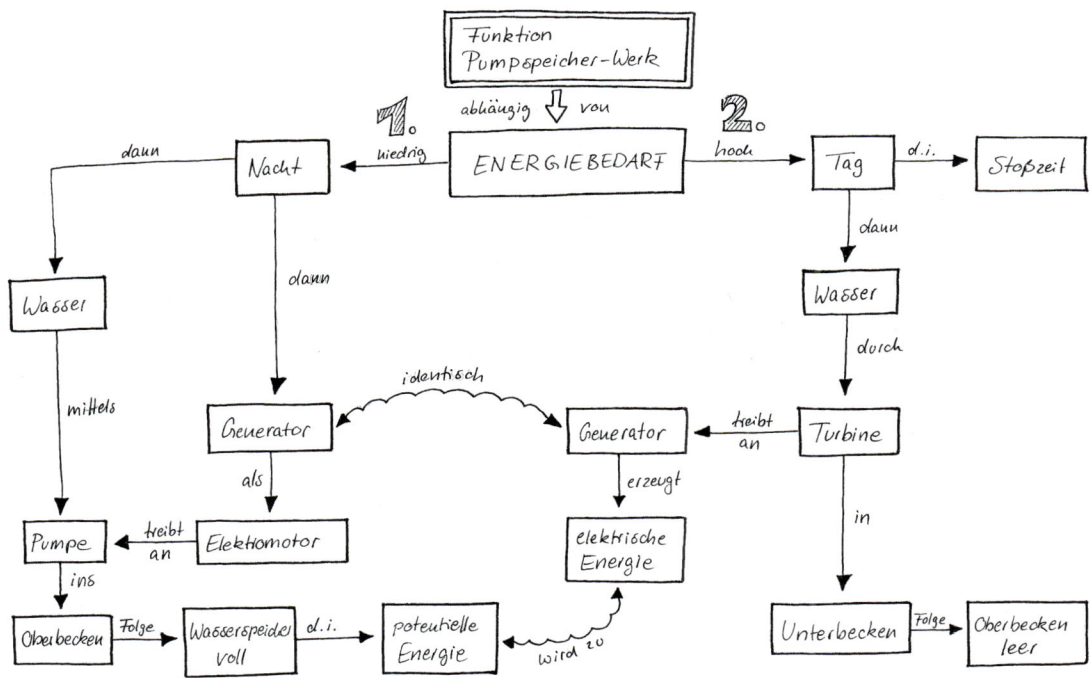

Abb. 36: Concept Map „Pumpspeicherwerk"

6.2 Wozu dient die Concept Map?

Während bei den bisher vorgestellten Formen des grafischen Strukturierens jeweils eine logische Denkoperation im Vordergrund stand, kann mit der Concept[1] Map ein komplexer Sachverhalt, in dem es verschiedene logische Verbindungen gibt, dargestellt werden. Die Concept Map ist eine sehr effektive Strategie, Wissen intelligent zu verarbeiten und so einen Überblick über einen thematischen Zusammenhang zu erhalten. Sie dient der Erarbeitung und Darstellung komplexer Zusammenhänge, von Kernbegriffen und ihren Beziehungen; Schüler lernen im Umgang mit ihr, Inhalte auf das Wesentliche zu reduzieren und darauf zu achten, was die Kernelemente eines Sachverhalts sind und wie diese miteinander verbunden sind.

Wenn Sie z.B. das Internet in Ihrem Unterricht thematisieren, dann wird deutlich, dass dahinter ein sehr komplexer Zusammenhang steht. Während des Lernprozesses definieren Sie den Begriff, untersuchen die Funktionsweise des Internets, erkunden seinen Ursprung, stellen Hypothesen über die Wirkung auf, diskutieren die Nutzung usw. Mit den bisher vorgestellten grafischen Strukturierungsformen können nur einzelne Aspekte des Internets dargestellt werden, aber nicht der gesamte Zusammenhang. Die einzige grafische Strukturierungsform, mit der Sie den ganzen Zusammenhang darstellen können, ist die Concept Map. Dies ist möglich, weil bei der

Concept Map eine grafische Struktur gebildet wird, innerhalb derer die jeweiligen logischen Beziehungen der Elemente definiert werden.

Eine Concept Map besteht aus drei zentralen Elementen:

1. Das Thema des Ganzen, das oben steht (im Gegensatz zur Mind Map, wo es in der Mitte steht). Von dort ausgehend wird der Zusammenhang entwickelt.

2. Die zentralen Elemente des Sachverhalts, die in Kästchen grafisch eingebunden werden.

3. Die logischen Beziehungen zwischen den Elementen, die dargestellt werden, indem die Kästchen mit Pfeilen verbunden und auf die Pfeile die logischen Beziehungen geschrieben werden. Welche Beziehungen zwischen den Begriffen bestehen, kann man z.B. an bestimmten Wörtern, etwa Konjunktionen, erkennen. In der folgenden Tabelle sind die wichtigsten Beziehungen angeführt.

[1] Der englische Begriff „Concept" kann mit Begriff oder Konzept übersetzt werden, daher wird die Concept Map auch manchmal Begriffsnetz genannt. Doch diese Bezeichnung kann zu dem Missverständnis führen, dass in ihr nur einzelne Begriffe verbunden werden; in einem Kasten kann aber auch mehr als ein Begriff stehen. Angemessener erscheint uns die Übersetzung „Strukturnetz". Doch wie Mind Map so ist auch Concept Map inzwischen durch diverse Veröffentlichungen ein fester Begriff im Deutschen geworden. Daher bleiben wir bei der englischen Bezeichnung.

Ursache-Wirkung	bewirkt, löst aus, beeinflusst, setzt in Gang, veranlasst, weil, ruft hervor, führt zu
Bedingung	wenn ... dann, setzt voraus, falls, sofern, soweit
Mittel	indem, mittels
Zweck	damit, dass, um ... zu
Vergleich	ist größer als, ist genauso groß wie, in ähnlicher Weise
Teil-Ganzes	ist Teil von, besteht aus
Eigenschaft, Definition	hat, ist gekennzeichnet
Beispiel	z.B., wie an XY erkennbar
Folge	führt zu, so dass

6.3 Wie erstellen Schüler eine Concept Map?

Üben Sie zunächst das Erstellen einer Concept Map ein (siehe nächstes Unterkapitel). Erst wenn die Schülerinnen und Schüler in der Lage sind, eine Concept Map selbständig zu entwickeln, können Sie folgendermaßen vorgehen:

Vorbereitung

◆ Stellen Sie am Anfang das Thema und das Material vor. Erläutern Sie noch einmal, was eine Concept Map ist und welche Anforderungen Sie an eine gelungene Concept Map stellen.

Arbeitsanweisungen für die Schülerinnen und Schüler

Einzelarbeit

◆ Erschließe den Text und markiere die Kernelemente (wenn die Grundlage ein Text ist).

◆ Nimm ein leeres, weißes DIN-A3- oder DIN-A4-Blatt (möglichst weder kariert noch liniert).

◆ Schreibe das Thema etwas größer oben in die Mitte und ziehe einen Rahmen darum.

◆ Entwickle von dort aus den Zusammenhang; gehe mit Pfeilen von dem Thema aus. Die Pfeile laufen auf Kästen zu. In die Kästen kommen die Kernelemente des Textes, auf die Verbindungslinien die Art der Beziehung.

Kooperation

◆ Stellt euch in der Gruppe eure Concept Maps vor.

◆ Wählt die Concept Map aus, die das Thema eurer Meinung nach am besten dar-

stellt. Überarbeitet diese, indem ihr Korrekturen und Ergänzungen vorschlagt.

◆ Übertragt diese überarbeitete Concept Map auf eine Folie oder einen DIN-A0-Bogen (z.B. einen Flip-Chart-Bogen).

Austausch in der Klasse

◆ Ein bis drei Gruppen präsentieren ihr Ergebnis in der Klasse (je nach zeitlichen Möglichkeiten und Komplexität des Zusammenhangs).

TIPP! _____

Es hat sich bewährt, dass die Schülerinnen und Schüler mit Haftnotizzetteln arbeiten. Sie schreiben dann die Kernbegriffe auf diese kleinen Zettel, die sie bei der Entwicklung des Begriffsnetzes problemlos verschieben können. Erst wenn die grobe Struktur vorliegt, verbinden die Schüler die Begriffe durch Pfeile.

In einem späteren Stadium sollten nicht nur die direkten logischen Beziehungen gekennzeichnet werden, sondern möglichst auch unterschiedliche Bereiche durch weitreichende Querverbindungen aufeinander bezogen werden; so zeigen die Schülerinnen und Schüler, dass sie auch größere Zusammenhänge verstanden haben. Es sollten sich allerdings möglichst wenige Pfeile überschneiden.

EXKURS

Hintergründe zur Concept Map

Der Einsatz von Concept Maps im Unterricht zeigt, dass Schülerinnen und Schüler mit hoher Intensität und Konzentration über längere Zeiträume bei der Arbeit sind. Sie lernen damit effektiver, verstehen Zusammenhänge besser und welche Beziehungen das Einzelne zum Ganzen hat und behalten das Gelernte nachhaltig.

Versucht man, diese Beobachtungen zu erklären, stößt man auf die Theorie des Konstruktivismus und Ergebnisse der Neurophysiologie. Ganz knapp kann man sie so formulieren: Die grafische Verarbeitung von Wissen in Concept Maps entspricht der Funktionsweise unseres Gehirns, das Wissen in Netzen repräsentiert. Aus lernpsychologischer, konstruktivistischer und neurophysiologischer Sicht bedeutet lernen, geistige Netze und Strukturen zu bilden. Edelmann hebt dies z.B. für die Lerntheorie von Ausubel hervor: „Nach Ausubel besteht das wesentlichste Ziel schulischen Lernens im Aufbau einer klar gegliederten kognitiven Struktur. Die einzelnen Wissenselemente sollen nicht unverbunden nebeneinander stehen, sondern in einem System von aufeinander bezogenen Bedeutungen organisiert sein."[1] Und durch Concept Maps entwickelt man genau diese Netze und Strukturen: Indem man sie grafisch erarbeitet, bilden sie sich auch mental.[2] In der Vorstellung der Lernpsychologie sind Concept Maps die visualisierte Darstellung dessen, was der jeweilige Mensch zu einem Wissensgebiet gespeichert hat, kurz: ein Spiegelbild der kognitiven Landkarten oder Netze im Gehirn.

Diese Netze werden gebildet, indem einzelne Elemente so verbunden werden, dass ein zusammenhängendes Ganzes, ein mentales Modell entsteht. Jeder Begriff erhält seine Bedeutung durch die Einbettung in ein Beziehungsgefüge. Dieser Vorgang wird in der Concept Map deutlich gemacht.

Die Arbeit mit Concept Maps schult daher den für das Verstehen und Handeln so wichtigen Blick für das Ganze und die Beziehungen der einzelnen Elemente des Ganzen. Wer einen Sachverhalt in einer Concept Map darstellen kann, hat ihn in seinen logischen Strukturen verstanden. Mit der Concept Map gewinnt man leichter Klarheit über (eigene und fremde) Gedanken. Aus ihnen lassen sich auch Modelle, Theorien und Konzepte entwickeln, die dann übersichtlich weitergegeben werden können. Und erst wer sein Wissen in seinen Zusammenhängen verstanden hat, der kann es auch flexibel nutzbar machen und situationsangemessen einsetzen.

Entwickelt worden ist die Concept Map in den 70er Jahren in den USA von Joseph D. Novak.[3] Auch er ging – ausgehend von der Assimilationstheorie von Ausubel – davon aus, dass Wissen ein vernetztes System eng miteinander zusammenhängender Begriffe ist und dass Lernen bedeutet, die bestehende kognitive Struktur zu erweitern, indem man das vorhandene Netz von Begriffen differenziert und ergänzt.[4]

Im angloamerikanischen Raum gibt es eine Fülle von empirischen Untersuchungen zur Wirksamkeit der Concept Map. Dabei lassen sich mehrere Effekte auf das Lernen feststellen. So werden die kurz- und langfristigen Behaltensleistungen durch die Verwendung von Concept Maps gesteigert, gleichzeitig lassen sich auch positive Effekte auf die Lernzeit nachweisen. Andere Untersuchungen belegen, dass das Schreiben von Aufsätzen gefördert wird und die Arbeit mit Concept Maps Sicherheit gibt und so positiv zur Angstverringerung auf Seiten der Lerner beiträgt. Und durch die Flexibilisierung von Wissen werden nicht zuletzt die Problemlösekompetenzen der Schülerinnen und Schüler erweitert.[5] Entsprechend unseren Erfahrungen weisen also auch die Lerntheorie und die empirische Forschung darauf hin, dass das Entwickeln von Concept Maps ein höchst effektives Werkzeug zum Lernen, d.h. zur Erweiterung und Veränderung geistiger Konstruktionen und Modelle ist.

[1] Edelmann, 2000, S. 139.

[2] Diesen Prozess beschreibt auf der Grundlage der Ergebnisse der Neurophysiologie überblicksartig zum Beispiel Heckt, 2002, S. 9-11.

[3] Vgl. Novak, 1998, S. 27.

[4] Assimilation nach Ausubel bedeutet, dass der neue Lernstoff mit relevanten Aspekten der bereits bestehenden kognitiven Struktur verbunden wird. Vgl. dazu Novak, 1998, S. 49-78.

[5] Vgl. Nückles, 2004 u.a., S. 136f.

6.4 Die Concept Map einführen

In diesem Kapitel stellen wir verschiedene Wege vor, wie Schülerinnen und Schüler Schritt für Schritt lernen können, mit Concept Maps zu arbeiten. Denn dies ist nach unserer Ansicht gewissermaßen die „Königsform" der grafischen Strukturierungsformen, sie stellt die höchste Anforderung an die Schüler und aufgrund ihrer Komplexität bedarf ihre Einübung besonderer Anstrengungen. In der Literatur wird immer wieder beschrieben, dass bereits in der Grundschule mit Concept Maps gearbeitet werden kann.[1] Wir haben aber die Erfahrung gemacht, dass unsere Schülerinnen und Schüler etwa ab der 7. Klasse erfolgreich mit Concept Maps arbeiten können. Dann sind sie in der Regel mit dem grafischen Strukturieren schon durch andere Formen vertraut.

Mit Hilfe der hier vorgestellten Übungen können Sie Ihre Schüler Schritt für Schritt zum Umgang mit der Concept Map hinführen und sie damit vertraut machen. Sie können die Übungen aber auch selbst machen und sich so ein tieferes Verständnis der Concept Map erarbeiten – auf unseren Fortbildungen führen wir die Kollegen mit diesen Übungen zur Concept Map hin.

6.4.1 Mit vorstrukturierten Concept Maps arbeiten

Bevor die Schülerinnen und Schüler eigene vollständige Strukturierungen anfertigen, sollten sie zunächst vorstrukturierte bekommen, mit denen sie dann auf verschiedene Weise weiterarbeiten können. Durch die Vorstrukturierung vermeidet man eine Überforderung der Schülerinnen und Schüler.[2]

Es gibt verschiedene Möglichkeiten der Vorstrukturierung. Jede Vorgehensweise hat ihre Vor- und Nachteile. Finden Sie heraus, wie Ihre Schüler am besten verstehen, was Concept Maps sind. Wenn die Concept Maps jeweils auf einem Text basieren, der den Schülern vorliegt, können Sie die folgenden Vorgehensweisen in Ihrem Unterricht ausprobieren:

◆ Es können nur die Begriffe in räumlich passender Anordnung mit den Verbindungslinien vorgegeben werden, die Verbindungslinien sind aber leer und müssen beschriftet werden (vgl. Abb. 40, S. 82).

◆ Es werden richtig angeordnete, aber leere Kästchen, die bereits mit beschrifteten Pfeilen verbunden sind, vorgegeben. Die Begriffe, die eingesetzt werden müssen, können unten auf dem Blatt stehen, können aber auch von den Schülern selbst gefunden werden (vgl. Abb. 41, S. 84).

◆ Es können nur die Begriffe in räumlich passender Anordnung vorgegeben werden, die Verbindungslinien werden aber ganz weggelassen.

◆ Es kann nur eine Liste mit Begriffen vorgegeben werden, die Schülerinnen und Schüler müssen diese dann sinnvoll anordnen und verbinden.

◆ Ein Raster aus Kästchen und Pfeilen ist vorgegeben, die Schülerinnen und Schüler müssen die Begriffe und Beziehungsbezeichnungen ergänzen.

◆ Die Schülerinnen und Schüler bekommen eine vorgegebene Concept Map, die sie korrigieren müssen.

TIPP!

Bei all diesen vorstrukturierten Netzen soll nicht der Eindruck entstehen, als gäbe es für einen Text oder Sachzusammenhang nur jeweils eine richtige Concept Map. Die Concept Maps werden zu Übungszwecken vorstrukturiert. Wenn Ihre Schülerinnen und Schüler selbständig Concept Maps anfertigen, dann können und werden diese natürlich unterschiedlich und individuell gestaltet sein. Denn jeder Mensch konstruiert sein Wissen auf seine, immer ganz persönliche Weise. Für uns als Unterrichtende ist aber von Bedeutung, ob der Sachverhalt in den Concept Maps korrekt wiedergeben ist. Lässt sich die Concept Map zum Beispiel nicht oder nur teilweise verstehen, dann ist vermutlich auch der Sachverhalt vom Schüler nicht richtig verstanden worden. Ein kurzes Gespräch gibt darüber schnell Aufschluss.

6.4.2 Halbfertige Strukturnetze ergänzen lassen

Eine weitere Möglichkeit zur Einführung von Concept Maps ist die Arbeit mit halbfertigen Strukturnetzen. In diesem Fall erhalten die Schülerinnen und Schüler einen Text und eine zugehörige Concept Map, die aber nur zum Teil fertig ist. Wenn die Schüler den Text lesen, können sie den Aufbau des fertigen Teils nachvollziehen, er dient gleichsam als Modell. Den fehlenden Teil können Sie dann analog ergänzen.

6.4.3 Hinführung über Concept Attainment und Concept Formation

Nicht selten bereitet es den Schülern große Schwierigkeiten zu erkennen, was unter unterschiedlichen Beziehungen zu verstehen ist. Diese Beziehungen, die auf die Pfeile notiert werden, sind aber ein Kernelement von Concept Maps. Um den Schülern zu vermitteln,

[1] Vgl. Behrendt/ Reiska, 2001, S. 10.

[2] Vgl. Nückles u.a. 2004, S. 20ff.

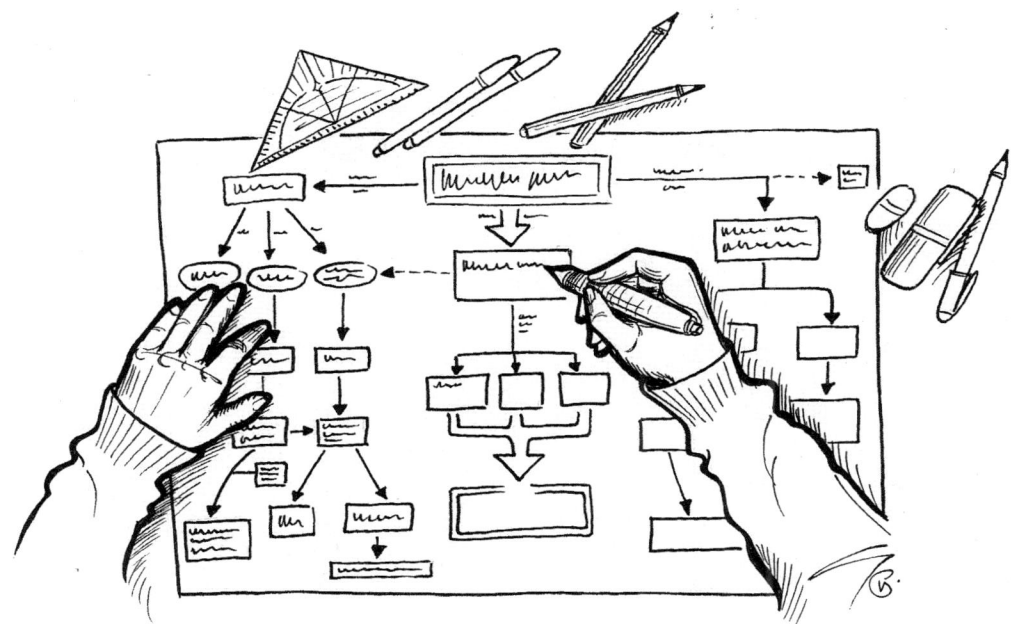

welche unterschiedlichen Beziehungsarten es gibt, um also so zu lernen, logische Strukturen zu erkennen, können Sie die Methoden Concept Attainment[1] und Concept Formation in ihrem Unterricht einsetzen.

6.4.3.1 Hinführung über Concept Attainment

Wer eine Concept Map erstellt, muss die logischen Beziehungen in einem Text erkennen können, durch die die Kernbegriffe miteinander verbunden sind. Diese Fähigkeit kann durch das sogenannte Concept Attainment geschult werden. Dabei werden Beispiele für Sätze, in denen bestimmte logische Beziehungen ausgedrückt werden, zusammengestellt. Die Schülerinnen und Schüler müssen dann die logische Beziehung herausfinden. In dem Beispiel im Kasten werden kausale und definitorische Beziehungen gegenübergestellt, die in einem kooperativen Verfahren erarbeitet werden (siehe Material S. 85). Immer abwechselnd werden die beiden logischen Beziehungen in den Sätzen benutzt, so dass die Schüler nach und nach herausfinden, welche logische Beziehung in den Sätzen mit den geraden Ziffern verwendet wird und welche in den Sätzen mit den ungeraden Ziffern.

6.4.3.2 Hinführung über Concept Formation

Eine andere Möglichkeit der Schulung des Blickes für logische Beziehungen, die dann in einer Concept Map dargestellt werden können, ist das Ordnen von Signalwörtern, an denen logische Beziehungen erkannt werden können. Diese Signalwörter werden anders als beim Concept Attainment völlig ungeordnet dargeboten. Die Schüler müssen die Kategorien also

ganz selbständig bilden. Dieses Vorgehen wird im angloamerikanischen Raum Concept Formation genannt.[2] In dem Beispiel im Kasten können kausale, konditionale, finale, instrumentale und Teil-Ganzes-Verhältnisse unterschieden werden (siehe Material S. 86).

6.4.4 Struktur-Lege-Technik

Sehr gut möglich ist auch, dass Sie mit Ihren Schülern die Kernbegriffe eines Sachzusammenhangs an der Tafel sammeln. Die Schüler bekommen dann die Aufgabe, jeden Kernbegriff auf ein kleines Kärtchen zu schreiben. Anschließend fordern Sie die Schüler auf, die Begriffe anzuordnen und zu überlegen, in welchen Beziehungen sie zueinander stehen. Durch Pfeile und entsprechende Beschriftungen verdeutlichen die Schüler dann die Beziehungen zwischen den Kernbegriffen.

6.4.5 Ein Modell bieten

Die Struktur-Lege-Technik lässt sich auch sehr gut an der Tafel demonstrieren. Vielleicht sammeln Sie wieder die Kernbegriffe, die aus einem behandelten Themengebiet erwachsen sind oder die die Schüler nach der Arbeit mit einem Sachtext benennen sollen. Anschließend erstellen Sie als Unterrichtender an der Tafel eine Concept Map. Vielleicht greifen Sie dazu auf Karten zurück, die sie mit Magneten oder Klebestreifen an die Tafel heften und so immer wieder verschieben können. Oder Sie verändern Ihre Map immer wieder, so dass für die Schüler deutlich wird, dass die Map in einem Denkprozess entsteht.

[1] Zur näheren Erläuterung dieser Methode siehe Brüning/ Saum, 2006 c und Bennett/ Rolheiser, 2001, S. 188ff.

[2] Vgl. Bennett/ Rolheiser, 2001, S. 240ff.

Wir greifen immer wieder auf diese Methode zurück und gehen dabei neben dem Inhalt immer auch auf die Methode selbst ein. So nehmen unsere Schülerinnen und Schüler das Tafelbild bewusst als Modell für die Erstellung einer Concept Map wahr. Anschließend können sie mit Hilfe der Struktur-Lege-Technik selbstständig Concept Maps anfertigen.

6.5 Anwendungsmöglichkeiten im Fachunterricht

Da lernen immer bedeutet, kognitive Strukturen zu bilden, sind die Einsatzmöglichkeiten nahezu unbegrenzt. Immer wenn ein Zusammenhang dargestellt

werden soll, eignet sich die Concept Map. Dabei ist dies in jedem Fach und Fachbereich möglich. Fast jeder Zusammenhang in den Naturwissenschaften lässt sich mit Concept Maps[1] darstellen, gleiches gilt für die Sozial- und Geisteswissenschaften[2] und selbstverständlich auch für die Sprachen. Wenn Sie anfänglich noch nicht so genau erkennen, wie Sie in Ihrem Fach Concept Maps einsetzen können, dann schauen Sie sich doch die Beispiele in diesem Kapitel noch einmal an.

[1] Vgl. Behrendt/ Reiska, 2001, S. 9ff.

[2] Vgl. Schramke, 1999, S. 18ff.; Wollnik, 2002, S. 12ff.

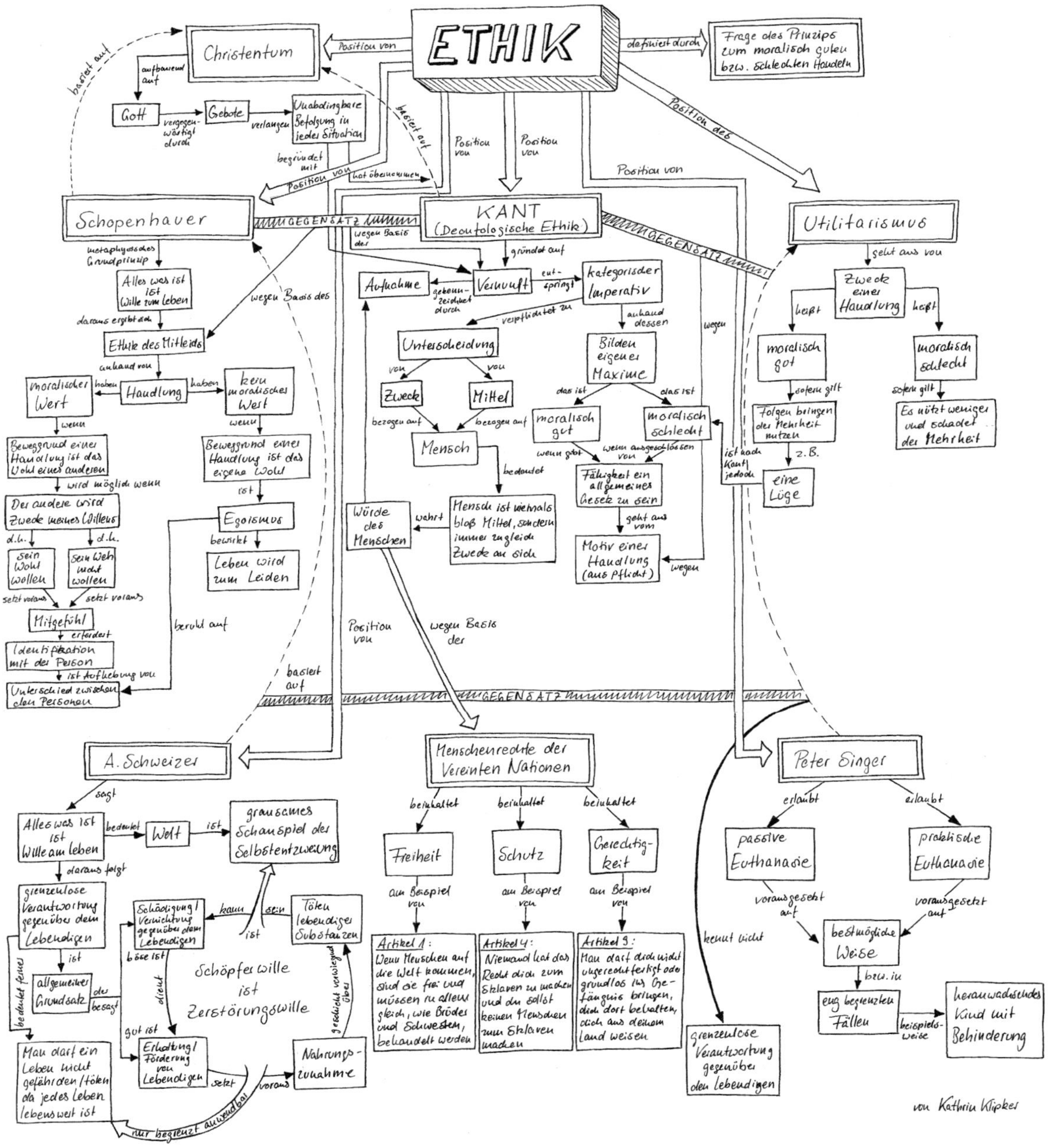

Abb. 37: Beispiel aus dem Philosophie-Unterricht

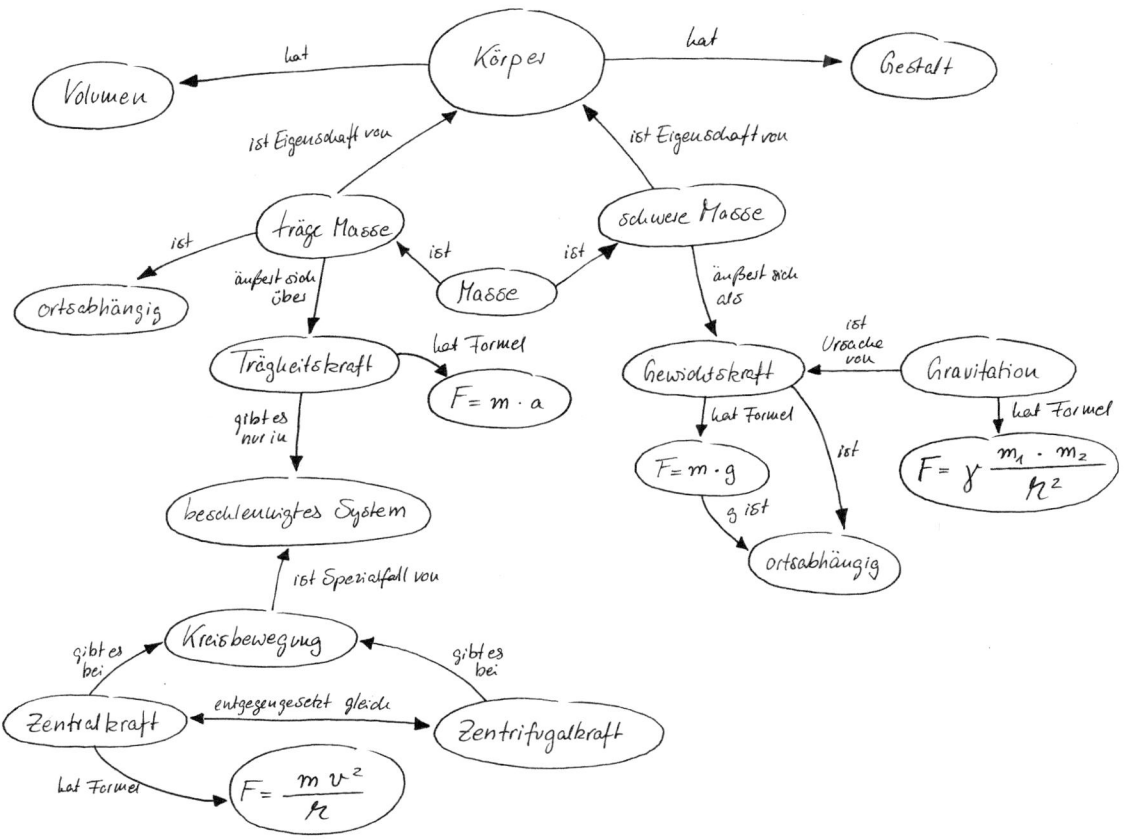

Abb. 38: Beispiel aus dem Physik-Unterricht[1]

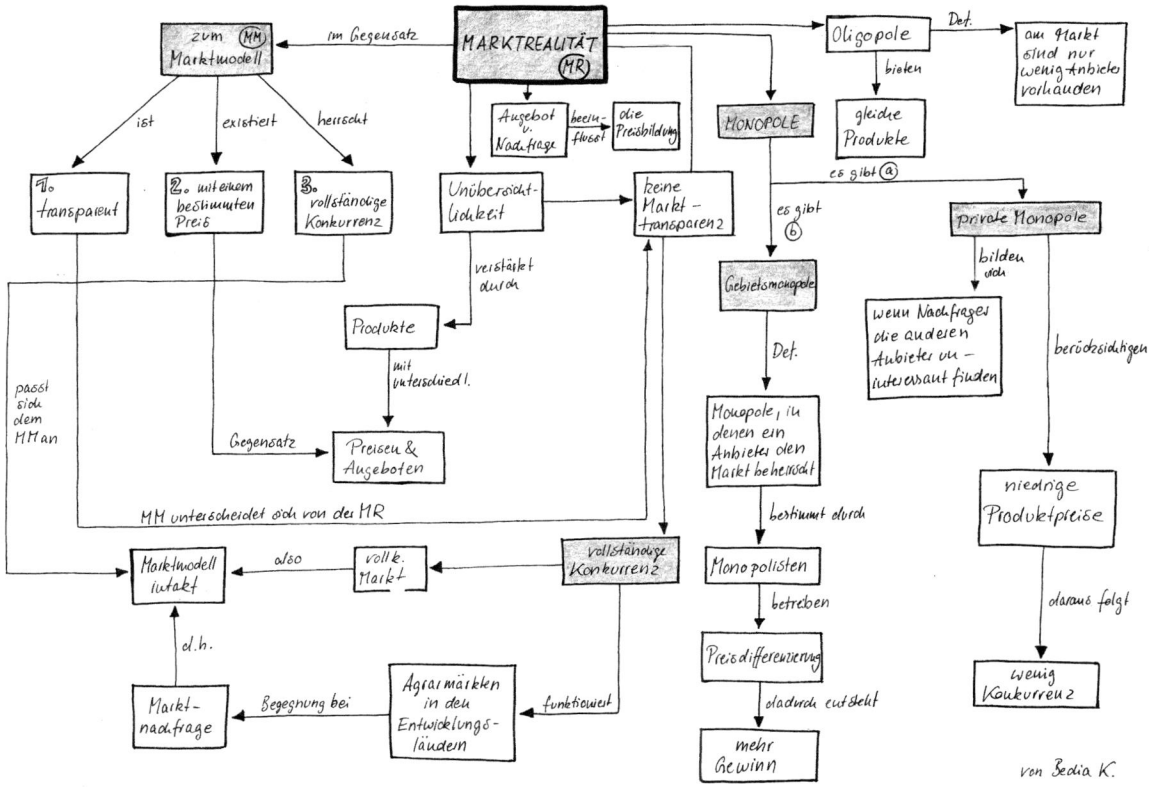

Abb. 39: Beispiel aus den Sozialwissenschaften

[1] Vgl. Behrendt/ Reiska, 2001, S. 9ff.

81

6.6 Übungen zur Einführung der Concept Map

6.6.1 Mit vorstrukturierten Concept Maps arbeiten: Beziehungen ergänzen

Der folgende Beispieltext soll in eine einfache Concept Map umgewandelt werden. Dazu sind die Schlüsselbegriffe vorgegeben, die Beziehungen müssen die Schülerinnen und Schüler ergänzen.

Die Psychologie untersucht seit Jahren den ideal performance state. Das ist der Zustand, in dem ein Mensch bei Prüfungs- oder Wettkampfsituationen seine bestmögliche Leistung erbringen kann. Er besteht darin, dass man seine Leistung punktgenau zum richtigen Zeitpunkt abrufen kann und durch nichts ablenkbar ist. Die Forscher haben herausgefunden, dass dieser Zustand durch Entspannungstechniken wie z.B. autogenes Training oder durch Atemtechniken hervorgerufen werden kann. Als besonders wirkungsvoll haben sich Imaginationsübungen erwiesen. Dabei geht man die Prüfungssituation im Geiste ganz genau durch, nimmt Schwierigkeiten vorweg, probiert Lösungsmöglichkeiten durch und übt sich außerdem darin, die auftauchenden negativen Gefühle zu kontrollieren.[1]

[1] Aus: Psychologie heute, 2001, S. 20-28.

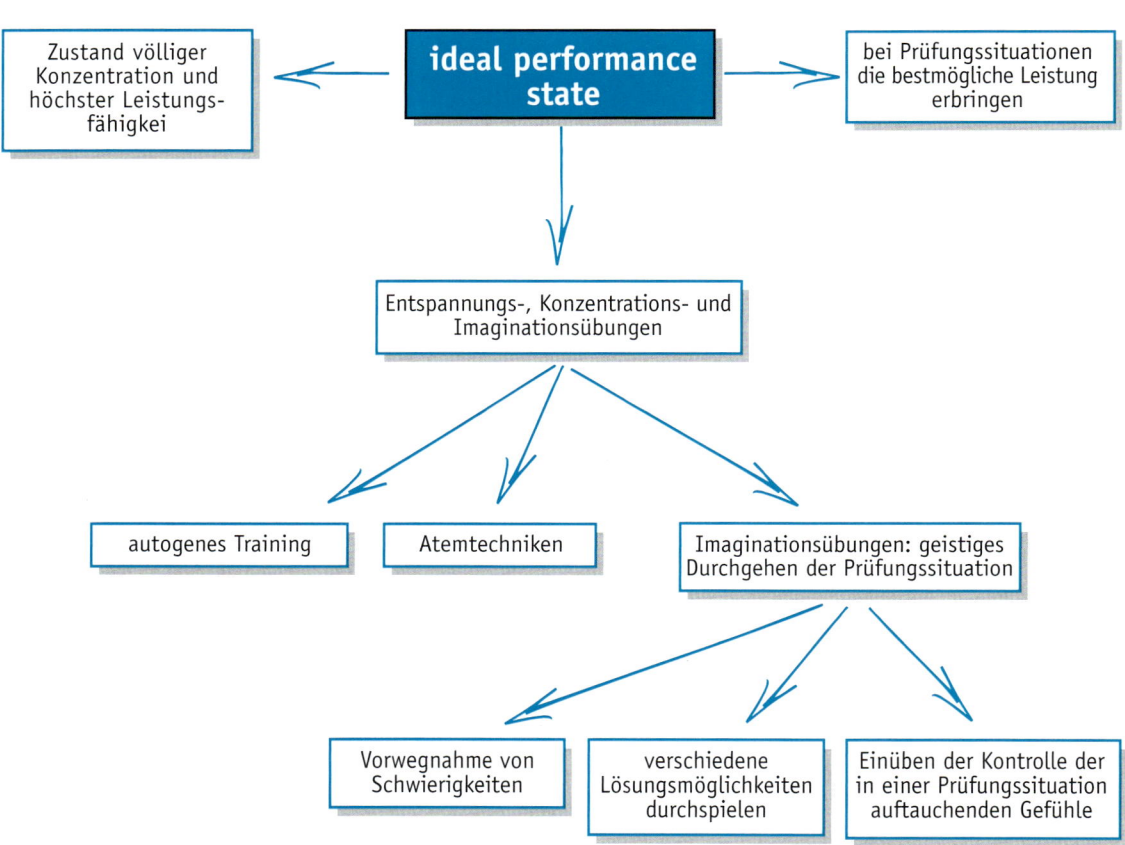

Abb. 40: Vorstrukturierte Concept Map ohne Beschriftung der Pfeile

Aufgabe

Ergänze in der obigen Concept Map die *Beschriftung der Pfeile*, so dass deutlich wird, in welcher Beziehung die Kernelemente in den Kästen zueinander stehen.

6.6.2 Mit vorstrukturierten Concept Maps arbeiten: Begriffe ergänzen

Der erste Teil (A) des folgenden Beispieltextes soll in eine einfache, bereits vorstrukturierte Concept Map umgewandelt werden, dazu sind die Beziehungen auf den Pfeilen schon angegeben. Als Hilfe für die Schülerinnen und Schüler sind die Schlüsselbegriffe unten aufgeführt. Der zweite Teil des Textes (B) könnte anschließend ohne Vorstrukturierungen von den Schülerinnen visualisiert werden.

(A)   Der Sozialstaat erlaubt individuelle Lebensentwürfe

Ein neues Stadium in der Geschichte von Familie und Individualisierung beginnt, als der Sozialstaat ansatzweise entwickelt und allmählich ausgebaut wird, also gegen Ende des 19. Jahrhunderts und vor allem ab der zweiten Hälfte des 20. Jahrhunderts. Um die Härten des Marktes abzupuffern, werden schrittweise Sicherungsleistungen verschiedenster Art eingeführt (Altersrente, Unfall- und Krankenversicherung usw.). Um mehr soziale Gerechtigkeit durchzusetzen, werden für sozial schwächere Gruppen materielle Unterstützungen eingeführt (Sozialhilfe, Ausbildungsbeihilfe, Wohngeld, Bausparprämien usw.). Ein Ergebnis solcher Maßnahmen ist, dass der einzelne – auch dann, wenn er auf dem Arbeitsmarkt nicht oder nur eingeschränkt funktionsfähig ist – unabhängig wird von der Familie, von Wohlwollen und persönlichen Gunstbeweisen. Wo kollektive Unterstützungsleistungen beginnen, wird ein Existenzminimum jenseits der Familie sichergestellt. Die einzelnen Familienmitglieder sind nicht mehr bedingungslos auf Einordnung und Unterordnung verwiesen, sie können im Konfliktfall auch ausweichen. Insgesamt wird die Logik individueller Lebensentwürfe gefördert, die Bindung an die Familie gelockert:

Insoweit der Staat Individuen zu Empfängern seiner Gaben macht und nicht die Familien, zu denen sie gehören, wird es wahrscheinlicher, dass Jugendliche mit Ausbildungsbeihilfen ihre Familien verlassen, dass größere Haushalte mehrerer Generationen sich aufspalten, dass erwerbstätige Verheiratete sich scheiden lassen. Indem der Staat ökonomische Restriktionen mindert, erhöht er individuelle Handlungschancen und individuelle Mobilität. Er erhöht damit aber auch die Wahrscheinlichkeit, dass sich der individuelle Lebenslauf aus kollektiven Kontexten herauslöst.

(B)   Frauen: der Anspruch und Zwang zum „eigenen Leben" beginnt

Einen weiteren wichtigen Einschnitt bringt der Wandel der weiblichen Normalbiographie, der ebenfalls gegen Ende des 19. Jahrhunderts beginnt, und vor allem ab den sechziger Jahren dieses Jahrhunderts sich in beschleunigtem Tempo fortsetzt. (...) Immer mehr Frauen werden durch Veränderungen in Bildung, Beruf, Familienzyklus, Rechtssystem usw. aus der Familienbindung zumindest teilweise herausgelöst; können immer weniger Versorgung über den Mann erwarten, werden – in freilich oft widersprüchlicher Form – auf Selbständigkeit und Selbstversorgung verwiesen. Das subjektive Korrelat solcher Veränderungen ist, dass Frauen heute zunehmend Erwartungen, Wünsche, Lebenspläne entwickeln - ja entwickeln müssen -, die nicht mehr allein auf die Familie bezogen sind, sondern ebenso auf die eigene Person. Sie müssen, zunächst einmal im ökonomischen Sinn, ihre eigene Existenzsicherung planen, gegebenenfalls auch ohne den Mann. Sie können sich nicht mehr nur als ‚Anhängsel' der Familie begreifen, sondern müssen sich zunehmend auch als Einzelperson verstehen, mit entsprechend eigenen Interessen und Rechten, Zukunftsplänen und Wahlmöglichkeiten.

Im Ergebnis wird die Macht der Familie, vor allem des Mannes, weiter beschränkt. Frauen heute sind nicht mehr, wie die meisten Frauen der Generationen zuvor, um der ökonomischen Existenzsicherung und des Sozialstatus willen auf Ehe verwiesen. Sie können – vielleicht nicht frei, aber doch freier als früher – entscheiden, ob sie heiraten oder allein bleiben wollen. (...) Das heißt, auch in der weiblichen Normalbiographie setzt sich allmählich die Logik individueller Lebensentwürfe durch, der Zwang zur Solidarität wird weiter gebrochen. (...)

Als Ergebnis der historischen Entwicklung tritt also ein Trend in Richtung Individualisierung hervor. (...)

Beck-Gernsheim, 1994, S. 121ff.

Der Sozialstaat erlaubt individuelle Lebensentwürfe
(Visualisierung zu Text (A), S. 83)

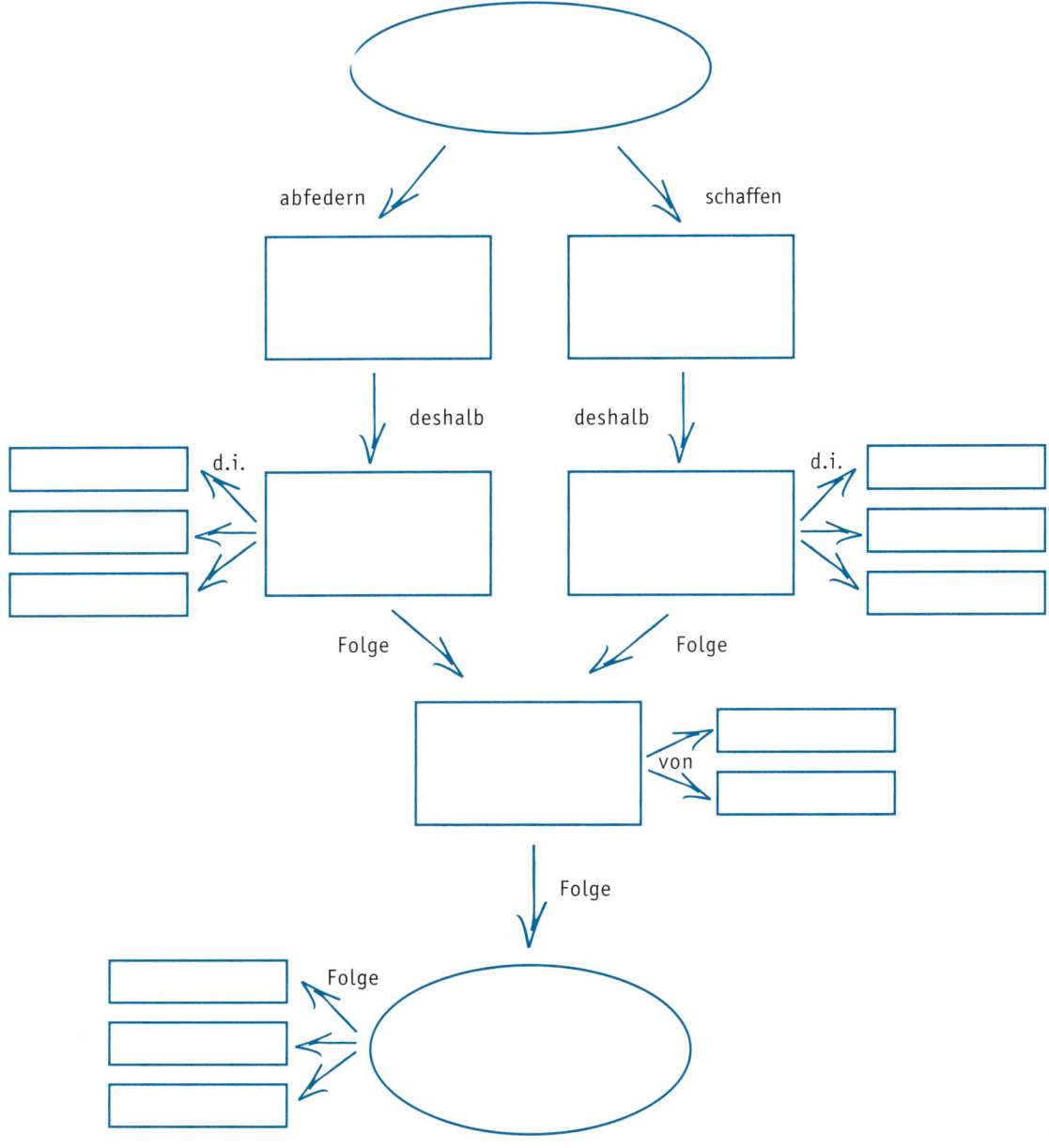

Abb. 41: Vorstrukturierte Concept Map mit einzusetzenden Begriffen

Setzen Sie die folgenden Kernbegriffe in die obige Grafik so ein, dass der im Text aufgezeigte Sachzusammenhang visuell zutreffend dargestellt ist.

Ein-/ Unterordnung	*Krankenkasse*	*Scheidung*
Sozialstaat	*Kleinfamilie*	*Familie*
Rente	*Ausbildungsbeihilfe*	*Jugendliche außer Haus*
Sozialhilfe	*Sicherungsleistung*	*individuelle Lebensentwürfe*
Härten des Marktes	*materielle Unterstützung*	*Unfallversicherung*
soziale Gerechtigkeit	*der Einzelne unabhängig*	*(...)*

6.6.3 Zwei unterschiedliche Beziehungsarten erfassen und abgrenzen

Methode: Concept Attainment

Im Folgenden sind acht Beziehungen zwischen Begriffen genannt. Alle Beziehungen bei geraden Zahlen haben etwas gemeinsam und alle Beziehungen bei ungeraden Zahlen:

> 1. Denken führt zu Klarheit
>
> 2. *Texte haben Sinnabschnitte*
>
> 3. Lesen fördert die Phantasie
>
> 4. *Concept Maps sind wie geistige Landkarten*
>
> 5. Visualisierung erzeugt einen Überblick
>
> 6. *Lernen heißt etwas geistig zu konstruieren*
>
> 7. Angstfreiheit ermutigt zu Experimenten
>
> 8. *Fehler sind Lernchancen*

Einzelarbeit

◆ Schreiben Sie Ihre Vermutungen auf, was die geraden bzw. was die ungeraden Beispiele gemeinsam haben.

Kooperation

a. Diskutieren Sie Ihre Vermutungen mit Ihrem Nachbarn.

b. Versuchen Sie zu einem gemeinsamen Ergebnis zu kommen.

Einzelarbeit

◆ Testen Sie Ihr Ergebnis, indem Sie die folgenden Sätze zuordnen:

> a. *Leben heißt Probleme lösen*
>
> b. *Enthusiasmus setzt Lernen in Gang*
>
> c. *Lernen ist das Schaffen von Mustern*
>
> d. *Üben verankert das Gelernte*

Kooperation

◆ Vergleichen Sie die Ergebnisse und entwickeln Sie ein Endergebnis.

Austausch in der Klasse

◆ Stellen Sie Ihr Ergebnis nun zur Diskussion. Begründen Sie es und legen Sie dar, wie Sie zu dem Ergebnis gekommen sind.

6.6.4 Verschiedene Beziehungsarten erkennen und kategorisieren

Methode: Concept Formation

Die folgenden Wörter drücken Beziehungen zwischen Begriffen aus. Ordnen Sie die Wörter in größere Gruppen und geben Sie den Gruppen eine Bezeichnung, die die Beziehung erfasst.

> - ist größer als - ist nicht - führt zu - bewirkt - ist ein Beispiel für - wenn...dann - deshalb - indem - nichts ist wie - besteht aus - ruft hervor - veranlasst - so dass - entspricht - ist - ist Teil von - setzt in Gang - löst aus, wenn - weil - damit - mittels - beeinflusst - setzt voraus - herbeiführen - in ähnlicher Weise - bringt hervor - beeinflusst

Einzelarbeit

a. Schreiben Sie jedes Wort auf jeweils einen kleinen Zettel. Legen Sie die jeweils verwandten Wörter zusammen.

b. Überlegen Sie, welche Art von Beziehungen die jeweils zusammengehörigen Wörter beschreiben.

Kooperation

a. Stellen Sie sich in Partnerarbeit Ihre Ergebnisse vor.

b. Wenn es möglich ist, dann sollten Sie sich auf ein gemeinsames Ergebnis verständigen.

Austausch in der Klasse[1]

♦ Stellen Sie Ihr Ergebnis nun zur Diskussion. Begründen Sie es und stellen Sie dar, wie Sie zu dem Ergebnis gekommen sind.

6.7 Übung

Vielleicht haben Sie schon die verschiedenen Übungen durchgeführt, die deutlich machen sollen, wie Concept Maps im Unterricht eingeführt werden können. Wenn Sie aber noch Energie verspüren, dann erstellen Sie doch zu dem folgenden Text eine Concept Map.

Jugendcliquen

Viele Jugendliche, vor allem solche, die sich in ihren Familien unverstanden fühlen, wollen deutlich zeigen, dass sie andere Wertvorstellungen haben als die Erwachsenen, und entwickeln ihre eigene „Kultur". Sie versuchen, sich schon durch ihr Erscheinungsbild von den „normalen" Bürgern abzugrenzen und gegen deren Lebensweise zu protestieren. In einer Gruppe von Gleichaltrigen und Gleichgesinnten erfahren sie die Anerkennung, die ihnen Erwachsene oft verweigern. Durch ein uniformiertes Outfit erreichen sie ein Wir-Gefühl, damit auch ein Gefühl der Stärke. Die Zugehörigkeit zu einer Gruppe wird gefestigt durch die Übernahme einer speziellen Sprache, bestimmter Rituale und Symbole (Tags, Logos), auch durch die gemeinsame Vorliebe für eine besondere Musikrichtung. Der Grund, sich einer Gruppe, einer Clique oder einer Bande anzuschließen, ist also zunächst oft der Wunsch, Gemeinschaft zu erleben und eine Art Schutz zu finden. [2]

Unsere Lösungsvorschläge finden Sie in Kapitel VII.

[1] Diese Lösung finden Sie in Kap 6.2 auf S. 76.

[2] Aus: Bauer, 1998, S. 77.

7 Ausgewogen urteilen und sicher entscheiden

Jeden Tag werten, urteilen und entscheiden wir unzählige Male. Und wir möchten unsere Schülerinnen und Schüler in die Lage versetzen, dass sie ihre Urteile und Entscheidungen nicht nur aus dem Bauch heraus treffen (obwohl Gefühle und Emotionen bei einem Urteil natürlich auch miteinbezogen werden müssen), sondern dass sie vor einer Entscheidung alle Seiten gründlich durchdenken, um dann zu einem ausgewogenen Urteil zu kommen. Daher ist es von großer Bedeutung, ihnen Instrumente zu vermitteln, mit deren Hilfe sie alle Faktoren und Aspekte, die bei der Urteilsfindung relevant sind, durchdenken können, um eine angemessene Entscheidung zu treffen.

Um das Bewerten, Urteilen und Treffen von Entscheidungen zu strukturieren, gibt es verschiedene grafische Formen. Teilweise bauen sie aufeinander auf, teilweise stellen sie Alternativen dar und können je nach Komplexität der Aufgabe und des Materials genutzt werden. Die grafischen Strukturen dienen dazu, den Denkprozess anzuleiten, so dass die Schülerinnen und Schüler den Überblick behalten und zu einem ausgewogenen Urteil kommen können. Denn wer seine Gedanken grafisch strukturiert festhält, ordnet sie schon während des Denkprozesses und verliert keine Aspekte aus dem Blick. Ohne eine solche Struktur besteht die Gefahr, dass sich Aspekte, die einem gerade besonders wichtig sind, zu sehr in den Vordergrund drängen und andere vernachlässigt werden.

Am Anfang eines Beurteilungs- und Entscheidungsprozesses muss man sich darüber im Klaren sein, was man eigentlich beurteilt: Ist es eine Idee, ein Verhalten oder ein Ereignis? Gibt es Alternativen, die auch berücksichtigt werden müssen?

PMI, Waage, und Leiter

Angenommen, man bewertet eine Idee, dann sollte man zunächst sammeln, was für und was gegen sie spricht. Beurteilt man ein Ereignis, ein Verhalten oder eine Situation, muss man überlegen, was daran positiv und was daran negativ ist bzw. war. In beiden Fällen geht es darum, vor dem Urteil beide Seiten genau zu untersuchen. Außerdem muss man offene Fragen klären. Zur Strukturierung dieses Prozesses dient die Form des PMI[1]. Hierbei steht das P für Pluspunkte, das M für Minuspunkte und das I für die interessanten Fragen, die sich bei der Auseinandersetzung ergeben. Mittels der PMI-Struktur wird die Grundlage für weitere Urteils- und Entscheidungsprozesse geschaffen, mit ihr kann die Entscheidung bzw. das Urteil vorbereitet werden. Das PMI ist also erst der erste Schritt zu einem durchdachten Urteil.

Im zweiten Schritt können einzelne Punkte, die im PMI genannt worden sind, gewichtet werden. Denn erst wenn man weiß, wie viel Gewicht die einzelnen Argumente für einen haben, kann man auch eine Entscheidung treffen. Für diese Gewichtung kann man die grafische Struktur der Waage benutzen, gerade für jüngere Schüler wird das Gewichten dadurch anschaulich. Die Waage bzw. der Gewichtungsprozess kann aber auch in das PMI integriert werden.

Zuletzt stellen wir in diesem Kapitel noch die grafische Form der Rangliste vor. Wenn es mehrere Möglichkeiten oder Alternativen gibt – etwa mehrere Lösungsvorschläge für ein Problem-, dann steht am Ende des Beurteilungsprozesses eine Rangliste. Diese Rangliste kann in der grafischen Form der Leiter dargestellt werden.

[1] Vgl. De Bono, 2002, S. 25-34.

7.1 Beide Seiten sehen: PMI

Thema/ Problemstellung/ Vorschlag	
Pluspunkte (Vorteile, positive Aspekte, Pro-Argumente etc.)	**M**inuspunkte (Nachteile, negative Aspekte, Contra-Argumente etc.)
Interessante Fragen	

Abb. 42: PMI-Struktur

7.1.1 Szenario

Der vierzehnjährige Jannis saß mit seinen Eltern am Abendbrottisch. Sein Vater hatte ihn gerade gefragt, wie es heute in der Schule war und er hatte so dies und das erzählt, nichts Besonderes. Aber der Vater fragte noch einmal nach, denn er merkte, dass seinen Sohn noch etwas bedrückte. Jannis durchströmte ein angenehmes Gefühl, weil sein Vater immer so genau darauf achtete, wie er sich fühlte, und dass er seine Gefühle so ernst nahm. Er wusste von Klassenkameraden, dass das nicht selbstverständlich war, manche hatten mit ihren Vätern kaum Kontakt. Daher nahm er sich ein Herz und erzählte: „Wenn wir auf der Rampe skaten, dann nimmt Justin immer Klebstoff und inhaliert den. Danach ist er immer so albern und verrückt und man kann gar nicht mehr mit ihm sprechen. Ich weiß nicht, was ich machen soll, ob ich es seinen Eltern oder unserem Klassenlehrer sagen soll. Die Eltern kümmern sich aber sowieso nicht, sein Vater lebt in einer ande- ren Stadt und die Mutter muss arbeiten und sich noch um die zwei Schwestern kümmern. Aber ich kann meinen besten Freund doch nicht bei einem Lehrer verpetzen." Da sagte sein Vater: „Du hast Angst um Justin?" „Ja, mich bedrückt, dass ich nicht weiß, was ich tun soll. Wir kennen uns doch schon zehn Jahre." Dann fragte der Vater: „Und wie könntest du heraus- finden, was du tun kannst?" Da schaute Jannis einen Augenblick in die Luft, seine Augen schlossen sich halb und die Muskeln um die Augen zogen sich leicht zusammen. Da rief er plötzlich: „Ich hab´s, wir ma- chen ein PMI!" „Ein was?", fragte die Mutter. „Ein PMI, das macht man, um bei einer schwierigen Frage erst mal alle Seiten zu durchdenken. Haben wir in Deutsch gelernt." Und dann holte er schnell ein Blatt Papier, einen Stift und begann zu zeichnen. Darüber schrieb er: Soll ich unserem Klassenlehrer sagen, was Justin macht? Dann schrieb er alle Argumente für beide Seiten auf und am Ende steuerte seine Mutter noch eins bei. Als er fertig war, lag die Entscheidung für ihn auf der Hand ...

Problemfrage	
Soll ich zu meinem Lehrer gehen und sagen, dass Justin Klebstoff inhaliert?	
P Dafür spricht:	**M** Dagegen spricht:
• Justin weiß nicht, dass er sich selbst schadet. • Ich möchte das Beste für Justin, auch wenn es für ihn vielleicht zunächst unangenehm ist. • Wenn Justin so weiter macht, dann ist unsere Freundschaft bald kaputt. • Ich hätte ein schlechtes Gewissen, wenn ich nicht helfen würde. • Wenn Justin erst zu anderen Drogen greift, ist es vielleicht schon zu spät. • Justin ist mir vielleicht später dankbar, weil er sich selber nicht mehr helfen kann.	• Justin ist mein bester Freund, und Freunde verpetzt man nicht. • Justin vertraut mir, und ich würde dieses Vertrauen zerstören. • Der Lehrer würde sowieso nichts machen können, weil Justin das in seiner Freizeit macht. • Die anderen würden nicht mehr mit mir sprechen, weil ich Justin verraten habe.
Interessante Fragen	
• Wie gefährlich ist das Inhalieren von Klebstoff genau? • Warum macht Justin das eigentlich? • Soll ich nicht zuerst mit Justin selbst sprechen, wenn er keinen Klebstoff inhaliert hat? • Nehmen die, die Klebstoff inhalieren, eigentlich häufig später noch andere Drogen?	

Abb. 43: PMI zum Thema: Soll man mit einem Lehrer über die Probleme eines Freundes reden?

7.1.2 Wozu dient das PMI?

Sie haben sicher auch schon häufig im Unterricht die Erfahrung gemacht, dass Schülerinnen und Schüler in Diskussionen eine feste Meinung haben und diese heftig verteidigen, ohne die andere Seite zu sehen. Dies ist auch verständlich, denn schließlich ist eine eigene Meinung eine Errungenschaft, die ein wichtiger Schritt in der persönlichen Entwicklung eines Schülers darstellt. Eigene Meinungen prägen das Selbstbild, und weil sich die Schülerinnen und Schüler häufig auch mit ihrer Position identifizieren, verteidigen sie im Grunde einen Teil ihres Selbstbildes, wenn sie ihren Standpunkt verteidigen. Das macht es doppelt schwer, sie für Argumente der Gegenseite zu öffnen. Doch Diskussionen, bei denen Meinungen ausschließlich gegeneinander gestellt werden, sind nicht sehr fruchtbar. Und Aufgabe von Schule ist es, die Schüler anzuleiten, beide Seiten einer Sache zu sehen und ausgewogen zu denken. Um sie darin zu schulen, hat sich die grafische Form des PMI als sehr wirksam erwiesen. Mit ihr können die Schülerinnen und Schüler lernen, ein Thema zu erforschen und erst dann einen eigenen Standpunkt zu formulieren, wenn sie zunächst alleine und dann in der Gruppe beide Seiten durchdacht und alle Vor- und Nachteile kennen gelernt haben. Beim PMI geht es noch nicht um das Beurteilen, sondern erst einmal um das neutrale Finden von Argumenten für beide Seiten. Dabei sollte man das Abwägen, Gewichten und Entscheiden gerade zurückhalten. Dies ist ein zweiter Schritt, der folgt, wenn die Argumente genügend erforscht sind. Außerdem lenkt das PMI den Blick noch auf Fragen, die auftauchen und die vielleicht vor der Beurteilung geklärt werden müssen.

TIPP! _____

Das PMI eignet sich nicht nur für Fälle, in denen wir unentschlossen sind oder in denen es schwer ist, einen eigenen Standpunkt zu finden. Es sollte besonders dann angewendet werden, wenn man sich ganz sicher ist und keine Zweifel hat. Dann treten oft Argumente zutage, die man gar nicht beachtet hat. Denn wer sich ganz sicher ist, der denkt gar nicht mehr weiter nach.

7.1.3 Wie erstellen Schüler ein PMI?

Legen Sie zu Beginn mit der Klasse die Frage- bzw. Problemstellung fest. Nur wenn diese ganz klar und deutlich formuliert ist, kann das PMI darauf bezogen werden. Sie können den Schülern dann eine Leerform des PMI geben. Einfacher und papiersparender ist es aber, wenn sie die Form an die Tafel zeichnen oder mit dem Tageslichtprojektor zeigen, und die Schülerinnen und Schüler sie dann in ihr Heft übertragen.

Zur Einführung des PMI bietet sich ein Thema an, das aus der Lebenswirklichkeit der Schülerinnen und Schüler gegriffen ist, z.B. „Soll man neben der Schule arbeiten gehen?" oder „Sollen wieder Schuluniformen eingeführt werden?"

Arbeitsanweisungen für die Schülerinnen und Schüler

Einzelarbeit

◆ Schreibe das Thema und die Fragestellung über die grafische Form.

◆ Erarbeite zunächst nur die Pluspunkte (Vorteile, positive Aspekte oder Pro-Argumente). Du hast dafür drei Minuten Zeit. Trage die Ergebnisse in die dafür vorgesehene Spalte ein.

◆ Wende dich anschließend den Minuspunkten zu (Nachteile, negative Aspekte oder Contra-Argumente). Auch dafür bekommst du wieder drei Minuten. Notiere die Ergebnisse in der entsprechenden Spalte.

◆ Sammle die offenen oder dich interessierenden Fragen. Trage sie in die dafür vorgesehene Spalte ein. Dafür noch einmal drei Minuten.

Kooperation

◆ Zunächst stellt nur ein Gruppenmitglied die Vorteile oder Pro-Argumente vor, die es gefunden hat. Die anderen hören genau zu und ergänzen fehlende Argumente.

◆ Das zweite Gruppenmitglied stellt anschließend die Nachteile oder Contra-Argumente vor. Auch hier ergänzen die anderen anschließend.

◆ Jetzt stellt jedes Gruppenmitglied mindestens eine Frage vor, die es selbst formuliert hat. Die anderen in der Gruppe versuchen, diese Frage zu beantworten bzw. Gedanken dazu zu äußern.

Austausch in der Klasse

◆ Präsentation und Diskussion im Plenum

TIPP!

Das Schwerste bei dieser Übung ist, die Aufmerksamkeit der Schülerinnen und Schüler über einen längeren Zeitraum in eine bestimmte Richtung zu lenken. Achten Sie darauf, dass sie diszipliniert immer nur ein Feld ausfüllen. Durch die Konzentration auf einen Aspekt über eine gewisse Zeit hinweg werden viel mehr Argumente gefunden, als wenn die Gedanken frei hin und her schweifen.

7.1.4 Anwendungsmöglichkeiten im Fachunterricht

Deutsch
◆ Erörterung der gelungenen und misslungenen Seiten eines Romans oder einer Theaterinszenierung

Philosophie/Ethik
◆ Abwägung der Pro- und Contraargumente bei der Frage: „Darf man foltern, wenn man damit ein Menschenleben retten kann?"

Mathematik
◆ Vor- und Nachteile eines bestimmten Lösungsweges

Physik
◆ Erkundung der verschiedenen Seiten von Energiegewinnungsformen, z.B. Atomenergie oder Windenergie

Fächerübergreifend
◆ Auswertung des Betriebspraktikums

◆ Am Ende einer Unterrichtsreihe als einfache Form der Evaluation oder als Auswertung einer Gruppenarbeit. Wenn Schülerinnen und Schüler eine Unterrichtseinheit beurteilen sollen, dann können sie ein PMI ausfüllen, in dem sie schreiben, was sie gelungen und für ihr Lernen hilfreich, sowie was sie misslungen und für ihr Lernen hinderlich fanden (neben den noch offenen Fragen und weiterführenden Gedanken). Aus einer solchen Evaluation können Sie dann weitere Schlussfolgerungen für Ihren Unterricht ziehen.

7.1.5 Übung

Das PMI kann nicht nur im Unterricht, sondern auch bei Fragen der Schulorganisation angewendet werden. Stellen Sie sich vor, in Ihrer Schule wird über die Vor- und Nachteile der 45-Minuten-Unterrichtsstunde diskutiert. Es ist der Vorschlag gemacht worden – wie es in einigen Schulen bereits üblich ist –, die 45-Minuten-Stunde durch die 60-Minuten-Stunde zu ersetzen. Nun sollen die Vor- und Nachteile der 60-Minuten-Stunde erkundet werden. Füllen Sie dazu eine PMI-Grafik aus.

Unsere Lösungsvorschläge finden Sie in Kapitel VII.

7.1.6 Varianten

In der 1. Variante (Abb. 44), die wir als Leerform zu derselben Thematik vorstellen, wird gezeigt, wie das PMI aussieht, wenn man nicht einen Vorschlag, sondern zwei Möglichkeiten als Alternativen untersucht. In dieser Grafik können sowohl die Vor- und Nachteile der 60-Minuten-Stunde als auch die der 45-Minuten-Stunde dargestellt werden. Als weitere Ergänzung ist bei dieser Grafik eine Spalte ganz links angefügt, in die der Aspekt, auf den die Vor- und Nachteile jeweils bezogen sind, eingetragen werden kann, damit die beiden Alternativen besser verglichen werden können.

In der 2. Variante (Abb. 45) wird dann gezeigt, wie eine Grafik aussehen kann, mit der man die Plus- und Minuspunkte von mehr als zwei Alternativen untersuchen kann.

Außerdem stellen wir ein Methodenblatt vor, bei dem das PMI mit der Gruppenanalyse verbunden wird (S. 92).

1. Variante

Thema: Untersuchung der Vor- und Nachteile von Unterrichtsstunden in der Länge von 45 und von 60 Minuten				
Länge einer Unterrichtsstunde	45 Minuten		60 Minuten	
Bereiche (z.B. Unterricht, Organisation des Schultages, Vorbereitung etc.)	Vorteile	Nachteile	Vorteile	Nachteile
weitere Gedanken/ offene Fragen				

Abb. 44: PMI-Struktur zur Untersuchung von zwei Möglichkeiten als Alternativen

2. Variante

Fragestellung: Wie sollen wir unsere Abschlussfahrt gestalten?				
Vorschläge	Bungalows in einem Freizeitpark	eine Kanutour	eine Woche auf einem Segelschiff	eine Großstadt
Was spricht dafür?				
Was spricht dagegen?				
Offene Fragen/ Anmerkungen				

Abb. 45: Mehrfach-PMI zur Untersuchung von mehr als zwei Alternativen

PMI und Gruppenanalyse

Die folgende Tabelle zeigt, wie das PMI mit der kooperativen Strategie der Gruppenanalyse verbunden werden kann. Jedes Gruppenmitglied einer Vierergruppe bekommt einen solchen Bogen und füllt ihn aus, indem es in der linken Spalte nacheinander die Plus- und Minuspunkte sowie die offenen Fragen einträgt. Danach kreisen die Bögen in der Gruppe und die anderen kommentieren nacheinander die Eintragungen ihrer Mitschüler.[1]

Fragestellung _____

_____

a. Positive Aspekte	1. Kommentar	2. Kommentar	3. Kommentar
b. Negative Aspekte			
c. Offene Fragen			

[1] Ausführlich ist die kooperative Strategie der Gruppenanalyse dargestellt in: Brüning/ Saum, 2006 a, S. 94-101.

7.2 Gewichten und Entscheiden: Waage

7.2.1 Szenario

Im Politikunterricht der 6. Klasse einer Realschule im Rheinland diskutieren die Schüler über Schuluniformen. Sie haben ein PMI angefertigt, zuerst in Einzel- und Gruppenarbeit und schließlich ein gemeinsames an der Tafel. Nachdem sie so alle Seiten untersucht haben, soll nun jeder für sich eine Entscheidung treffen. Dazu hat die Lehrerin Madeleine Grothe die grafische Form der Waage vorgestellt. Jetzt gibt sie folgenden Arbeitsauftrag: „Jeder zeichnet jetzt eine solche Waage in sein Heft auf eine DIN-A4-Seite und schreibt auf die linke Seite Pro, auf die andere Seite Contra. Dann schaut ihr das PMI an und überlegt, was für euch das gewichtigste Pro-Argument und das gewichtigste Contra-Argument ist. Diese schreibt ihr dann oben jeweils auf die beiden Seiten. So geht ihr weiter und sucht die zweitwichtigsten Argumente, die drittwichtigsten usw. Am Ende gebt ihr dann jedem Argument Punkte. Wenn es für euch sehr wichtig ist, dann gebt ihr 5 Punkte, wenn es nur wenig Gewicht hat, 1 Punkt. Wenn ihr merkt, dass ein Argument, das ihr aufgeschrieben habt, doch keine Rolle spielt, bekommt es 0 Punkte. Am Ende zählt ihr die Punkte zusammen und die Seite, die mehr Punkte bekommen hat, ist für euch überzeugender."

So hat auch Laura die Waage ausgefüllt und hier sehen wir das Ergebnis: Diese Waage neigt sich deutlich nach rechts; dies zeigt, dass Laura gegen Schuluniformen ist. Bevor sie die Waage erstellt hat, war sie eher für Schuluniformen, weil sie so sehr unter dem Markendruck gelitten hat. Aber durch die Waage ist ihr deutlich geworden, dass die Argumente, die dagegen sprechen, für sie insgesamt mehr Gewicht haben, also für sie wichtiger sind.

Abb. 46: Waage zur Entscheidungsfindung „Schuluniform"

7.2.2 Wozu dient die Waage?

Wie bereits dargestellt, dient das PMI der neutralen Untersuchung, bei der das Gewichten der Argumente und das abschließende Entscheiden noch zurückgestellt werden soll. Die Waage kann bei allen Themen angewandt werden, bei denen auch das PMI angewandt wird, geht aber darüber hinaus.

Um von dem PMI zu einer Entscheidung zu kommen, müssen die einzelnen Argumente, die genannt worden sind, gewichtet werden. Dazu können Sie Ihre Schülerinnen und Schüler auffordern, hinter die Argumente in der PMI-Grafik Zahlen von 0-5 einzutragen; je wichtiger ihnen ein Argument ist, desto höher die Zahl, die sie dahinter schreiben. Am Ende rechnen sie die Zahlen zusammen und die höhere Punktzahl entscheidet. Durch diese Aufgabe wird ein Verarbeitungsprozess angestoßen, der fordert, dass die Schülerinnen und Schüler durchdenken, wie bedeutsam die einzelnen Argumente für sie sind. Wenn eine solche Rangfolge der Argumente auf beiden Seiten erstellt worden ist, dann ist das Urteil oder die Entscheidung meist leicht zu fällen, denn alle Argumente sind schon einzeln beurteilt worden. Wenn man die Entscheidung dann schriftlich begründen lässt, dann wird dies ein sehr fundierter Text, weil alle Argumente schon im Vorhinein ausführlich bedacht worden sind.

Bei jüngeren Schülerinnen und Schülern kann es sinnvoll sein, die gewichteten Argumente dann in einer eigenen Grafik darzustellen - der Waage. Die Waage macht anschaulich, was Gewichten von Argumenten heißt. In die Grafik der Waage können die Schülerinnen und Schüler im Anschluss an das PMI die Argumente eintragen, die sie als bedeutsam einschätzen, und zwar in der Reihenfolge ihrer Wichtigkeit.

7.2.3 Wie erstellen Schüler eine Waage?

Lassen Sie zunächst die Schülerinnen und Schüler ein PMI erstellen und die offenen Fragen, die sie in die Grafik eingetragen haben, so weit wie möglich klären.

Arbeitsanweisungen für die Schülerinnen und Schüler

Einzelarbeit

◆ Zeichnet eine Waage (ggf. nach einem Vorbild an der Tafel oder auf dem OHP).

◆ Schreibt die Fragestellung über die Waage und macht links ein Plus, rechts ein Minus.

◆ Denkt nun über die Argumente nach, die im PMI stehen, und schreibt je nach ihrer Wichtigkeit Zahlen daran. Wenn euch Argumente bedeutungslos erscheinen, braucht ihr sie nicht zu bewerten.

◆ Übertragt jetzt die Argumente in der Reihenfolge ihrer Wichtigkeit in eure Waage. Beginnt ganz oben jeweils mit dem für die Seite wichtigsten Argument.

Kooperation

◆ Stellt in der Gruppe vor, was ihr geschrieben habt und begründet eure Gewichtungen. Wenn jeder vorgestellt hat, könnt ihr frei diskutieren. Am Ende hat jeder die Möglichkeit, seine Reihenfolge zu ändern.

◆ Schreibt nun (ggf. als Hausaufgabe) eure Entscheidung auf und begründet diese schriftlich.

Austausch in der Klasse

◆ Schüler lesen ihre Texte in der Klasse vor und geben sich gegenseitig Rückmeldungen.

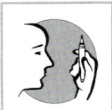

7.2.4 Übung

Nehmen Sie doch das PMI, das Sie zu der Fragestellung „Soll eine Unterrichtsstunde 60 Minuten lang sein?" gemacht haben und erstellen Sie daraus eine Waage. Bepunkten Sie die Argumente und zählen Sie die Punkte zusammen.

Unsere Lösungsvorschläge finden Sie in Kapitel VII.

7.3 Rangfolgen festlegen: Leiter

7.3.1 Szenario

Die Klasse 10a einer Gesamtschule im Sauerland diskutiert über die Frage, wohin ihre Abschlussfahrt gehen soll. Die Schülerinnen und Schüler haben vier Vorschläge gemacht: 1. Bungalows in einem Freizeitpark, 2. eine Kanutour, 3. eine Woche auf einem Segelschiff, 4. eine Großstadt. Dazu haben sie dann ein Mehrfach-PMI erstellt (siehe 7.1.6, 2. Variante). In einem kooperativen Verfahren haben sie alle Pro- und Contra-Argumente gesammelt und in das PMI eingetragen. Jetzt wollen sie zur Entscheidung kommen. Dazu geht jeder alle Argumente in dem Mehrfach-PMI durch und bepunktet sie, von 5 Punkten für das, was ihm besonders wichtig ist, bis zu 0 Punkten für das, was für ihn keine Rolle spielt. Contra-Argumente bekommen Minus-Punkte von (-0)-(-5). Sie werden dann von der Punktzahl der Pro-Argumente abgezogen. Am Ende zählt jeder die Punkte für jeden Vorschlag zusammen, zieht die Minuspunkte ab und erstellt eine Rangliste in Form einer Leiter. Das, was die meisten Punkte bekommen hat, kommt ganz oben hin. Manch einer hat seine Meinung geändert, nachdem alles so intensiv durchdacht worden ist. Die Leiter von Thomas sieht so aus:

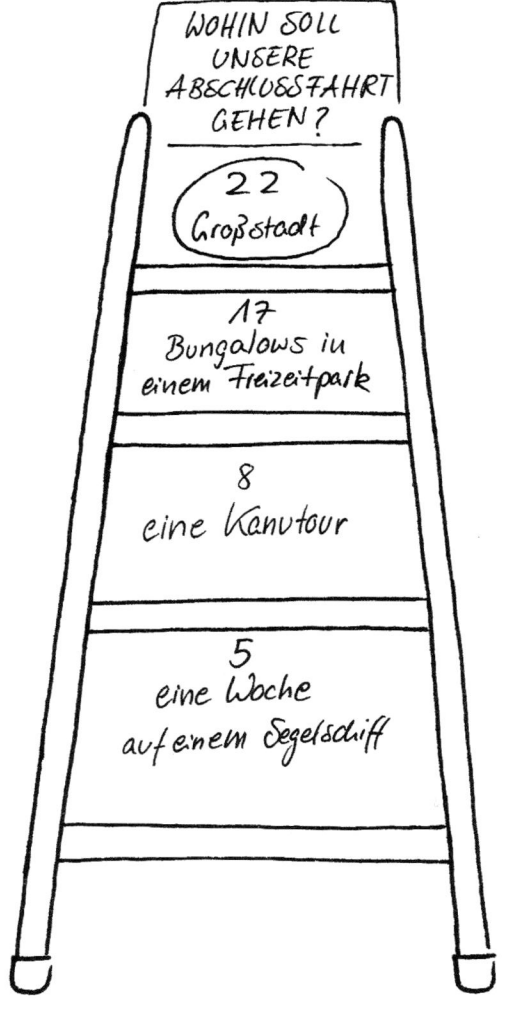

Abb. 47: Leiter „Abschlussfahrt"

7.3.2 Wozu dient die Leiter?

Mit der grafischen Form der Leiter haben Sie die Möglichkeit, Rangfolgen grafisch darzustellen. Entscheidend ist aber der Prozess, der stattfindet, bevor die Rangliste gebildet wird: Vor der Einteilung muss eine Gewichtung unter einem Vergleichskriterium stattfinden. Dieses muss in der Fragestellung sichtbar werden. Dabei kann das Kriterium nur einen Aspekt betreffen, z.B. wenn man fragt: „Was ist die umweltfreundlichste Form der Warmwassergewinnung in einem Haus?" Man kann aber auch allgemeiner fragen: „Stellen Sie sich vor, Sie bauen einen neues Haus und müssen entscheiden, wie das Warmwasser gewonnen wird. Bringen Sie die folgenden fünf Möglichkeiten der Warmwassergewinnung in eine Reihenfolge." Dann müssen verschiedene Kriterien bedacht und gegeneinander abgewogen werden, nicht nur der ökologische Faktor zählt jetzt, sondern z.B. auch der wirtschaftliche. Je mehr Kriterien ins Spiel kommen, desto komplexer ist gewöhnlich die Aufgabe. Denn implizit müssen die Kriterien in eine Rangfolge gebracht werden, es müssen Werthierarchien gebildet werden. Wenn man sich etwa die Frage nach der Art der Abschlussfahrt anschaut (vgl. S. 92), dann wäre es natürlich einfacher, wenn man schon vorher das Kriterium festlegt, z.B. „Wo haben wir das größte Gemeinschaftserlebnis?" Aber durch die Offenheit der Fragestellung müssen die Schüler zunächst prüfen, was ihnen eigentlich wichtig ist. In dem PMI zur Abschlussfahrt werden verschiedene Argumente genannt und es kommen auch unterschiedliche Kriterien ins Spiel.

Wenn Sie Schülern die Aufgabe geben, eine Rangliste zu erstellen, dann müssen sie ihre Entscheidungen begründen, damit ein Abwägungsprozess stattfindet, in dem die Argumente gewichtet werden.

Es ist auch möglich, die Schüler eine Rangliste bilden zu lassen, ohne ein PMI und eine Gewichtung mit Punkten vorzuschalten; allein schon aus Zeitgründen wird man sich manchmal dafür entscheiden. Dann aber ist es sehr zu empfehlen, eine schriftliche Begründung einzufordern, damit der gedankliche Prozess des Einzelnen transparent wird. Direkt eine Rangliste erstellen zu lassen, bietet sich bei einfachen Aufgaben an, wie z.B. bei folgender: „Schreibe alle Eigenschaften auf, die ein Freund haben sollte, und bringe sie dann in eine Rangfolge." Oder: „Was ist wichtig, damit ihr in der Gruppe erfolgreich seid? Sammelt die Faktoren und bringt sie dann in eine Rangfolge. Arbeitet zuerst alleine und erstellt dann eine gemeinsame Rangfolge." Entscheiden Sie selbst, wann Sie direkt eine Rangliste bilden lassen und wann Sie ein Mehrfach-PMI vorschalten.

7.3.3 Wie erstellen Schüler eine Leiter?

Je nach Aufgabe kann der Erstellung der Rangliste ein PMI vorausgehen, bei dem mehrere Alternativen nebeneinander betrachtet werden.

◆ Legen Sie fest, ob der erste Rang oben oder unten ist.

◆ Wenn das, was in eine Reihenfolge gebracht werden soll, noch nicht feststeht, dann geben Sie den Schülern zunächst die Aufgabe, die Alternativen zu sammeln bzw. aus einem Text herauszuarbeiten.

Arbeitsanweisungen für die Schülerinnen und Schüler

Einzelarbeit

◆ Bringe die vorliegenden Elemente in eine Rangliste.

◆ Schreibe die Begründungen für deine Entscheidungen auf.

Kooperation

◆ Stellt eure Ranglisten in der Gruppe vor und begründet eure Entscheidungen jeweils.

◆ Erstellt eine gemeinsame Rangfolge (ggf. unter Zuhilfenahme von Redekärtchen[1]).

Austausch in der Klasse

◆ Präsentiert und diskutiert die verschiedenen Lösungen; dabei sind die Begründungen für die Rangfolge wichtig.

7.3.4 Anwendungsmöglichkeiten im Fachunterricht

Politik

◆ Durch welches Medium kann man sich am besten über das politische Geschehen informieren?

Mathematik

◆ verschiedene Lösungswege in eine Reihenfolge hinsichtlich der Einfachheit bringen

Deutsch

◆ die Personen eines Entwicklungsromans nach ihrer Bedeutung für die Hauptperson ordnen

Teamgeist fördern

◆ Fordern Sie die Schüler auf, ihre Lieblingsfächer in der Schule, ihr Lieblingsessen, oder die größten bisherigen Herausforderungen in ihrem Leben aufzuschreiben und in eine Rangordnung zu bringen. Anschließend kann sich ein Gespräch über die persönlichen Vorlieben und Maßstäbe entwickeln.

◆ Wenn Sie stärker den Prozess der Teambildung in den Mittelpunkt rücken möchten, dann können Sie auch Einigungsprozesse damit verbinden: „Einigt euch auf die wichtigsten Eigenschaften eines guten Freundes und stellt sie in einer Rangordnung dar."

7.3.5 Übung

Der Oldenburger Erziehungswissenschaftler Hilbert Meyer zitiert in seinem Buch „Was ist guter Unterricht?" eine Rangliste von Faktoren für den Lernerfolg.[2] Die zehn wichtigsten Faktoren haben wir hier durchmischt.

Bitte versuchen Sie sie in eine Rangliste zu bringen entsprechend ihrem Einfluss auf den Lernerfolg der Schülerinnen und Schüler. Das, was am meisten Einfluss hat, kommt ganz nach oben. Vielleicht skizzieren Sie Ihre Begründung schriftlich und legen eine Leiter an.

a. Kognitive Kompetenzen der Schüler

b. Lernbezogene Lehrer-Schüler-Interaktion

c. Quantität des Unterrichts

d. Organisation des Lehrplans

e. Häusliche Umwelt der Schüler und Unterstützung durch die Eltern

f. Elterliches Engagement in Schulfragen

g. Metakognitive Kompetenzen der Schüler

h. Schulkultur

i. Schulpolitik der Landesregierung

j. Klassenführung durch den Lehrer

Unsere Lösungsvorschläge finden Sie in Kapitel VII.

TIPP! _____

- **Wenn Sie mit Kollegen mit diesem Buch arbeiten, dann diskutieren Sie ihr Ergebnis der Übung 7.3.5 mit ihnen. Schauen Sie sich erst dann unseren Lösungsvorschlag hinten im Buch an.**

- **Auch in Lehrerfortbildungen können Sie so die Diskussion darüber, was guten Unterricht kennzeichnet, anregen.**

[1] Der Einsatz von Redekärtchen wird näher erläutert in: Brüning/ Saum 2006 a, S.33ff.

[2] Vgl. Meyer, 2004, S. 35.

8 Das Thema und ich: Rechter Winkel[1]

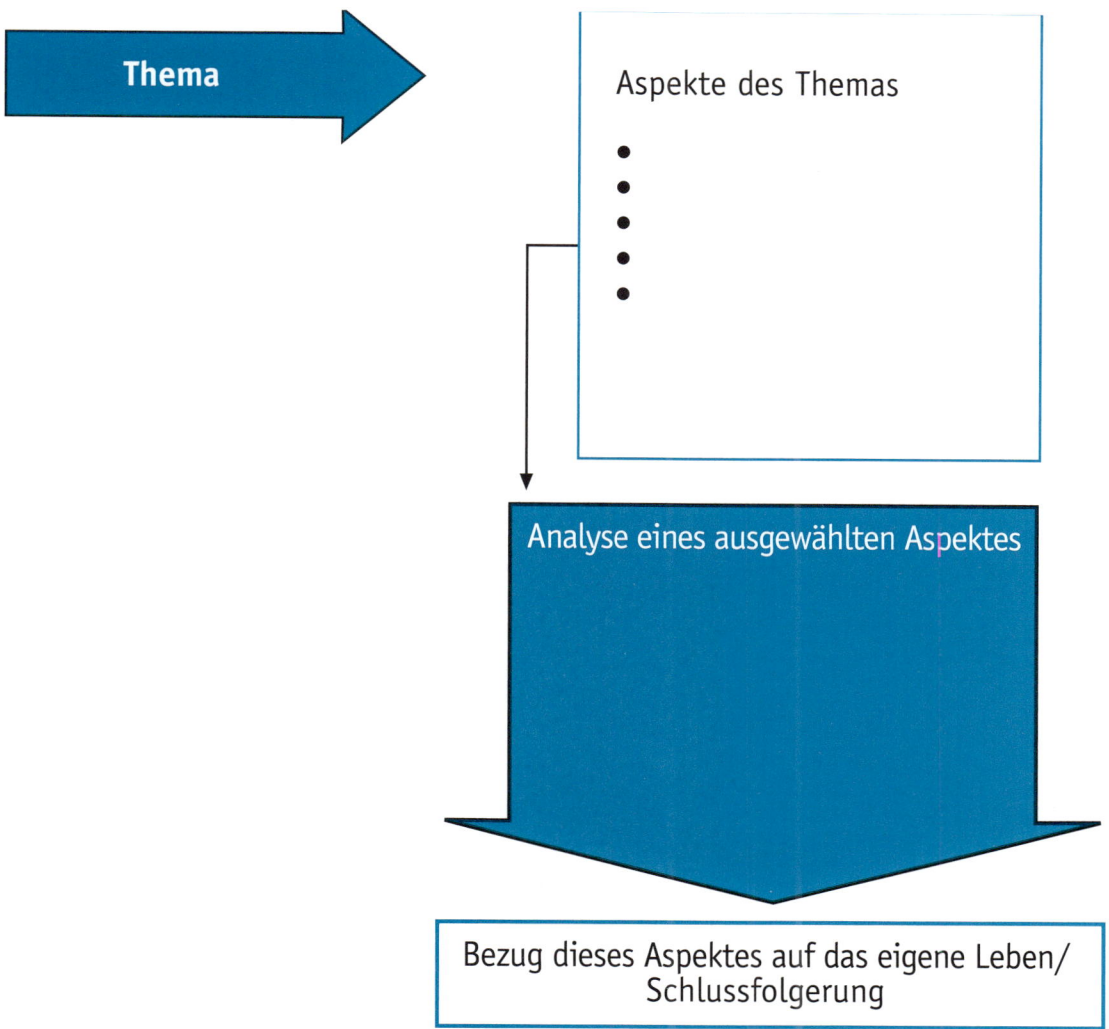

Abb. 48: Der Rechte Winkel

8.1 Szenario

Im Frühjahr dieses Jahres nahm Frau Busch in ihrem Biologieunterricht in der 8c das Thema gesunde Ernährung durch. Besonders wichtig war ihr, dass die Schülerinnen und Schüler sich dazu nicht nur theoretisches Wissen aneigneten, sondern dies auch in ihrer täglichen Ernährung umsetzten. Sie hatte beobachtet, wie die Schüler immer öfter ihr Frühstück schnell morgens beim Kiosk holten, wie sie fast durchweg zuckerhaltige Getränke zu sich nahmen und es „in" war, bei McDonalds zu essen. Frau Busch gab sich allerdings keinen Illusionen hin und wusste, dass ihr Einfluss gegenüber der Werbung und der Clique begrenzt war; doch sie wollte zumindest einen Anstoß geben.

Sie begann die Stunde damit, dass sie die Struktur des Rechten Winkels an die Tafel zeichnete (siehe Abb. 48). In den Pfeil, der nach rechts ging, schrieb sie das Thema „Gesunde Ernährung". In der folgenden Einzelarbeit sammelten die Schülerinnen und Schüler dann alles, was zu einer gesunden Ernährung gehört. Dies schrieben sie in das Feld, auf das der Pfeil hinzeigte.

Nach der Einzelarbeit tauschten sich die Gruppenmitglieder aus und ergänzten sich. Im Anschluss daran wählte jedes Gruppenmitglied einen anderen Aspekt aus, um ihn eingehender als Hausaufgabe zu untersuchen, denn dazu mussten sie recherchieren und selbst Informationen besorgen. Die Ergebnisse schrieben sie in den senkrechten Pfeil. Als zweite Hausaufgabe zogen sie aus ihren Erkenntnissen eine persönliche Schlussfolgerung für die eigene Ernährung und schrieben sie in das Feld, auf das der senkrechte Pfeil zulief. In der nächsten Stunde stellten sich die Schülerinnen und Schüler in der Gruppe gegenseitig ihre Ergebnisse vor. Aufgrund der anderen Erkenntnisse der Mitschüler fasste jeder noch drei weitere Vorsätze für seine Ernährung. Im folgenden Unterricht wurden dann die Erkenntnisse der Schülerinnen und Schüler zu den verschiedenen Aspekten nach und nach gesammelt; einige der Aspekte wurden mit weiteren Materialien in den folgenden Stunden vertieft. Auf der folgenden Seite zeigen wir den Rechten Winkel von Jan Phillip; er hat das Problem des Zuckerkonsums näher untersucht:

[1] Abgewandelt nach Bellanca, 1990, S. 41 - 46.

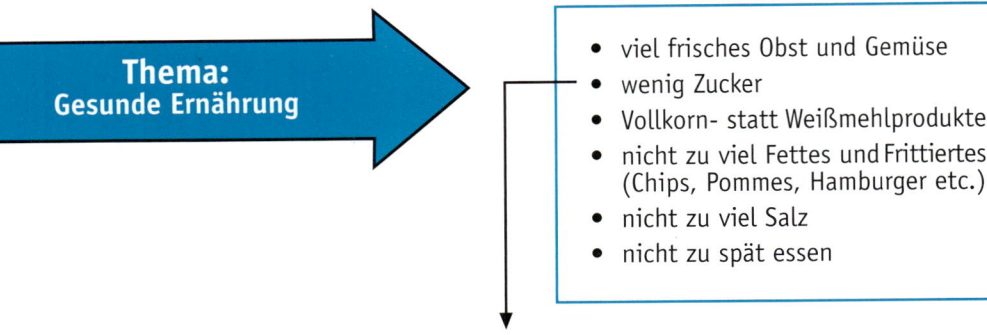

Thema:
Gesunde Ernährung

- viel frisches Obst und Gemüse
- wenig Zucker
- Vollkorn- statt Weißmehlprodukte
- nicht zu viel Fettes und Frittiertes (Chips, Pommes, Hamburger etc.)
- nicht zu viel Salz
- nicht zu spät essen

Aspekt: wenig Zucker

- Zucker erzeugt Karies (90% aller 6-9-jährigen Kinder haben Karies).
- Zucker ist säurebildend; um diese Säure zu neutralisieren, werden den Zähnen und Knochen basische Mineralien entzogen.
- Zucker entzieht dem Körper Vitamine, damit er abgebaut werden kann.
- Isolierter Zucker erhöht den Blutzuckerspiegel kurzfristig, das führt zu erhöhter Insulinausschüttung, um den Zucker abzubauen, darauf folgt ein drastischer Abfall des Blutzuckerspiegels. Dies erzeugt ein vermehrtes Hungergefühl und erneuten Konsum von Zucker usw. und kann zu Übergewicht führen.
- Fällt der Blutzuckerspiegel ab, schaltet das Gehirn auf Sparflamme und es kommt zu mentalen und emotionalen Störungen, u.a. zu Lernschwierigkeiten.
- Erhöhter Zuckerkonsum kann zu Übergewicht führen.

- Ich nehme mir vor, in der Schule nur noch Wasser zu trinken und die Lehrer zu fragen, ob es nicht erlaubt werden kann, Getränke ohne Zucker während des Unterrichts zu trinken.

Abb. 49: Rechter Winkel zum Thema gesunde Ernährung

8.2 Wozu dient der Rechte Winkel?

Wie oft beschäftigen sich die Schülerinnen und Schüler intensiv mit einem Thema, analysieren es genau und sollen sich am Ende eine Menge merken. Doch häufig fehlt ihnen die Möglichkeit, das Thema mit ihrer Person zu verbinden und darüber nachzudenken, wie sie das Gelernte in ihrem Leben anwenden können. Und auch wenn wir es als Lehrer oft nicht mitbekommen, es frustriert Schüler, wenn sie nicht wissen, was all das, was sie lernen müssen, mit ihnen zu tun hat. Und außerdem gelingt es ihnen so weniger, das Neue mit ihren kognitiven Strukturen zu vernetzen, dabei ist es eine zentrale Bedingung für erfolgreichen und nachhaltigen Unterricht, dass das zu Lernende den Schülern sinnvoll erscheint. Die Folge ist, dass sie oftmals wieder vergessen, was sie gelernt haben, denn es bleibt träges

Wissen, bei dem das Verfallsdatum mit dem Datum der nächsten Klassenarbeit zusammenfällt. Der Rechte Winkel ist eine Möglichkeit, wie Sie Ihren Schülerinnen und Schülern eine Struktur geben können, mit der diese darüber nachdenken können, was das Thema mit ihrem eigenen Leben zu tun hat.

Die grafische Form des Rechten Winkels besteht aus zwei Pfeilen und zwei Feldern, die abwechselnd angeordnet sind. Die Pfeile sind so gezeichnet, dass genügend Freiraum zum Hineinschreiben vorhanden ist. Der erste Pfeil ist waagerecht und zeigt nach rechts; in diesen Pfeil wird das Thema, um das es geht, geschrieben. Der Pfeil zeigt auf ein rechteckiges Feld. Da hinein kommen die verschiedenen Aspekte des Themas, die näher untersucht werden können.

Jeder Schüler entscheidet sich für einen Aspekt, den er genauer untersuchen möchte. Von diesem Aspekt wird ein einfacher Pfeil zu einem weiteren zweidimensionalen Pfeil gezeichnet, der senkrecht nach unten gerichtet ist. In diesen senkrechten Pfeil schreibt man die Ergebnisse der Untersuchung des ausgewählten Aspektes. Dieser Pfeil läuft auf ein weiteres rechteckiges Feld zu. In dieses soll geschrieben werden, welche Schlussfolgerung aus den Untersuchungsergebnissen für das eigene Leben gezogen werden kann. Die Ergebnisse der Analyse sollen also auf die eigene Person bezogen werden, indem man etwas zu folgenden Fragestellungen schreibt: Welche Bedeutung hat das für mich? Wie kann ich das anwenden? Was lerne ich daraus?

Durch den Rechten Winkel kann so der Prozess strukturiert werden, bei dem die Analyse eines Aspektes eines Themas auf das eigene Leben bezogen wird. Diese grafische Form stellt einerseits sicher, dass die verschiedenen Aspekte eines Themas herausgearbeitet werden, andererseits stellt sie sicher, dass mindestens einer dieser Aspekte auf das eigene Leben bezogen wird. So wird die Gefahr geringer, dass der Gegenstand trotz der Analyse fremd bleibt. Mit dem Rechten Winkel wird den Schülern die Möglichkeit gegeben, den Gegenstand mit ihrer Welt zu verweben.

Der Rechte Winkel dient nicht der vollständigen Analyse aller Aspekte eines Themas oder Gegenstandes. Im Fokus dieser Strukturierungsform steht, dass die Schülerinnen und Schüler sich auf einen Aspekt konzentrieren, diesen sehr detailliert analysieren, um ihn dann auf das eigene Leben zu beziehen. Durch diese Konzentration auf einen Aspekt ist es in einem begrenzten zeitlichen Rahmen möglich, die Lernenden in eine intensive und persönliche Auseinandersetzung mit einem Gegenstand oder einem Thema zu versetzen. Wenn die Schülerinnen und Schüler einer Gruppe unterschiedliche Aspekte bearbeiten, lernen sie in der Austauschphase auch noch andere Aspekte des Themas kennen. Um dies zu fördern, können Sie als Bedingung stellen, dass jedes Gruppenmitglied ein anderes Thema bearbeiten soll.

Im Anschluss an die Austauschphase können Sie die Aufgabe stellen, dass jeder noch nach der Vorstellung jedes Gruppenmitglieds eine weitere persönliche Schlussfolgerung aus dem ziehen soll, was er von dem anderen erfahren hat. Dies fördert die Aufmerksamkeit beim Austausch und die Auseinandersetzung mit dem, was die anderen vorstellen.

8.3 Wie erstellen Schüler einen Rechten Winkel?

Führen Sie den Rechten Winkel schrittweise ein, wie wir es in Kapitel II dargestellt haben.

Wenn Ihre Schülerinnen und Schüler die Methode beherrschen, können Sie den Lernprozess so anleiten, wie im Folgenden dargestellt.

Arbeitsanweisungen für die Schülerinnen und Schüler

Einzelarbeit
◆ Zeichnet einen waagerechten Pfeil und schreibt das Thema hinein.

◆ Jeder sammelt für sich alle Aspekte, die man zu dem Thema untersuchen könnte und schreibt sie in das waagerechte Feld.

Kooperation
◆ Tauscht in der Gruppe eure Aspekte aus und ergänzt ggf.

◆ Jeder entscheidet sich nun für einen Aspekt, den er zu dem Thema untersuchen möchte. Wenn zwei denselben Aspekt untersuchen möchten, entscheidet das Los.

Einzelarbeit
◆ Jeder untersucht nun seinen Aspekt; er bekommt dafür Material oder sucht dafür selbständig welches. Er zeichnet einen senkrechten Pfeil und trägt da seine Ergebnisse ein.

◆ Jeder zieht nun aus den Ergebnissen der Untersuchung eine Schlussfolgerung für sein Leben. Er zeichnet ein Feld unter dem senkrechten Pfeil, in das er seine Schlussfolgerung einträgt.

Kooperation
◆ Nun trägt ein Gruppenmitglied seine Untersuchungsergebnisse mit der jeweiligen Schlussfolgerung vor. Nach der Vorstellung können die Anderen Fragen stellen; dann tragen sie in ihr unteres Feld ihre persönliche Schlussfolgerung aus den Ergebnissen des Vortragenden ein.

◆ Reihum trägt jetzt jeder vor; nach jeder Vorstellung tragen alle eine persönliche Schlussfolgerung aus den Ergebnissen bei sich ein.

Austausch in der Klasse
◆ In der Klasse werden jetzt einzelne Ergebnisse vorgetragen und die Aspekte auf der Basis der Untersuchungsergebnisse der Schüler weiter bearbeitet.

8.4 Anwendungsmöglichkeiten im Fachunterricht

Biologie oder Sport, Theorie

♦ Gesundheitserziehung: Ernährung

Deutsch/Geschichte/Fremdsprachen/Politik

♦ zu Personen, die vorbildliche Eigenschaften haben oder vorbildliches Verhalten gezeigt haben

Religion

♦ Denken und Leben eines Theologen, etwa von Dietrich Bonhoeffer

Philosophie

♦ eine ethische Theorie, etwa die von Albert Schweitzer

8.5 Übung

Füllen Sie die Struktur des Rechten Winkels zu folgendem Gedicht[1] von Irmela Brender aus:

Ein Kind braucht seine Ruhe,
die Kleider und die Schuhe,
die Mahlzeit und den Raum,
Wiese, Luft und Baum.

Ein Kind braucht gute Schulen
und auch mal Schlamm zum Suhlen
und oft ein gutes Wort
und Freunde hier und dort.

Ein Kind braucht sehr viel Freunde
und gute Nachbarsleute
Lust auf den nächsten Tag
und jemand, der es mag.

[1] Vgl. Haas, 1997, S. 60.

Unsere Lösungsvorschläge finden Sie in Kap. VII.

9 Das Denken auf verschiedenen kognitiven Ebenen anleiten

Sie haben in den vorangehenden Ausführungen viele verschiedene grafische Strukturierungen kennen gelernt und bestimmt die eine oder andere Einsatzmöglichkeit im eigenen Unterricht entdeckt. Vielleicht haben Sie dabei daran gedacht, die Visualisierung in einem anderen Zusammenhang einzusetzen, als wir es hier vorgestellt haben. Das ist sehr gut, denn auch für grafisches Strukturieren gilt, dass Sie letztlich der Unterrichtsprofi sind und genau wissen, was für Ihren Unterricht und Ihre Schüler bedeutsam und wirksam ist. Und grafische Strukturierungen sind eben keine starren unveränderbaren Unterrichtsinstrumente, sondern im Gegenteil höchst flexibel und variabel einsetzbar. Sie können, wenn die Schüler mit ihnen vertraut sind, an die jeweiligen inhaltlichen Fragestellungen angepasst werden.

W-Fragen-Uhr, Bloomsche Taxonomie

Wie diese Anpassung erfolgen kann, möchten wir Ihnen im Folgenden an zwei Beispielen vorstellen. Zunächst werden wir demonstrieren, wie aus dem Word Web eine W-Fragen-Uhr wird, mit der Sie die Fragehaltung Ihrer Schülerinnen und Schüler fördern oder auch die Arbeit mit Texten intensivieren können. Ebenfalls am Word-Web werden wir zeigen, wie Sie durch Fragen auf verschiedenen Ebenen – entsprechend den Ebenen der Bloomschen Taxonomie – gezielt verschiedene kognitive Operationen bei Ihren Schülerinnen und Schülern anregen können.

9.1 W-Fragen-Uhr

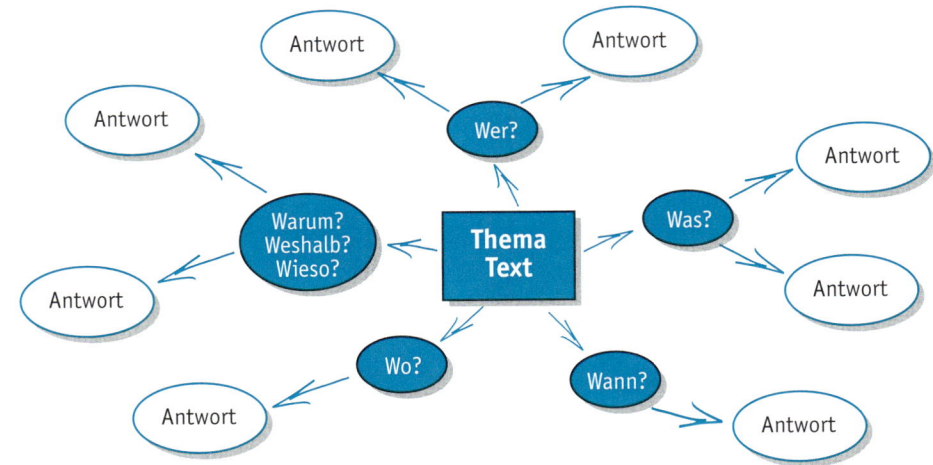

Abb. 50: W-Fragen-Uhr

9.1.1 Szenario

In einer dritten Grundschulklasse in Elmsholm liest die Lehrerin Eva Möllers die Erzählung „Pelle zieht aus" von Astrid Lindgren vor.[1] In dieser kurzen Geschichte zieht Pelle, der von seinem Vater zu Unrecht beschuldigt worden ist, in die Gartenhütte. Dort schließt er sich ein und will nicht mehr herauskommen, hält es aber nicht sehr lange allein in der verschneiten Hütte aus. Pelle läuft unter einem Vorwand zurück zum Haus bis an die Küchentür. Seine Mutter bittet ihn, er möge doch wieder ins Haus ziehen. Zunächst bleibt er aber hart. Erst als sie sagt, dass sie um Pelle weinen werden, entschließt er sich, wieder nach Hause zu kommen.

Alle 23 Schülerinnen und Schüler sitzen auf dem Boden im Halbkreis vor der Lehrerin. Sie hören der wunderbaren, mitunter etwas traurigen Erzählung gespannt zu. Als die Geschichte zu Ende ist, sind einzelne Kinder sichtbar gerührt. Zunächst fordert Eva Möllers ihre Schüler auf, die Geschichte noch einmal mit eigenen Worten zu erzählen und dabei auch die Reihenfolge einzuhalten. Anschließend leitet sie zu einem Gespräch in der Klasse über. Sie stellt Fragen wie „Warum ist Pelle ausgezogen?", „Wieso sind die Eltern traurig?", „Warum hat der Vater Pelle zu Unrecht beschuldigt?". Nach dieser ersten Gesprächsrunde haben viele der Kinder ihre Betroffenheit äußern können und auch die eigenen kleinen Ängste und Sorgen zur Sprache gebracht.

Jetzt gehen sie wieder an ihre Tische. Eva Möllers erklärt, dass die Schüler gleich die bereits bekannte W-Fragen-Uhr anlegen.[2]

[1] Lindgren, 1985, S. 7-13.

[2] Für fachliche Hinweise bedanken wir uns bei Birgit Reinhold-Becker, Gevelsberg.

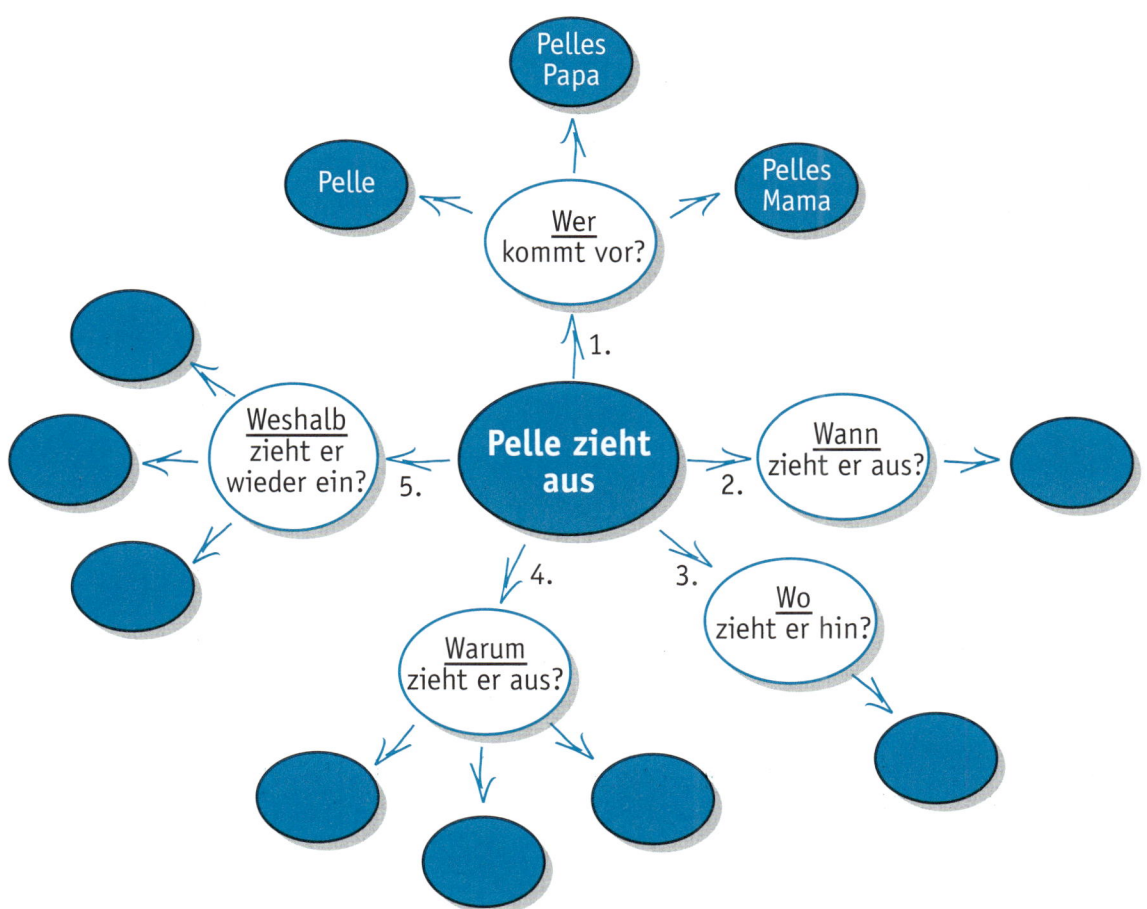

Abb. 50: W-Fragen-Uhr zu „Pelle zieht aus"

Die Kinder erhalten eine vorbereitete W-Fragen-Uhr auf einem DIN-A3-Blatt. Dort ergänzen sie die Fragesätze in die noch leeren Kreise und schreiben daran ihre Antworten. Eva Möllers geht zwischen den Tischen umher, setzt sich zu einzelnen Schülern, gibt mitunter einige Hinweise. Die Schülerinnen und Schüler der 3. Klasse haben sichtbar Freude daran, ihre Antworten auf die Fragen in die W-Fragen-Uhren einzutragen.

Wer mit seinem Ergebnis fertig ist, steht auf und wartet, bis ein weiterer Schüler fertig ist. Beide treffen sich an einem ihrer Tische und vergleichen ihre Ergebnisse. Einzelne Schüler gehen anschließend zu Frau Möllers und zeigen ihr die Arbeitsergebnisse.

Die Lehrerin erklärt uns, dass die Schüler schon länger mit W-Fragen arbeiten, z.B. im Erzählkreis am Montag oder nach den Ferien. So lernen die Kinder ihr mündliches Sprachhandeln so zu gestalten, dass die Zuhörer grundlegende Informationen erhalten. Aber erst in der 3. Klasse werden diese Grundlagen für schriftliche Erzähl- und Berichtsvorgänge systematisch eingeführt und auch visualisiert, um den Schreibprozess zu steuern. Die W-Fragen-Uhr sei hier ein sehr hilfreiches Instrument, das auch die Schüler gerne nutzen.

9.1.2 Wozu dient die W-Fragen-Uhr?

Viele Erzählungen, Sachtexte oder auch die in einem Schulfilm vorgestellten Sachzusammenhänge weisen eine recht komplexe Struktur auf. Sie verbinden aufzählende Informationen mit der Darstellung von Zusammenhängen und Abläufen oder argumentieren gleichzeitig. Die Erschließung solcher Inhalte bereitet gerade den Schülerinnen und Schülern in den unteren Jahrgangsstufen erhebliche Schwierigkeiten, denn die notwendige selbständige Systematisierung und Analyse der Struktur stellt in der Regel eine große Hürde dar. Es bietet sich an, solche Texte mit Hilfe einer W-Fragen-Uhr zu erschließen. Hier wird der Blick der Schülerinnen und Schüler durch die vorgegebenen W-Fragen gelenkt. Sie suchen gezielt nach Antworten, die sie auf die W-Fragen geben können.

Mit der W-Fragen-Uhr kann sowohl der Inhalt literarischer Texte als auch der von Sachtexten erschlossen werden. Gleichzeitig werden so die Ergebnisse der Textarbeit übersichtlich und geordnet dargestellt. Daneben lernen die Schülerinnen und Schüler, Fragen an einen Text oder Sachzusammenhang zu richten. Dies ist eine unabdingbare Voraussetzung für den Erwerb von Lesekompetenz.

9.1.3 Was sich bewährt hat

◆ Wenn die W-Fragen-Uhr in der Grundschule oder der Klasse 5 eingeführt wird, können Sie sich zunächst auf die vier Grundfragen (Wer, Was, Wann, Wo) beschränken.

◆ Jüngere Schülerinnen und Schüler mögen es, wenn die W-Fragen-Uhr auf einem Arbeitsblatt als große Uhr oder Wecker vorgezeichnet ist und die einzelnen Fragen und Ergebnisse gewissermaßen in das Ziffernblatt eingetragen werden.

◆ In fortgeschrittenen Lerngruppen entscheiden Sie, ob Sie die W-Fragen konkret vorgeben oder die Schülerinnen und Schüler ausgehend von den Fragepronomen ihre eigenen Fragen entwickeln.

◆ Anstatt mit W-Fragen können Sie auch mit einer Sammlung von Fragestämmen arbeiten, die sie den Schülerinnen und Schülern an die Hand gegeben haben.[1]

9.2 Gezielt kognitive Operationen anregen: Bloomsche Taxonomie

Im Vergleich zu anderen Lehrzielen ist die Vermittlung von Wissen relativ einfach und der Lehrerfolg unkompliziert zu überprüfen. Dies führt dazu, dass die Wissensvermittlung auch im Unterrichtsalltag einen großen Stellenwert hat. Allerdings steht die reine Wissensvermittlung nicht immer im angemessenen Verhältnis zu ihrer Nützlichkeit bzw. ihrer Bedeutung für die Entwicklung unserer Schülerinnen und Schüler. Vor diesem Hintergrund hat Benjamin Bloom mit seinen Mitarbeitern eine Unterscheidung unterschiedlicher Formen des Denkens entwickelt.[2] Das von Bloom als Stufung kognitiver Lernziele entwickelte Unterrichtsinstrumentarium erleichtert die Berücksichtigung unterschiedlicher Dimensionen und Niveaus des Denkens im Schulalltag.

[1] Vgl. Brüning, 2006 a, S. 48.

[2] Vgl. Jank/ Meyer, 1994, S. 305f.

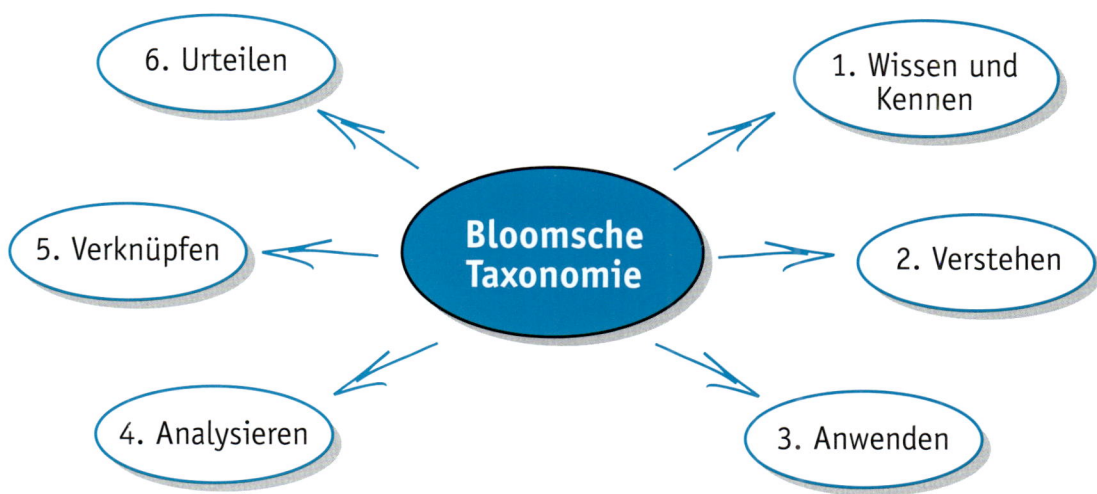

Abb. 52: Bloomsche Taxonomie

Ursprünglicher Ordnungsgesichtspunkt bei der von Benjamin Bloom und seinen Mitarbeitern erstellten kognitiven Taxonomie ist die Komplexität. Die Lernziele einer bestimmten Ebene bauen auf die Lernziele der vorhergehenden Stufen auf. Innerhalb der jeweils höheren Ebene sind also die jeweils niedrigeren Leistungen integriert. Nehmen wir einmal an, Ihre Schüler sollen im Rahmen einer Unterrichtseinheit lernen, Lebensläufe für Bewerbungen zu schreiben. In der Bloomschen Taxonomie bedeutet das: Nur wer über die Kenntnisse verfügt (Ebene 1: Wissen), was zu einem vollständigen Lebenslauf gehört, kann auch einzelne Aspekte des Lebenslaufs erklären (Ebene 2: Verstehen) oder einen eigenen Lebenslauf zielgerichtet schreiben (Ebene 5: Synthese).[1] Im Folgenden stellen wir die sechs von Bloom unterschiedenen kognitiven Anforderungen bzw. Denkleistungen vor. Dabei werden wir am Beispiel „Lebenslauf anfertigen können" aufzeigen, welche Leistungen die Schüler zeigen, wenn sie die jeweilige kognitive Anforderung im Unterricht erbringen.

Sechs unterschiedliche kognitive Anforderungen nach Bloom

Wissen und Kenntnisse aktivieren

Von Wissen wird gesprochen, wenn die Schüler sich an Ereignisse, Sachverhalte, Fakten oder Prozeduren erinnern können. Um Wissen zu überprüfen, können Sie im Unterricht Ihre Arbeitsaufträge mit Hilfe der folgenden Verben formulieren: beschreibe, bezeichne, liste auf, benenne, skizziere, erzähle, erinnere dich.

Beispiel: *Die Schüler können die Angaben nennen, die ein Lebenslauf enthalten sollte.*

Verständnis anregen

Verständnis ist da, wenn die Schüler in der Lage sind, Ereignisse oder Sachverhalte wiederzugeben, zu durchschauen, zu erklären, zusammenzufassen und Hauptgedanken zu benennen, ohne sie unbedingt mit anderem Material oder Themen in Beziehung zu setzen bzw. solche Beziehungen zu erkennen.

Um Verständnis anzuregen, wählen Sie im Unterricht vielleicht die folgenden Formulierungen: formuliere neu, nenne die Kernidee, erkläre, führe weiter aus, verallgemeinere, gib ein Beispiel, fass zusammen.

Beispiel: *Die Schüler können darlegen, warum bestimmte Angaben im Lebenslauf enthalten sein müssen.*

Wissen anwenden können

Wenn die Schüler Kenntnisse oder Einsichten auf andere Ergebnisse oder Sachverhalte übertragen können, dann kennen sie nicht nur allgemeine Ideen, Regeln über Prozeduren, technische Prinzipien oder Theorien, sondern können diese auch in neuen Situationen anwenden. Wer sein Wissen nicht anwenden kann, besitzt nur träges Wissens, das er lediglich wiedergeben kann; erst wenn man in der Lage ist, es in neuen Situationen und Zusammenhängen anzuwenden, ist es intelligentes Wissen.

---

[1] Bloom hat seine Taxonomie hierarchisch aufgebaut. Die Komplexität der Lernziele wird seiner Ansicht nach zunehmend größer. Dieser Aspekt seiner Taxonomie ist von verschiedenen Seiten einer Kritik unterzogen worden. „Was die hierarchische Organisation der Lernziele anbelangt, so ist sie vor allem bei den höchsten Kategorien in Zweifel gezogen worden." (Helmke, 2003, S. 21) Denn je nach inhaltlichem Niveau kann etwa eine Analysefrage eine komplexere Leistung verlangen als eine einfache Einschätzungsfrage.

Um die Anwendung anzuregen, wählen Sie bei Ihren Fragen folgende Formulierungen: wende an, mache Gebrauch von, entwickle, experimentiere mit.

Beispiel: *Die Schüler können ihren eigenen Lebenslauf schreiben und dazu Angaben zusammenstellen, niederschreiben und formale Vorgaben beachten.*

Analysieren können

Das Zerlegen von Informationen in ihre grundlegenden Elemente oder Teile wird als Analyse bezeichnet. Die Schüler können also Strukturen durchschauen, die Elemente identifizieren und die Beziehungen zwischen ihnen erkennen.

Um die Analyse anzuregen, wählen Sie bei Ihren Fragen folgende Formulierungen: analysiere, erstelle ein Strukturnetz, untersuche, unterscheide, differenziere, folgere, interpretiere, zeige Beziehungen, wähle aus, trenne, unterteile.

Beispiel: *Die Schüler können aus einem Lebenslauf überflüssige Angaben heraussuchen.*

Synthese anregen

Die Schüler können Ereignisse oder Sachverhalte miteinander verknüpfen. Dazu ordnen Sie ihr Wissen neu, bilden neue Muster und Strukturen, die vorher nicht in der Form vorhanden waren.

Um die Synthese anzuregen, wählen Sie bei Ihren Fragen folgende Formulierungen: kombiniere, verfasse, arbeite Alternativen aus, entwirf, generiere, organisiere, plane, ordne neu.

Beispiel: *Die Schülerinnen und Schüler können ihren Lebenslauf auf eine bestimmte Stellenausschreibung hin planen und niederschreiben.*

Kriteriengeleitet urteilen

Wenn Bloom davon spricht, dass die Schüler urteilen können, dann meint er, dass sie auf der Grundlage von ausdrücklich benannten oder thematisierten Kriterien bestimmte Sachverhalte oder Ereignisse einschätzen können. Für ihre Beurteilung greifen die Schüler also auf eine Bewertungsnorm zurück, wobei die Kriterien von ihnen selbst bestimmt oder vorgegeben worden sein können.

Um das kriteriengestützte Urteilen anzuregen, wählen Sie bei Ihren Fragen folgende Formulierungen: beurteile, setze dich auseinander mit, kritisiere, schätze ein.

Beispiel: *Die Schüler können überprüfen, ob ein ihnen vorgelegter Lebenslauf inhaltlich und formal korrekt abgefasst ist.*

9.2.1 Word Web und Bloomsche Taxonomie

Mit Hilfe des Ansatzes von Bloom lässt sich eine Unterscheidung einzelner Denkleistungen vornehmen. Mit dieser Unterscheidung können Sie an bestimmten Stellen im Unterricht den Lernprozess Ihrer Schülerinnen und Schüler lenken, indem Sie Frage- und Problemstellungen wählen, die eine bestimmte kognitive Leistung verlangen.

Wenn wir die Schülerinnen und Schüler zum eigenverantwortlichen und zunehmend reflektierten Lernen anleiten wollen, dann können wir die Differenzierung verschiedener kognitiver Leistungen transparent machen und am konkreten Beispiel zeigen. Dazu bietet sich die Kombination eines Word Webs mit den kognitiven Kategorien Blooms an. In gleicher Weise, wie W-Fragen den Lernprozess auf der Wissensebene steuern können, können jetzt die Teilaufgaben entsprechend der Bloomschen Taxonomie formuliert werden und das Denken auf verschiedenen kognitiven Stufen steuern.

Sehen Sie sich dazu einmal das folgende Word Web an. Die Fragen sind entsprechend der Bloomschen Taxonomie formuliert. Den dazugehörigen Text finden Sie in der Übung 9.2.3. Wir haben das Word Web in einer Fortbildung eingesetzt. Dazu haben die Teilnehmer einen Textauszug aus dem Bericht zu PISA 2003 gelesen. So konnten wir sie anregen, mit Hilfe der grafischen Struktur den Text auf verschiedenen Ebenen zu erschließen und eine vielfältige und konstruktive Weiterarbeit vorbereiten. Das Word Web bietet durch seine Kreisform während des ganzen Prozesses die Möglichkeit, die Antworten zu ergänzen, wenn weitere Hinweise dazu im Text gefunden werden. Wenn Fragen linear bearbeitet werden, dann ist es allein schon aus Platzgründen schwierig, auf eine bereits beantwortete Frage zurückzukommen. Da man nicht wissen kann, wie viel Platz man nach einer Frage lassen soll. Das Word Web kann sich im Laufe der Textarbeit nach allen Seiten hin langsam entfalten. Dies entspricht dem Denkprozess, der sich beim Lesen eines Textes vollzieht und der auch nicht linear verläuft.

Abb. 53: Word Web-Vorlage „Lesekompetenz".

9.2.2 Wie arbeiten Schüler mit der Bloomschen Taxonomie?

Wenn Sie mit Ihren Schülerinnen und Schülern im Unterricht arbeiten, können Sie in gleicher Weise vorgehen, wie in der beschriebenen Fortbildung: Entwickeln Sie sechs Fragen auf den sechs Ebenen der Bloomschen Taxonomie zu einem Text, den Sie im Unterricht behandeln möchten. Oder regen Sie Ihre Schülerinnen und Schüler an, über bisherige Unterrichtsgegenstände rückblickend nachzudenken und formulieren Sie zu jeder Denkleistung je eine Frage. Schreiben Sie dann die sechs Fragen in der Struktur des Word Webs an die Tafel oder auf Folie. Fordern Sie die Schüler auf, ein DIN-A3-Blatt zu nehmen, das Word Web darauf zu übertragen und die Antworten an die entsprechenden Kreise zu notieren und diese wieder einzukreisen. Sollten Sie im Unterricht nur wenig Zeit haben, können Sie auch ein entsprechendes Arbeitsblatt vorbereiten, bei dem die Schüler das Word Web durch eigene Antworten vervollständigen.

Im Sinne einer Bewusstwerdung möglicher Strategien zum Verstehen und zur Durchdringung von Sachverhalten ist es langfristig sinnvoll, die Schülerinnen und Schüler über die verschiedenen kognitiven Anforderungen zu informieren und den selbständigen Umgang damit anzubahnen. Dies erreichen Sie zum Beispiel dadurch, dass Sie die Schüler auffordern, selbst jeweils eine Frage oder Aufgabe zu jedem Anforderungsbereich zu formulieren.

9.2.3 Übung: Gezielt kognitive Operationen anregen

Im Folgenden haben wir einen kurzen Auszug aus der PISA-Studie des Jahres 2003 ausgewählt. Wenn Sie möchten, können Sie sich mit Hilfe der oben genannten Fragen mit den Aussagen des Textes auseinandersetzen und dazu ein Word Web erstellen.

◆ Lesen Sie den Text in Ruhe.

◆ Legen Sie dann ein Word Web an, am besten auf einem Bogen DIN-A3-Papier. Übertragen Sie die Fragen und Aufgaben von Abb. 53 und ergänzen die grafische Struktur mit Ihren Antworten.

Zusammenfassung zur Lesekompetenz aus der PISA-Studie 2003

Die Ergebnisse zur Lesekompetenz in PISA 2000 haben die Öffentlichkeit erschüttert. Sie belegten, dass Deutschland nicht nur - wie bereits 1997 durch TIMSS festgestellt - im mathematischen und naturwissenschaftlichen Bereich problematische Bildungsergebnisse erzielt, sondern auch im Bereich des Leseverständnisses. (...) Vergleicht man die Testleistungen in 2000 und 2003 anhand der gemeinsamen Aufgaben, dann erreicht Deutschland nun einen höheren Punktwert. Der Unterschied ist jedoch gegenüber PISA 2000 nicht signifikant. Die empirisch zulässige Aussage lautet daher: Die Lesekompetenz liegt 2003 auf dem gleichen Niveau wie in PISA 2000. (...)

Bei einer detaillierten Betrachtung der deutschen Ergebnisse sind auch in PISA 2003 dieselben Probleme zu erkennen wie in PISA 2000: Die Lesekompetenz streut in Deutschland stärker als in anderen Ländern, der Vorsprung der Mädchen vor den Jungen bleibt unverändert, die Anteile von Schülerinnen und Schülern, die aufgrund ihrer Lesekompetenz äußerst schlechte Voraussetzungen für eine Bildungs- und Berufskarriere mitbringen, bewegen sich in der gleichen Größenordnung wie 2000. Gerade dieser letzte, stabile Befund, der für fast ein Viertel der Jugendlichen - und für ein funktionierendes Gemeinwesen wie eine konkurrenzfähige Wirtschaft - erhebliche Probleme vorhersagt, gibt weiterhin Anlass zur größten Besorgnis. (...)

Besondere Aufmerksamkeit ist dabei auf die Schulformen zu richten, in denen die Anteile schwacher Leserinnen und Leser besonders groß sind. Dabei ist auch der Befund zu berücksichtigen, dass beispielsweise in Hauptschulen einige sehr gute und im Gymnasium einige schwache Leserinnen und Leser anzutreffen sind. Damit bleibt das Umgehen mit heterogenen Lernvoraussetzungen eine wichtige Herausforderung für unser Schulsystem.

Bei Maßnahmen zur Leseförderung wird auch in Zukunft weiter zu berücksichtigen sein, dass sich der Unterricht in beinahe allen Fächern um eine bessere Förderung des Leseverständnisses bei unterschiedlichen Textsorten und -inhalten auf unterschiedlichen Anforderungsniveaus bemühen muss. Eine Schwierigkeit bei Maßnahmen zur breiten Leseförderung besteht sicher darin, dass nicht eine Gruppe von Fachlehrkräften erreicht werden muss, sondern in gewisser Weise die gesamten Kollegien. (...)[1]

Unsere Lösungsvorschläge finden Sie in Kap. VII.

TIPP!

Wenn Sie in Ihrem Kollegium zum Bereich Lesekompetenz arbeiten, können Sie diese Übung - vielleicht auch mit einem anderen Text aus Ihrem Fach - mit Fachkollegen durchführen. Vergessen Sie dabei nicht das abschließende Auswertungsgespräch, in dem Sie die Teilnehmer einladen, möglichst über die eigenen Erfahrungen bei der Umsetzung zu berichten. In der Regel sind die Teilnehmer selbst überrascht, wie intensiv die persönliche Auseinandersetzung mit dem Text ist. Das ist nach unserer Beobachtung bei Schülern häufig nicht anders.

[1] Aus: PISA-Konsortium Deutschland (Hrsg.), 2004, S. 108f.

Grafische Strukturen einschätzen und beurteilen

Damit Schülerinnen und Schüler gute grafische Strukturen erstellen können, müssen sie die Merkmale einer gelungenen Struktur kennen. Und auch Sie als Lehrer wollen die Qualität der grafischen Strukturen Ihrer Schüler einschätzen und beurteilen. Wie man dabei vorgehen kann, ist Thema dieses Kapitels. Wir wollen Ihnen hier ein Verfahren vorstellen, mit dem Sie Beurteilungsraster zur Einschätzung der Qualität grafischer Strukturen erstellen können und Ihnen anhand von zwei Beispielen zeigen, wie Sie mit ihnen arbeiten können. Die Einschätzung mit diesen Rastern kann sowohl von Schüler- als auch von Lehrerseite erfolgen.

Grundsätzlich gibt es bei grafischen Strukturierungen zwei Grobkategorien der Einschätzung und Bewertung:

1. Inhaltliche Qualität der Ergebnisse
2. Angemessene Form der Darstellung

Diese beiden Kategorien sind allerdings sehr offen und müssen in präzisen Kriterien und Indikatoren konkretisiert werden, die festlegen und transparent machen, welche Leistung von den Schülerinnen und Schülern genau erwartet wird und wie die Lösungsqualität bewertet werden soll.

Um die Qualität einer grafischen Struktur einschätzen zu können, braucht man also Beurteilungskriterien. Diese Kriterien müssen in Indikatoren konkretisiert werden. Diese benennen konkret und beobachtbar, woran man sehen kann, dass ein Kriterium erfüllt ist.

> **Kriterien: allgemeine Maßstäbe zur Beurteilung**
>
> **Beispiel für Kriterien: grafische Gestaltung**
>
> **Indikatoren: Sie benennen konkret und beobachtbar, woran man erkennt, ob das Kriterium erfüllt ist.**
>
> **Beispiel für Indikatoren: Ob das Kriterium grafische Gestaltung erfüllt ist, erkennt man z.B. daran, ob die Kästchen eingerahmt sind, die Schrift leserlich ist und die Anordnung übersichtlich ist.**

Im Folgenden wird nun ein Verfahren zur Gewinnung von Kriterien und Indikatoren vorgestellt. Entscheidend ist, dass bei diesem Verfahren die Schülerinnen und Schüler beteiligt werden. Dadurch wird sichergestellt, dass sie wissen, was man unter den jeweiligen Kriterien und Indikatoren versteht. Wenn man ihnen einfach welche vorgibt, dann - so haben wir die Erfahrung gemacht - wenden die Schüler sie nur in geringem Maße an, denn sie haben sie nicht verinnerlicht und folgen ihren bisherigen Mustern. Daher müssen die Kriterien und Indikatoren nach der gemeinsamen Gewinnung auch immer wieder angewendet werden.

1 Die Entwicklung der Kriterien und Indikatoren

Das Verfahren zur Gewinnung von Kriterien und Indikatoren, das wir Ihnen empfehlen wollen,[1] beginnt, indem das Ziel festgelegt wird. Nehmen wir als Beispiel die Frage: Wie sieht eine gelungene Concept Map aus, mit der man einen komplexen Zusammenhang darstellen kann? Um den Schülern einen Begriff davon zu geben, was eine gute Concept Map ist, bietet es sich an, ihnen zunächst ein Modell zu zeigen. Anhand des Modells können die Schüler dann die Qualitätsmerkmale in mehreren Schritten herausarbeiten. Zuerst sammeln sie alle Merkmale der Concept Map und schreiben jedes Merkmal auf einen eigenen Zettel. Dann ordnen sie die Merkmale und versuchen übergeordnete Kriterien zu bilden. Jedem Kriterium ordnen sie anschließend Indikatoren zu. Die Einrahmung der Kästchen, die Leserlichkeit der Schrift und die übersichtliche Anordnung sind bei der Concept Map z.B. Indikatoren für das Kriterium „grafische Gestaltung".

---

[1] Kennen gelernt haben wir dieses Konzept in einem Workshop der kanadischen Trainerinnen Anne Marie Laginski und Rosemarie Lloyd in der Internationalen Sommerakademie im Landesinstitut für Schule in Soest vom 6.-11.8.2000 und in der Sommerakademie an der Gesamtschule Haspe vom 28.-30.6.2001.

Achtung!

Widerstehen Sie der Versuchung, den Schülern die Kriterien und Indikatoren einfach vorzugeben – scheinbar spart man Zeit, aber die Ergebnisse werden nicht Ihren Erwartungen entsprechen.

Der letzte Schritt besteht dann darin, daraus eine Tabelle zu entwickeln, in der in der linken Spalte die Kriterien stehen, denen die jeweiligen Indikatoren zugeordnet sind. Bei der Auswahl der Indikatoren gibt es zwei Möglichkeiten. Entweder benennen Sie konkret immer die Indikatoren, die für eine bestimmte Notenstufe erreicht werden müssen. Oder Sie benennen nur den Indikator für eine gelunge-

ne Struktur und dann müssen die Schüler bzw. Sie selbst einschätzen, wie dieser Indikator erfüllt worden ist.

Für beide Möglichkeiten stellen wir jeweils ein Beispiel vor. Für die Concept Map zeigen wir Ihnen ein Raster, das für jede Notenstufe die Indikatoren jeweils genau benennt (vgl. Abb. 55). Am Beispiel der Zeitleiste stellen wir Ihnen ein Raster vor, bei dem, jeweils nur der Indikator angegeben ist, der für die Bestnote erreicht werden muss und wo je nach Mängeln dann ggf. Abzüge festgelegt werden müssen (vgl. Abb. 56).

In dem folgenden Sequenzdiagramm ist der Ablauf der Entwicklung von Kriterien und Indikatoren noch einmal Schritt für Schritt dargestellt:

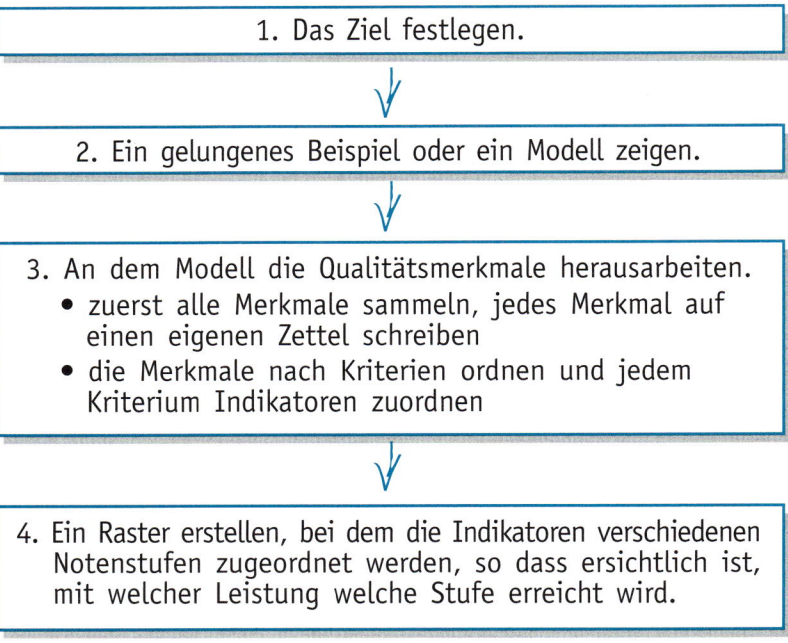

Abb. 54: Die Entwicklung von Kriterien und Indikatoren

1.1 Ein Beurteilungsraster für Concept Maps[1]

In dem vorliegenden Raster sind Kriterien und Indikatoren festgelegt, mit denen die Stärken und Schwächen einer Concept Map eingeschätzt werden können. Das hier vorgestellte Beurteilungsraster ist sehr differenziert und kann auch mit Schülerinnen und Schülern ein-

facher gestaltet werden. Wenn Sie eine Concept Map mit dem Raster bewerten wollen, müssen Sie vorher festlegen, in welcher Gewichtung die einzelnen Kriterien in die Gesamtnote einfließen. Hier können keine allgemeinen Vorgaben gemacht werden.

[1] Vgl. Bennett/ Rolheiser, 2001, S. 292 und 294.

Note	5	4	3	2	1
Kriterien ↓	**Indikatoren** →				
Inhaltliche Richtigkeit und Angemessenheit	• unzureichende Anzahl ausgewählter Begriffe mit Bezug zum Thema • sehr viele sachliche Fehler • das Thema ist nicht benannt	• nur wenige, aber zutreffende Begriffe, weil Bezug zum Thema • viele sachliche Fehler • das Thema ist ungenau bezeichnet	• viele wichtige und zutreffende Begriffe • z.T. sachliche Fehler oder Ungenauigkeiten • die Begriffe sind weitgehend mit Bezug zum Thema	• die meisten Begriffe sind inhaltlich angemessen • wenige sachliche Fehler und Ungenauigkeiten • die meisten Begriffe sind mit Bezug zum Thema	• alle wichtigen Begriffe sind ausgewählt • keine sachlichen Fehler und Ungenauigkeiten • die Begriffe weisen klare Beziehungen zum Thema auf
Kennzeichnung der logischen Beziehungen (Beschriftung der Pfeile)	• die Pfeile sind nicht bzw. unzureichend beschriftet • fast alle Abfolgen von Begriffen sind unsachgemäß	• viele Pfeile sind nicht bzw. unzureichend beschriftet • die Beschriftungen sind teilweise falsch • die Abfolge von Begriffen ist nicht immer sachgemäß (z.B. Kausalketten)	• die meisten Pfeile werden bezeichnet • die Pfeile sind mitunter noch ungenau beschriftet • die Abfolge von Begriffen ist weitgehend sachgemäß	• die meisten Beziehungen werden logisch korrekt bezeichnet • fast alle Abfolgen von Begriffen sind völlig sachgemäß (z.B. Ober-/ Unterordnung)	• alle Beziehungen werden logisch korrekt bezeichnet • alle Abfolgen von Begriffen sind völlig sachgemäß
Querverbindungen	• Querverbindungen finden sich nicht	• nur vereinzelte Querverbindungen	• einige Querverbindungen werden verwendet, um direkte Beziehungen aufzuzeigen	• Querverbindungen werden verwendet, um differenzierte Beziehungen aufzuzeigen	• Querverbindungen zeigen differenzierte Beziehungen zwischen unterschiedlichen Bereichen der Concept Map
Grafische Gestaltung (Übersichtlichkeit)	• unleserliche Schrift • keine Einrahmungen der Begriffe • Verbindungen/ Pfeile fehlen • unübersichtliche und verwirrende Anordnung • fast nur zusammenhängende Textblöcke, statt grafischer Struktur • unsaubere Gesamterscheinung	• z.T. schlecht lesbare Schrift • wenige Einrahmungen • unvollständige Verbindungen/ Pfeile ohne Spitzen • z.T. unübersichtliche Anordnung • viele Textblöcke statt grafischer Struktur • z.T. unsauberer Gesamteindruck	• Schrift lesbar • Einrahmungen vorhanden und sauber • Pfeile nachvollziehbar • Anordnung nachvollziehbar • kaum Textblöcke • weitgehend sauberer Gesamteindruck	• Beschriftung waagerecht, gut lesbar • farbige Hervorhebungen und Einrahmungen • deutliche Pfeile • übersichtliche Anordnung/ Blattaufteilung • keine Textblöcke • insgesamt sauberer Gesamteindruck	• Schrift sehr gut lesbar • visuelle Hervorhebungen gelungen • Pfeile sauber gezeichnet, kontrastreiche Gestaltung • sehr übersichtliche Anordnung/ Blattaufteilung • nur zentrale Begriffe, kein Fließtext • insgesamt sehr saubere Darstellung

Abb. 55: Beurteilungsraster für Concept Maps

1.2 Ein Beurteilungsraster für Zeitleisten

─────────────────── **Ist deine Zeitleiste gut?** ───────────────────

ALLGEMEINE GESTALTUNG		NOTEN 1 - 2	NOTEN 3 - 4	NOTEN 5 - 6
Text-Bild	Kann der Betrachter leicht erkennen, welches Bild zu welchem Jahr und Text gehört?			
Sauberkeit	Ist das Papier der Zeitleiste sauber oder ist es verschmutzt, zerrissen oder verknittert?			
BEBILDERUNG		1 - 2	3 - 4	5 - 6
Verwendung von Bildern	• Sind Fotos aus jedem Lebensabschnitt dabei? • Wenn keine Fotos verwendet wurden: Sind Bilder gemalt?			
Sauberkeit	• Sind die Fotos oder Bilder sauber aufgeklebt, vielleicht eingerahmt?			
Verteilung der Bilder auf dem Bogen	• Wurden die Bilder gleichmäßig aufgeklebt/ verteilt? • Sind die Bilder in der Reihenfolge der Zeitleiste angeordnet?			
BESCHRIFTUNG		1 - 2	3 - 4	5 - 6
Jahreszahlen	• Sind die Jahreszahlen richtig eingetragen? • Sind sie sauber und lesbar?			
Beschriftung allgemein	• Ist die Überschrift der Zeitleiste passend? • Wie sind die Bilder beschriftet?			
Schrift	Ist die Schrift • deutlich, ausreichend groß? • mit einem lesbaren Stift (Farbe) geschrieben? • gerade geschrieben?			
Rechtschreibung	• Sind alle Wörter zu verstehen? • Sind die Wörter richtig geschrieben?			

Abb. 56: Beurteilungsraster für Zeitleisten

Aufgaben zur Selbsteinschätzung

1. Überprüft eure eigene Zeitleiste und überlegt, ob ihr wirklich die Untersuchungspunkte gut erfüllt habt. Ihr könnt jetzt noch Überarbeitungen vornehmen.

2. Anschließend könnt ihr in der entsprechenden Zeile mit Bleistift eintragen, welche Note ihr euch für den jeweiligen Aspekt eurer Arbeit gebt. Am Ende müsst ihr also in jeder Zeile an einer Stelle ein Kreuz gemacht haben.

3. Zum Schluss müsst ihr noch überlegen, welche Gesamtnote ihr euch selbst für eure Arbeit geben wollt. Wenn ihr nur in der Spalte „1-2" eure Kreuze gemacht habt, dann ist eure Zeitleiste bestimmt sehr gut oder gut. Wenn ihr aber vor allem in den anderen Spalten eure Kreuze gemacht habt, dann ist die Zeitleiste vielleicht nicht so gut gelungen und nur als ausreichend oder sogar als mangelhaft zu bewerten.

4. Gebt dann die Zeitleiste mit dem Beurteilungsbogen ab und ich werde einmal überprüfen, ob ich der gleichen Meinung bin wie ihr und anschließend eine „Lehrernote" geben.

2 Die Anwendung des Beurteilungsrasters

Wenn das Raster erstellt ist, sollte es zunächst gemeinsam an einem Beispiel angewendet werden. So werden die Schüler bei der Einschätzung sicherer, wann Indikatoren erfüllt sind und wann Mängel vorhanden sind. Hier entspannen sich häufig Gespräche, die noch anschaulicher machen, was mit einem Indikator gemeint ist. Durch diesen Prozess sind die Schüler dann in die Lage versetzt, auf der Grundlage des Beurteilungsrasters selbst eine solche grafische Struktur zu erstellen. Zunächst sollten die Produkte natürlich nicht bewertet werden. Die Einschätzung mit dem Raster dient nur dem Zweck zu erfahren, wo die Stärken und Schwächen der eigenen Arbeit liegen. Daher sollten die Schüler ihre grafischen Strukturen zunächst immer selbst mit dem Raster einschätzen. Dadurch lernen sie Verantwortung für das eigene Lernen zu übernehmen. Sie können gezielt ihre grafischen Strukturen verbessern und auch über einen längeren Zeitraum ihren Lernfortschritt erkennen. Neben der

Selbsteinschätzung bietet es sich an, dass die Schüler sich gegenseitig anhand des Rasters einschätzen. Dadurch wird der eigene Blick nicht selten korrigiert. Während des Prozesses muss aber auch der Lehrer die grafischen Strukturen der Schülerinnen und Schüler einschätzen, damit sie die Möglichkeit bekommen, ihre Selbsteinschätzung zu korrigieren. Ob daraufhin die grafische Struktur noch einmal überarbeitet werden soll, hängt auch von den zeitlichen Möglichkeiten ab. Die Schüler können aus den Rückmeldungen auch Vorsätze für die weitere Arbeit mit dieser Struktur gewinnen, indem sie sich einen Schwerpunkt für die nächste grafische Struktur setzen. Weil es meist eine Überforderung darstellt, an allen Kriterien gleichzeitig zu arbeiten, sollten sich gerade jüngere Schüler nur ein Kriterium vornehmen, bei dem sich Schwächen gezeigt haben und bei der nächsten Aufgabe besonders daran arbeiten.

In dem folgenden Sequenzdiagramm ist die Anwendung des Rasters noch einmal Schritt für Schritt dargestellt:

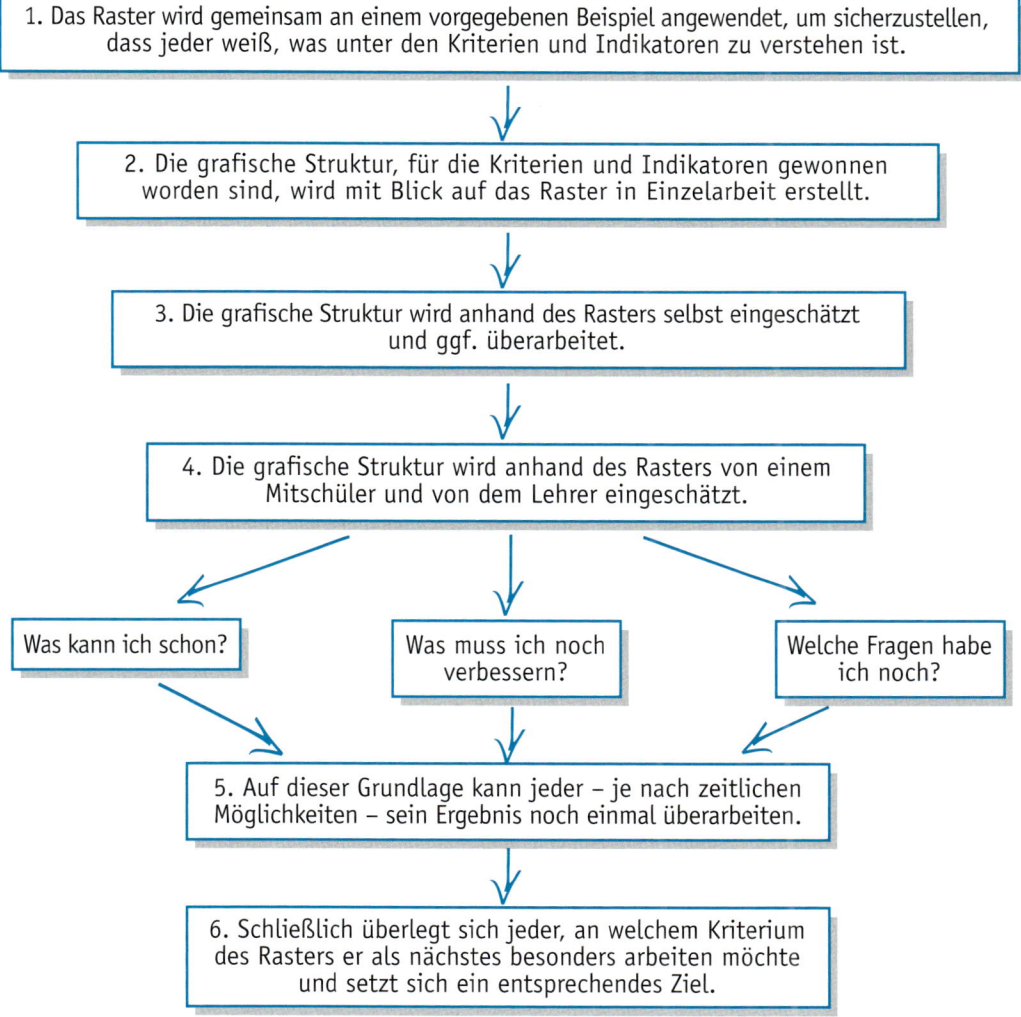

Abb. 57: Die Anwendung des Beurteilungsrasters

111

VI Projekte mit und um das grafische Strukturieren

Grafisches Strukturieren sollte nach unserer Ansicht zu einer schulischen Lern- und Lehrkultur gehören.[1] Ist dies der Fall, greifen Schüler wie selbstverständlich auf diese Instrumente des Lernens zurück und in vielen Unterrichtssituationen sind sie sichtbarer Ausdruck einer aktivierenden Didaktik, die langsam aber beharrlich den Unterricht verbessert.

Wenn Sie diesen Prozess unterstützen oder auch beschleunigen möchten, dann bietet es sich an, die Visualisierungskompetenzen Ihrer Schüler in die Öffentlichkeit Ihrer Schule zu rücken. So unterstreichen Sie die Bedeutung von Visualisierungen für das Lernen. Dazu möchten wir Ihnen zwei Beispiele aus unserem Schulalltag vorstellen.

1 Ein Wettbewerb

Wenn Ihre Schülerinnen und Schüler immer wieder Texte und Sachverhalte in grafischen Strukturierungen darstellen, dann bietet es sich an, innerhalb einer Jahrgangsstufe einen Wettbewerb zu veranstalten. Mit einem solchen Wettbewerb zeigen Sie zum einen, welche Kompetenzen in Ihrer Schule erworben werden, gleichzeitig aber sind die Schüler gehalten, einen bestimmten Unterrichtsgegenstand noch einmal in den Blick zu nehmen und in seiner Komplexität darzustellen. Und nicht zuletzt hat ein solcher Wettbewerb immer auch eine motivierende Funktion. Die Schüler strengen sich bei Ihren Visualisierungen besonders an, denn die besten Arbeiten werden prämiert.

Wir haben einen solchen Wettbewerb in der Oberstufe durchgeführt. Die Schüler in der Jahrgangsstufe 13 haben dazu aus einem Abiturfach einen größeren Sachzusammenhang aus einem Quartalsthema in einer komplexen Visualisierung zusammengefasst.

Ziele des Wettbewerbs

Der Wettbewerb dient...

◆ ... als Vorbereitung auf die Abschlussprüfung (Jg. 10 oder Abitur): Er soll anregen, relevante Stoffgebiete im Überblick darzustellen. Wenn dies in einer Klasse oder einem Kurs arbeitsteilig gemacht wird, kann mitunter der gesamte Stoff noch einmal visualisiert werden.

◆ ... der Vertiefung des Gelernten: Durch die grafische Darstellung wird manches noch besser verstanden und häufig kommen auch offene Fragen ans Licht.

◆ ... der nachhaltigen Verankerung der Bedeutung des grafischen Strukturierens: Kein modernes Unternehmen arbeitet heute ohne grafische Darstellungen. Durch den Wettbewerb soll die zentrale Bedeutung dieses Methodenbereiches noch einmal nachdrücklich vor Augen geführt werden und als Werkzeug für eine vielleicht bevorstehende Ausbildung oder ein Studium ins Bewusstsein gerückt werden.

◆ ... dazu, einen Anreiz zu geben, dass die Schülerinnen und Schüler ihre Kompetenz im grafischen Strukturieren zur Blüte bringen und ein „Meisterstück" anfertigen.

Begleitung im Unterricht

Bei den von uns durchgeführten Wettbewerben können die Schülerinnen und Schüler sich ein Fach aussuchen, in dem sie ihren Wettbewerbsbeitrag gestalten. Bei unserem Wettbewerb in der Jahrgangsstufe 13 war es allerdings Bedingung, dass ein Abiturfach gewählt wurde. Denn schließlich sollte die Visualisierung auch der Abiturvorbereitung dienen. In dem Prozess der Anfertigung werden die Schülerinnen und Schüler von den Lehrern des gewählten Faches bei fachlichen Rückfragen begleitet. Die Fachlehrer sollten also bei Sachfragen, die die Schüler während der Anfertigung entdecken, Hilfestellung leisten. So bekommt der Lehrer gleichzeitig eine Rückmeldung, welche Inhalte noch nicht ganz verstanden worden sind und kann diese im Unterricht noch einmal mit allen thematisieren. Die eigentliche Anfertigung der Visualisierungen leisten die Schülerinnen und Schüler außerhalb des Unterrichts.

Da der Schwerpunkt des Projektes auf der eigenständigen Darstellung der Struktur eines bereits behandelten Themengebietes aus dem Unterricht liegt, muss der Fachlehrer den

---

[1] Dazu sind Fortbildungen sehr hilfreich. Wir haben dazu z.B. über mehrere Jahre immer wieder Fortbildungen an unserer Schule durchgeführt, so dass heute viele Schülerinnen und Schüler unserer Schule mit ganz unterschiedlichen Visualisierungen arbeiten können.

Schülerinnen und Schülern keine besonderen Materialien (Texte, Bücher etc.) zur Verfügung stellen. Im Gegenteil, es reicht aus, wenn auf das im Unterricht erarbeitete Wissen und die entsprechenden Heftaufzeichnungen und Schulbücher verwiesen wird.

Die Aufgaben der Schüler bei dem Projekt

Die Schüler sprechen ihre Fachlehrer an, in deren Fach sie die Strukturdarstellung anfertigen wollen und bitten um Gelegenheit, bei konkreten Einzelfragen den Fachlehrer um Rat fragen zu können und die Arbeit im Bereich „Sonstige Mitarbeit" zu berücksichtigen.

Die Schüler sind gehalten, jeder Strukturdarstellung eine Erläuterung beizugeben, in der die Wahl der Strukturierungsform begründet und die eigene Gestaltung kommentiert werden. Die Schüler sind für die Zeitplanung und die Organisation ihres Arbeitsprozesses selbst verantwortlich. Als Hilfe erhalten sie eine Übersicht (Checkliste, Abb. 58). Wenn die Schüler dem betreuenden Lehrer eine fertige Strukturierung in einem kleineren Format als Skizze vorgelegt haben, bekommen sie von der Schule einen großen Bogen Papier (DIN-A0), auf den sie die Skizze übertragen.

Als Bestandteil der Oberstufenkultur ist die Teilnahme am Projekt „Grafisches Strukturieren" für alle Schülerinnen und Schüler verpflichtend. Es hat sich bewährt, wenn ein Lehrer die Projektsteuerung übernimmt und die Schüler und Kollegen über das Projekt informiert, an Terminvorgaben erinnert, die Teilnahme koordiniert und prüft sowie für Rückfragen zur Verfügung steht. Die grafischen Strukturierungen werden von den Fachlehrern bewertet.

Bei unserem Oberstufenwettbewerb ermittelte eine Jury die besten Arbeiten, die dann der Öffentlichkeit präsentiert und mit einer Urkunde und einem Sachpreis ausgezeichnet wurden.

	Deutschunterricht	Fachunterricht
Dezember	Wiederholung der verschiedenen grafischen Strukturierungsmöglichkeiten	Bis Mitte Dezember: • Die Schüler sprechen die Fachlehrer an und stimmen Thema/ Fragestellung/ Bereich ab. • Rückmeldung an Projektleiter/ Klassenlehrer oder Beratungslehrer
Dezember/ Januar	Möglichkeit zu Rückfragen	Die Schüler haben die Möglichkeit ihren Fachlehrer bei Sachfragen anzusprechen. Sie geben ihm die Struktur auf einem DIN-A3-Papier ab und bekommen einen großen Bogen, auf den sie die Grafik übertragen.
Februar		Alle Arbeiten werden vor dem Halbjahreszeugnis abgegeben. Der Fachlehrer bewertet die Leistungen der Schüler; die Note fließt in den Bereich *Sonstige Mitarbeit* ein. Rückmeldung an die Projektleiter über Leistungen der Schüler.
März	• Auf Vorschlag von den Fachkollegen ermittelt eine Jury die besten Arbeiten. • Ausstellung in der Öffentlichkeit (z.B. in einer Buchhandlung) • Die ersten sechs Plätze erhalten einen Sachpreis und eine Urkunde fürs Portfolio.	

Abb. 58: Ablauf des Visualisierungswettbewerbs

113

2 Zeitleisten als Jahrgangsprojekt

Wir können immer wieder beobachten, dass es den Schülerinnen und Schülern schwer fällt in historischen Dimensionen zu denken und fächerübergreifend die Informationen zu den Epochen zu verbinden. Aus diesem Grund haben die Kollegen einer Schule in Hagen in der Oberstufe eine Zeitleiste eingeführt, die alle Schülerinnen und Schüler eines Jahrgangs bekommen.[1] Oben in diesem Strahl ist eine Zeitleiste von 1000 v. Chr. bis in die Gegenwart gezeichnet. In der linken Spalte sind die Fächer untereinander aufgeführt. In diese Form tragen die Schüler selbstständig oder auf Anregung ihrer Lehrer immer wieder zentrale Informationen über die verschiedenen Zeiten ein. Im Verlauf der Oberstufe erhalten sie so einen historischen Überblick über die in den Fächern behandelten Themen. Dadurch können sie ihr Wissen über die Fachgrenzen hinweg vernetzen. Gleichzeitig können sie auch erkennen, dass bestimmte Epochen selten im Unterricht vorkommen.

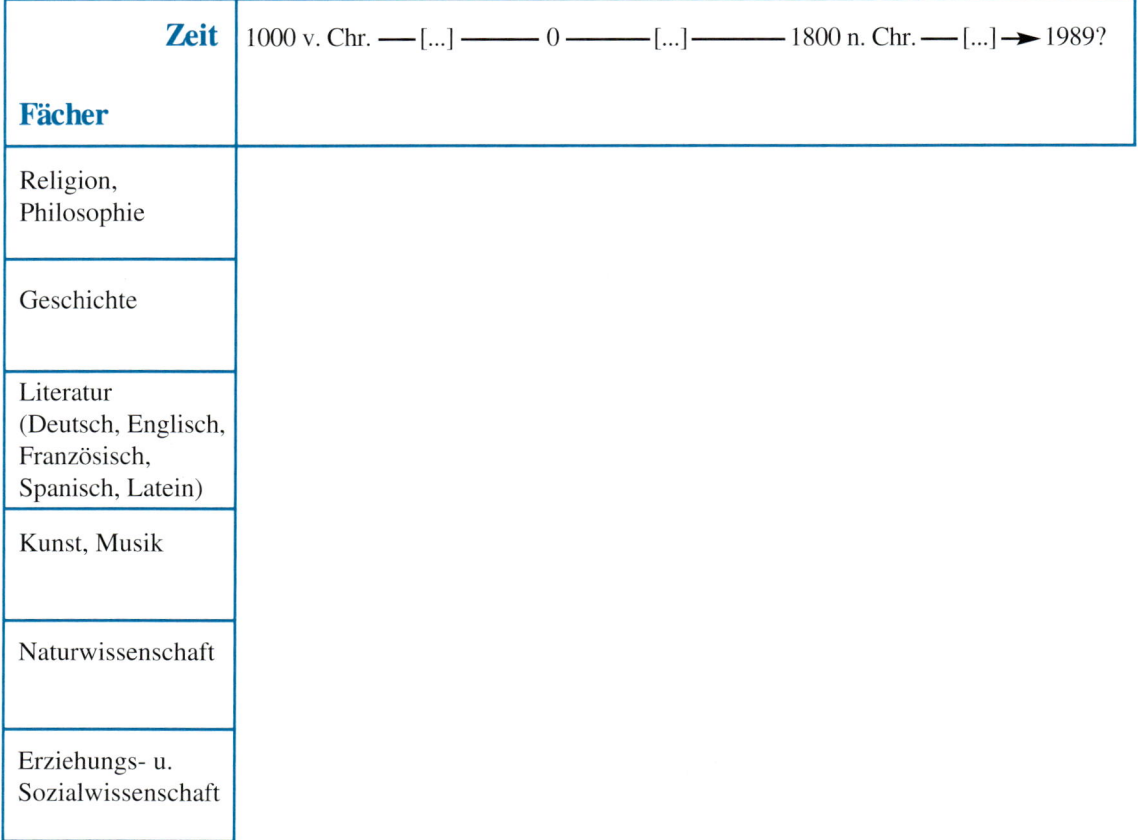

Abb. 59: Zeitleiste für mehrere Fächer

Was hat sich bewährt?

Bei der Umsetzung des Projektes hat sich die folgende Vorgehensweise bewährt:

- Alle Kolleginnen und Kollegen, die in einer Jahrgangsstufe unterrichten, werden über das Vorhaben informiert und um Mitarbeit gebeten.

- Ein Fach, das von allen Schülerinnen und Schüler belegt wird, führt die Zeitachse ein.

- Die Schüler erhalten alle ein DIN-A3-Blatt mit dem Fächerraster am linken Rand. Ein zweites Blatt wird rechts quer angeklebt, so dass die Zeitleiste auf DIN-A4-Format zusammengeklappt werden kann. Es passt dann in eine normale Klarsichthülle und kann wie ein Leporello gefaltet werden.

- Die Eintragungen erfolgen mit Bleistift, stichpunktartig und klein geschrieben.

- Es gibt eine Projektsteuerung im Jahrgang. Diese erinnert alle Kollegen einmal im Quartal daran, Eintragungen vornehmen zu lassen und dazu mit den Schülern den Unterricht noch einmal in den Blick zu nehmen. Es ist hilfreich, auch die Schülerinnen und Schüler zeitgleich über einen Aushang an die Zeitleiste zu erinnern.

Das Projekt verlangt einen langen Atem und gute Kooperationsstrukturen innerhalb einer Schule. Gleichzeitig bietet es aber auch eine gute Gelegenheit, solche Strukturen auf den Weg zu bringen.

[1] Diese Idee verdanken wir Andreas Drewer, Hagen.

Lösungen und Überblick über die grafischen Strukturierungsformen VII

In diesem Kapitel finden Sie unsere Lösungsvorschläge zu den einzelnen Übungen. Denken Sie bei dem Vergleich mit Ihren Lösungen daran, dass grafische Strukturierungen immer auch Ausdruck persönlicher geistiger Konstruktionen sind. Ihre Ergebnisse müssen daher nicht unbedingt mit unseren Vorschlägen übereinstimmen.

Sie können dieses Kapitel auch als Gesamtüberblick über die grafischen Strukturierungsformen nutzen, da wir zu fast jeder Form eine Übung angeboten haben. Wenn Sie sich also alle Strukturen nacheinander anschauen wollen, dann können Sie dies auf den nächsten Seiten tun. Vielleicht kommen Ihnen dabei ja gleich auch Ideen der Umsetzung. Ganz oben finden Sie jeweils den Namen der Struktur.

Cluster

Lösungsvorschlag zur Übung 1.5 (S. 30)
Thema: Was ist guter Unterricht?

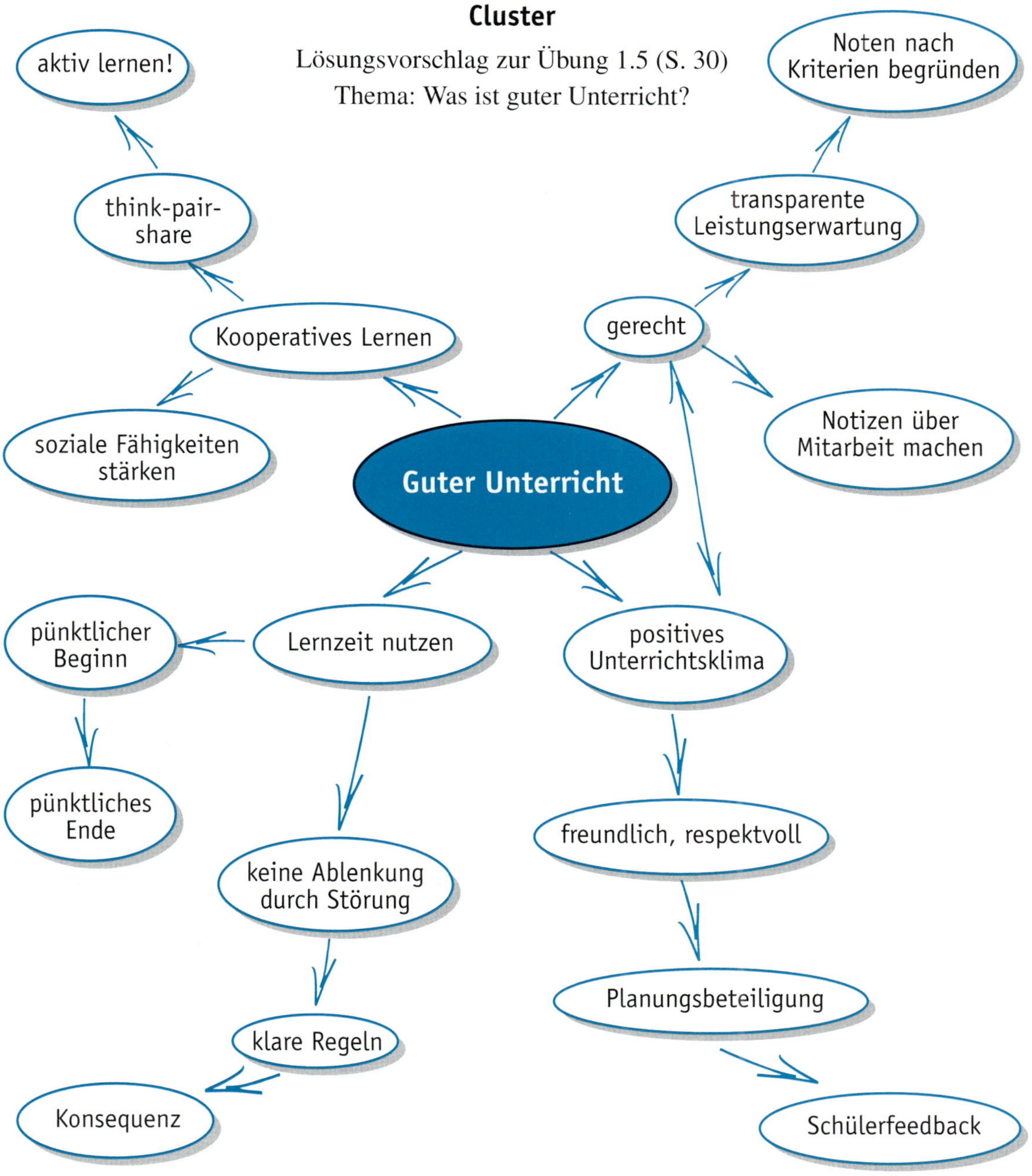

aktiv lernen!

Noten nach Kriterien begründen

think-pair-share

transparente Leistungserwartung

Kooperatives Lernen

gerecht

soziale Fähigkeiten stärken

Guter Unterricht

Notizen über Mitarbeit machen

pünktlicher Beginn

Lernzeit nutzen

positives Unterrichtsklima

pünktliches Ende

keine Ablenkung durch Störung

freundlich, respektvoll

klare Regeln

Planungsbeteiligung

Konsequenz

Schülerfeedback

115

Venn-Diagramm in Tabellenform

Lösungsvorschlag zur Übung 2.1.6 (S. 36)

Thema: Mensch und Tier

Merkmale nur Mensch	Gemeinsamkeiten	Merkmale nur Tier
• Sprache • Moral • Vorstellungskraft • Vernunft, Fähigkeit zur Reflexion • Selbstbewusstsein • historisches Bewusstsein • Verstand • Suche nach Sinn • Fragen stellen • muss sich kleiden • Religiosität • Kultur • Freiheit • Lachen und Weinen	• Instinkte • Grundbedürfnisse nach Nahrung und Schlaf • Fortpflanzung • Körper	• braucht keine Kleidung, da es Fell o.ä. mitbringt • braucht nicht viel zu lernen, da es alle Fähigkeiten zum Überleben von Natur aus mitbringt • ist an die Umwelt gebunden • Unfreiheit

Auswertung:

Es wird bei diesem ersten Zugang deutlich, dass Mensch und Tier vor allem die biologische Grundlage gemeinsam haben, also den Körper und die dazugehörigen Bedürfnisse. Beim Blick auf die Eigenheiten des Tieres wird deutlich, dass dessen Körper aber besser ausgestattet ist und vieles mitbringt, was sich der Mensch erarbeiten muss, etwa den Schutz vor Wärme und Kälte und die Fähigkeit, sich instinktiv in seiner Umwelt zurechtfinden. Beim Blick auf die Eigenheiten des Menschen wird deutlich, dass ihm die geistigen Fähigkeiten vorbehalten zu sein scheinen, Denken und Sprache und die damit zusammenhängende (begrenzte) Freiheit.

Word Web

Lösungsvorschlag zur Übung 3.1.5 (S. 46)

Thema: Untere gesellschaftliche Schichten im alten Ägypten

Welcher Text ist geeignet?

Nach unserer Auffassung ist der erste Text kaum für einen Wortstern geeignet, da er eine kausale Abfolge beschreibt, mit der der Aufstieg Roms zum Weltreich erklärt werden soll. Hier wäre ein Flussdiagramm geeignet.

Der zweite Text hingegen lässt sich prima mit einem Wortstern oder einer Mind Map darstellen. In ihm sind mehrere deutlich von einander abgrenzbare gesellschaftliche Gruppen (Sklaven, Diener, Bauern, Handwerker) aus dem alten Ägypten angeführt. Im Einzelfall finden sich im Text dazu weitergehende Informationen.

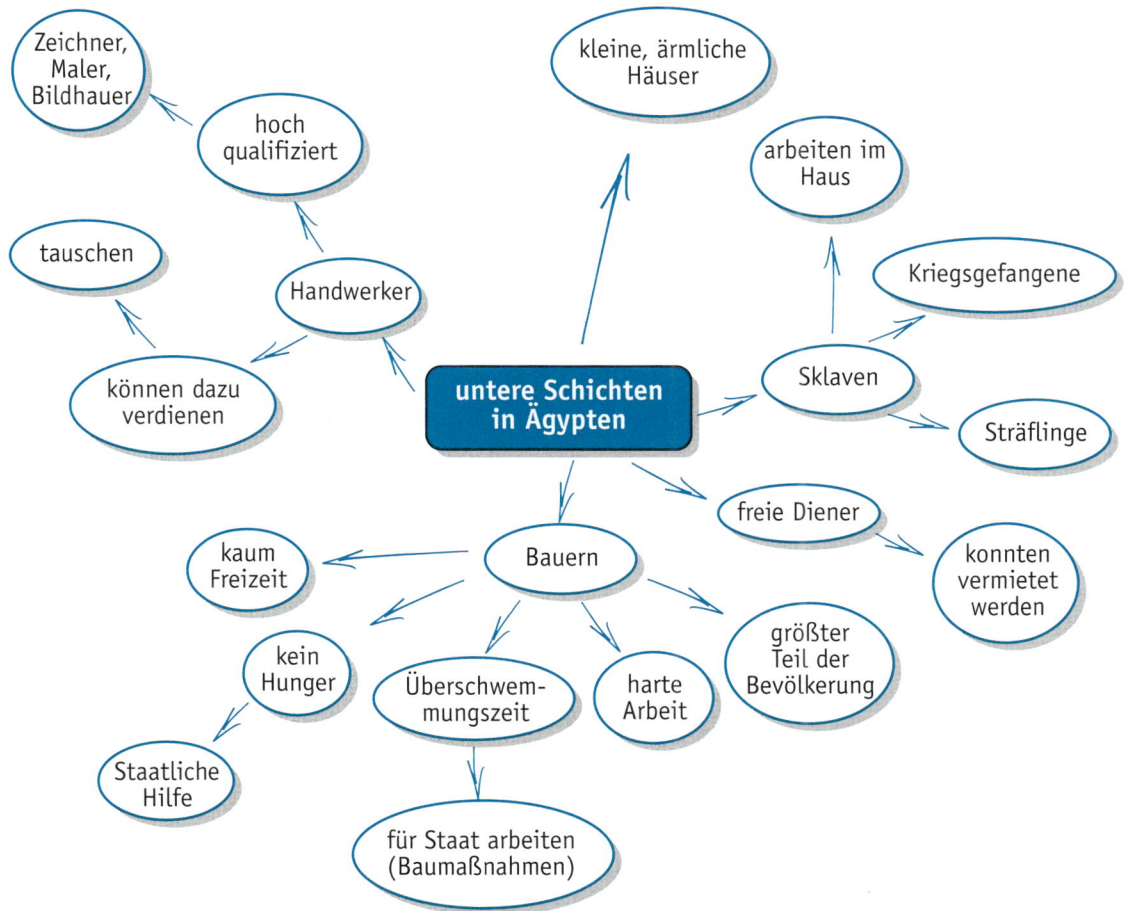

Ist Ihnen aufgefallen, dass zu der durch die Überschrift des Schulbuchtextes angekündigten Information kaum etwas im zweiten Text steht? Denn über die Lebensumstände erfährt der Leser nur wenig und dann auch nicht zu jeder Gruppe. Wenn Ihre Schüler öfter mit grafischen Strukturierungen Texte erschließen, dann wird das nicht nur Ihnen, sondern auch Ihren Schülern auffallen.

Fischgräten-Diagramm

Lösungsvorschlag zur Übung 5.2.5 (S. 69)

Thema: Guter Unterricht

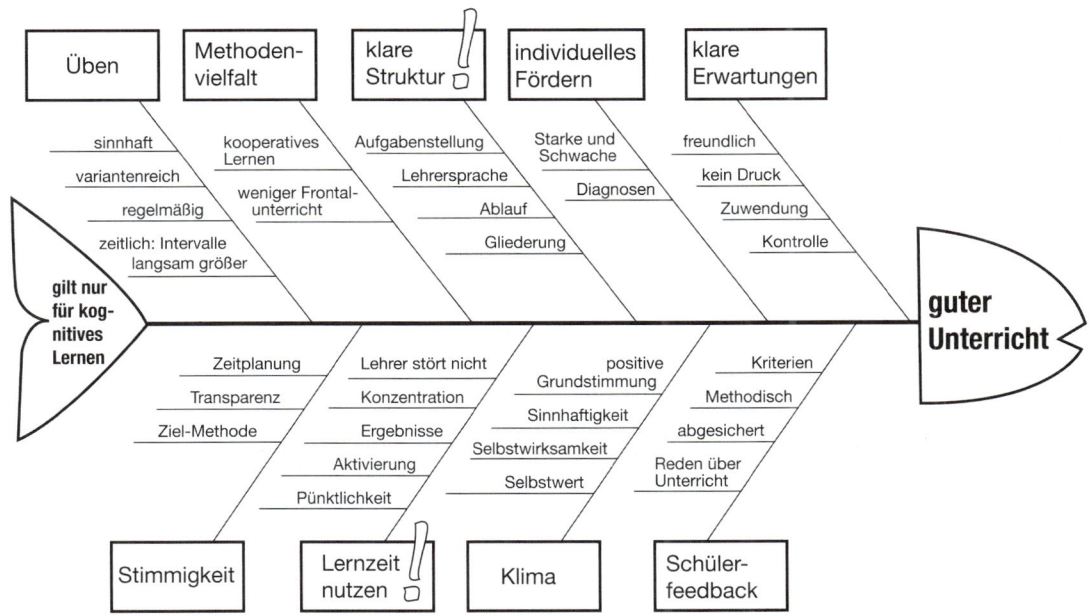

Kreislauf-Diagramm

Lösungsvorschlag zur Übung 5.3.5 (S. 72)
Thema: Die Entwicklung von Libelle und Stechmücke

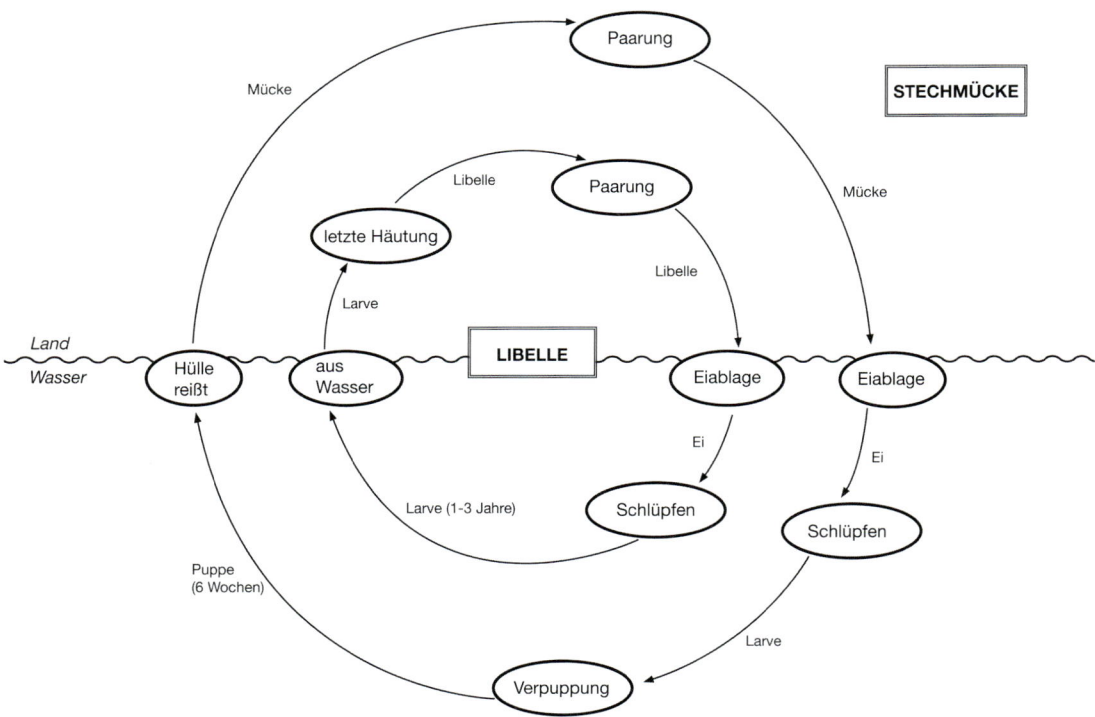

Concept Map

Lösungsvorschlag zur Übung 6.7 (S. 86)
Thema: Jugendcliquen

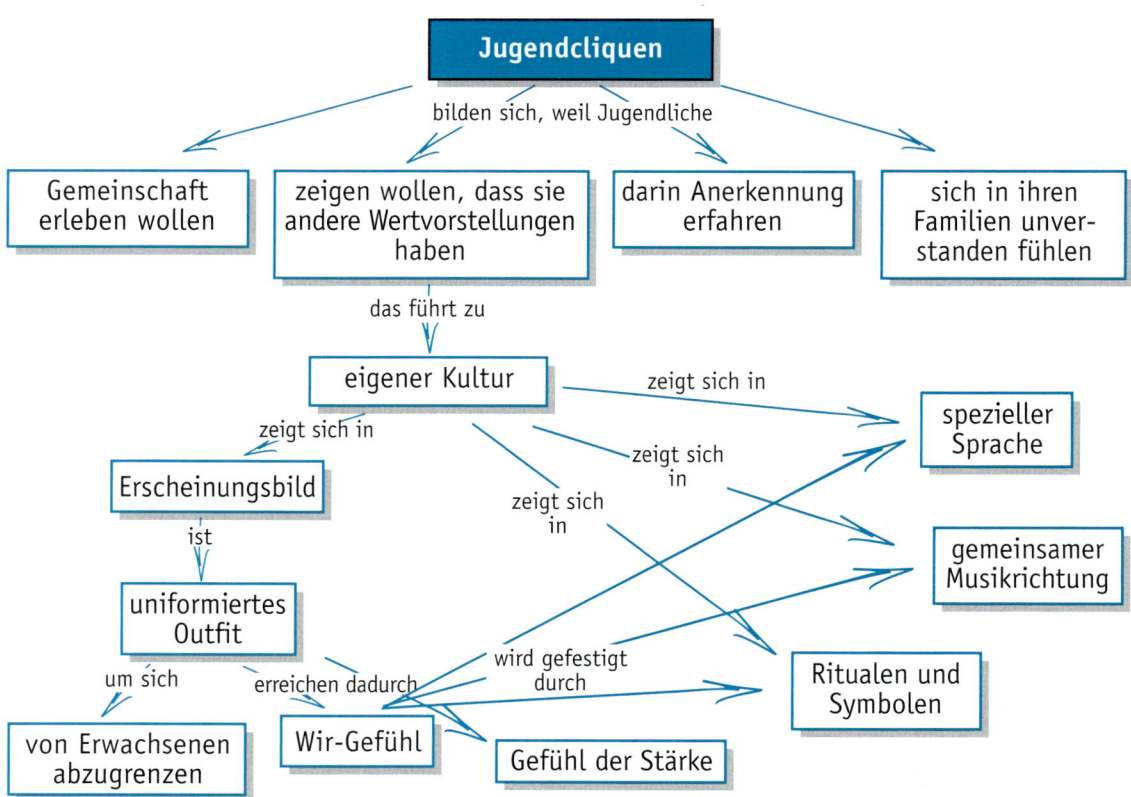

PMI

Lösungsvorschlag zur Übung 7.1.5 (S. 91)

Thema: Rhythmisierung des Schultages

Thema: Rhythmisierung des Schultages

Fragestellung: Soll eine Unterrichtsstunde 60 Minuten lang sein?

Chancen	mögliche Probleme
• der Tagesablauf beruhigt sich • im Gebäude wird es ruhiger • die Wechsel zwischen Klassen- und Fachräumen werden reduziert • Zerstörungen kommen seltener vor • die Stundenpläne der Lehrer/ -innen können zufriedenstellender gestaltet werden • aufgrund des längeren Unterrichts ohne Unterbrechung kann methodisch variabler gearbeitet werden und die Unterrichtsthematik vertieft werden: mehr Zeit für Kooperatives Lernen, Präsentationen, Experimente, handlungs- und produktionsorientierten Unterricht, Erziehen, üben und sichern • die Unterrichtsstunden können besser vorbereitet werden, da weniger Unterricht vorbereitet werden muss • vor Klassenarbeiten kann eine Entspannungsübung durchgeführt werden • Gewinn von Unterrichtszeit durch weniger Wechsel	• Konzentrationsfähigkeit der Schüler (Sprachunterricht) • Lehrer sieht seine Lerngruppe seltener • bei einem einstündigen Fach sind die Abstände zwischen den Unterrichtsstunden groß, wenn die Stunde ausfällt • manche Fächer brauchen längere Phasen als 60 Minuten

offene Fragen

• Wie verändert sich das Stundendeputat der Lehrer/ -innen?

• Wie sieht das Stundenraster aus?

• Wann sind die Pausen?

• Wie verändert sich die Unterrichtsverteilung bei einem 60-Minutentakt?

• Wie können Fächer mit zwei oder drei Wochenstunden auf den 60-Minutentakt umgerechnet werden?

• Wie werden die Stunden in der S II verteilt, so dass die Bedingungen für das Abitur eingehalten werden?

• Soll es auch Doppelstunden geben?

Waage

Lösungsvorschlag zur Übung 7.2.4 (S. 94)

Thema: Rhythmisierung des Schultages

Soll eine Unterrichtsstunde 60 Minuten lang sein?			
Dafür spricht ...	**Punkte**	**Dagegen spricht ...**	**Punkte**
• aufgrund des längeren Unterrichts ohne Unterbrechung kann methodisch variabler gearbeitet werden und die Unterrichtsthematik vertieft werden	5	• manche Fächer brauchen längere Phasen als 60 Minuten	3
• der Tagesablauf beruhigt sich/ die Wechsel zwischen Klassen- und Fachräumen werden reduziert	3	• bei einem einstündigen Fach sind die Abstände zwischen den Unterrichtsstunden groß, wenn die Stunde mal ausfällt	2
• die Unterrichtsstunden können besser vorbereitet werden, da es weniger sind	2	• Lehrer sieht seine Lerngruppe seltener	2
• Gewinn von Unterrichtszeit oder Freizeit durch weniger Wechsel und weniger Pausen	2	• Konzentrationsfähigkeit der Schüler vielleicht im Sprachunterricht nicht ausreichend	0
Summe	**12**		**7**

Leiter

Lösungsvorschlag zur Übung 7.3.5 (S. 96)

Thema: Faktoren für den Lernerfolg

Faktoren für den Lernerfolg

1. Kognitive Kompetenzen der Schüler

2. Klassenführung durch den Lehrer

3. Häusliche Umwelt der Schüler und Unterstützung durch die Eltern

4. Metakognitive Komptenzen der Schüler

5. Lernbezogene Lehrer-Schüler-Interaktion

6. Schulpolitik der Landesregierung

7. Quantität des Unterrichts

8. Schulkultur

9. Elterliches Engagement in Schulfragen

10. Organisation des Lehrplans

Rechter Winkel

Lösungsvorschlag zur Übung 8.5 (S. 100)
Thema: Irmela Brender „Was ein Kind braucht"

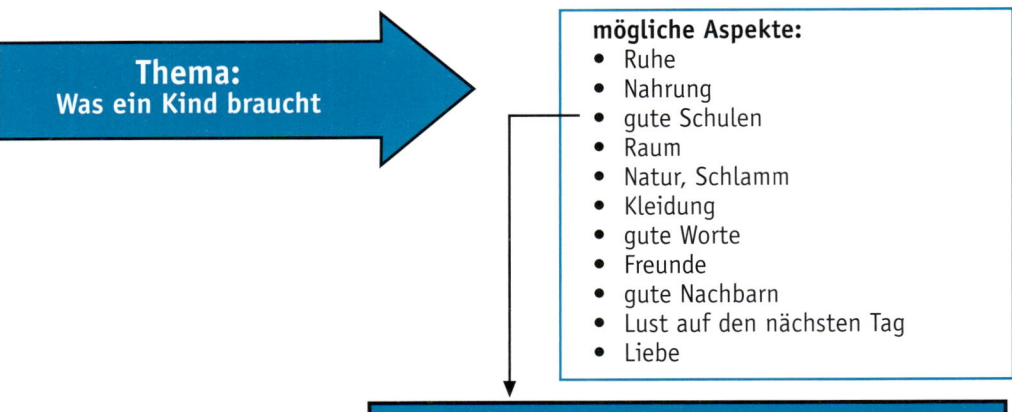

Thema:
Was ein Kind braucht

mögliche Aspekte:
- Ruhe
- Nahrung
- gute Schulen
- Raum
- Natur, Schlamm
- Kleidung
- gute Worte
- Freunde
- gute Nachbarn
- Lust auf den nächsten Tag
- Liebe

Analyse des Aspekts: gute Schulen
- genügend Ressourcen: finanziell, personell, räumlich
- die Schüler entwickeln ihre fachlichen, methodischen, sozialen und personalen Kompetenzen
- Kooperatives Lernen und schüleraktivierendes Lernen
- Kooperation im Kollegium
- gut strukturierter Unterricht
- gerechte Bewertung
- Schülerbedürfnissen gerecht werden
- Fördern und Fordern
- Möglichkeit, Verantwortung zu übernehmen
- Kommunikation mit den Eltern
- positives Schulklima
- angenehm gestaltete Schule
- Schulregeln, die durchgesetzt werden
- wenig Unterrichtsausfall
- Fortbildung für Lehrer

persönliche Umsetzung:
- ich möchte mich bemühen, möglichst dem Schülerbedürfnis nach subjektiv sinnvollem Lernen nachzukommen
- ich möchte versuchen, meinen Unterricht stets nach den Grundprinzipien des Kooperativen Lernens zu gestalten

Word Web mit Bloomscher Taxonomie

Lösung zur Übung 9.2.3 (S. 105)

Thema: Lesekompetenz in PISA 2003

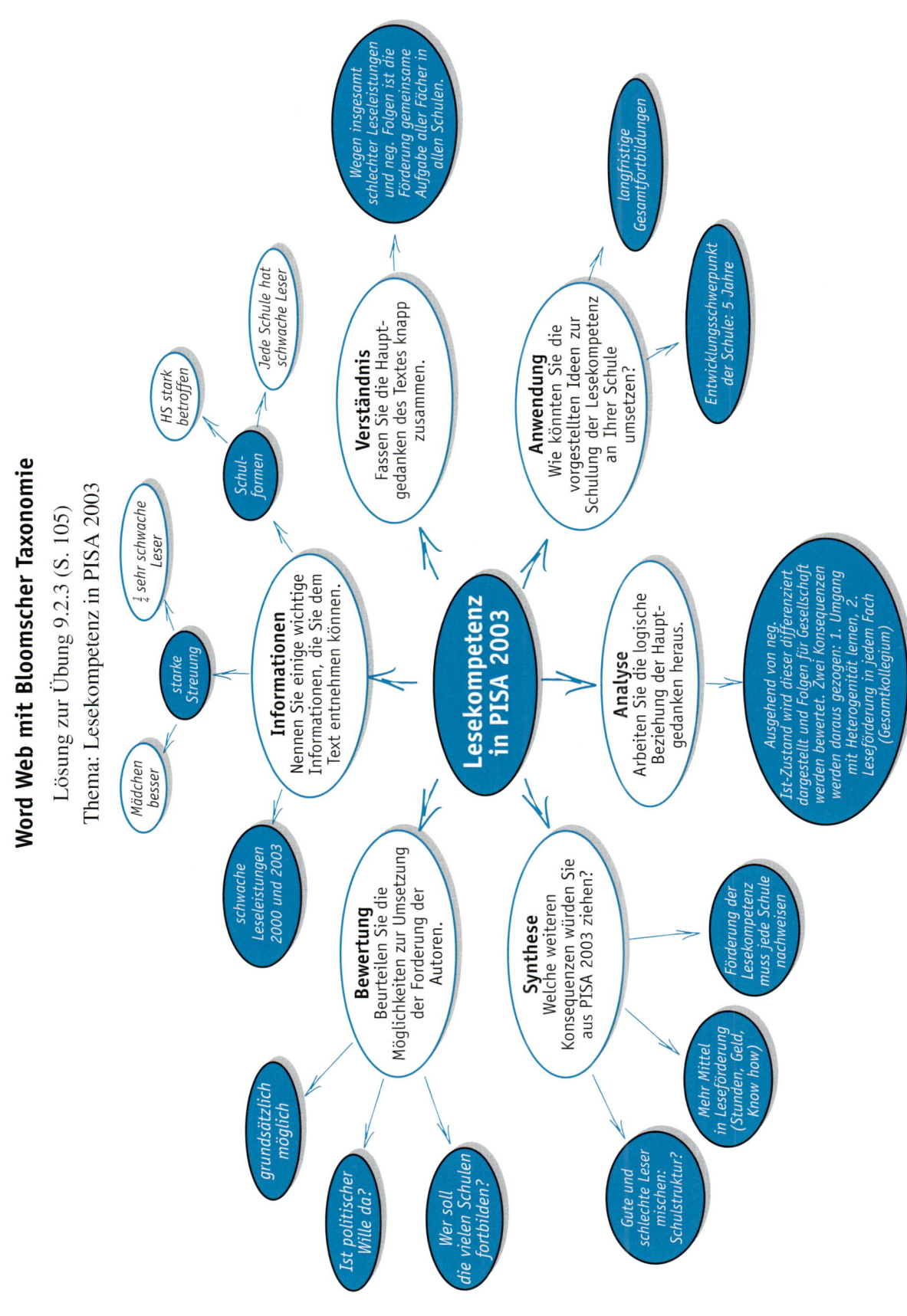

VIII Anhang

1 Literaturverzeichnis

Aebli, Hans: Zwölf Grundformen des Lernens. Stuttgart 1983.

Bauer, Winfried u.a.: Seitenwechsel 7. Texte - Werkstätten - Medien. Hannover 1998.

Beck-Gernsheim, Elisabeth: Auf dem Weg in die postfamiliale Familie - Von der Notgemeinschaft zur Wahlverwandtschaft. In: Beck, Ulrich/Beck-Gernsheim, Elisabeth: Riskante Freiheiten. Frankfurt 1994.

Behrend, Helga/ Reiska, Priit: Abwechslung im Naturwissenschaftsunterricht mit Concept Mapping. In: Plus Lucis, H. 1/2001, S. 9 - 12.

Bellanca, James: The Cooperative Think Tank. Graphic Organizers to Teach Thinking in the Cooperative Classroom. Illinois [SkyLight, USA] 1990.

Ders.: The Cooperative Think Tank II. Graphic Organizers to Teach Thinking in the Cooperative Classroom. Illinois [SkyLight, USA] 1992.

Bennett, Barrie: Instructional intelligent ... Socially smart. In: Orbit Magazine (OISE/UT's Magazine for Schools), Vol. 32, Nr. 4, 2002, S. 1-5.

Ders./ Rolheiser, Carol: Beyond Monet. The Artful Science of Instructional Integration. Ontario [Bookation Inc., Kanada] 2001.

Brüning, Ludger: Lesekompetenzförderung durch Kooperatives Lernen. In: Lernende Schule, H. 1, Februar 2006 a.

Ders.: Vortragen - Präsentieren - Referieren. Praktische Unterrichtsmaterialien für die Sekundarstufe. Donauwörth 2006 b.

Ders./ Saum, Tobias: Erfolgreich unterrichten durch Kooperatives Lernen. Strategien zur Schüleraktivierung. Essen 2006 a.

Dies.: Warum eigentlich kooperieren – Worin besteht der Gewinn von Kooperation? In: nds, H. 6/7, 2006 b, S. 10f.

Dies.: Das Denken der Schüler anleiten - aber wie? Die Förderung kognitiver Prozesse in kooperativen Verfahren. In: Schulmagazin 5-10. H. 12/2006 c.

Dies.: Kooperatives Lernen braucht Einzelarbeit! In: Lernende Schule, H. 33, 2006 d, S. 37f.

Buzan, Tony/ North, Vanda: Mindmapping. Der Schlüssel für deinen Lernerfolg. Wien (hpt, Österreich) 1997.

Copei, Friedrich: Der fruchtbare Moment im Bildungsprozess. 9. Aufl. Heidelberg 1969 (zuerst 1930).

De Bono, Edward: De Bonos neue Denkschule. Kreativer denken, effektiver arbeiten, mehr erreichen. München 2002.

Dobers, Joachim (Hg.): Natur Plus, Biologie 7.-10. Jahrgangsstufe. Hannover [Schroedel] 2002.

Dritte Welt Haus Bielefeld (Hg.): Atlas der Weltverwicklungen. Ein Schaubilderbuch über weltweite Armut, globale Ökologie und lokales Engagement. Wuppertal 1992.

Edelmann, Walter: Lernpsychologie. 6. Aufl., Weinheim 2000.

Finch, Jane: The Inspiration Classroom. Curriculumbased Acitvity Plans. Beaverton [Inspiration Inc, USA] 2006.

Gautschi, Peter: Geschichte lehren. Lernwege und Lernsituationen für Jugendliche. Buchs 1999.

Haas, Gerhard: Handlungs- und produktionsorientierter Literaturunterricht. Seelze-Velber, 1997.

Helmke, Andreas: Unterrichtsqualität erfassen, bewerten, verbessern. 3. Aufl., Seelze 2004.

Heckt, Dietlinde Hedwig: Was wissen wir eigentlich über das Lernen? In: Praxis Schule 5-10, Heft 5/2002, S. 9-11.

Heepmann, Bernd u.a.: Physik für Gesamtschulen (Bd. 3, Nordrhein-Westfalen). Berlin 2000.

Jank, Werner/ Meyer, Hilbert: Didaktische Modelle. 3. Aufl., Berlin 1994.

Jüngst, Karl Ludwig: Lehren und Lernen mit Begriffsnetzdarstellungen. 2. Aufl., Butzbach 1998.

Jung, Rolf/ Meyer, Ernst: Der Geschichtsfries. Arbeitsmittel für den Geschichtsunterricht (Arbeitsmittel für die Volksschule, H. 16/17). Nürnberg 1952.

Lendzian, Hans-Jürgen/ Mattes, Wolfgang: Zeiten und Menschen, Bd. 1 (Arbeitsheft: Schüleraufgaben mit Pfiff), Paderborn 2002.

Lieser, Katja: Spinnwebanalyse und vorstrukturierte Bilder. In: Praxis Geographie. H. 11, Velber 2002, S. 28-31.

Lindgren, Astrid: Pelle zieht aus und andere Weihnachtsgeschichten. Hamburg 1985.

Mandl, Heinz/ Fischer, Frank (Hg.): Wissen sichtbar machen. Wissensmanagement mit Mapping Techniken. Göttingen u.a. 2000.

Mandl, Heinz/ Friedrich, Helmut Felix (Hg.): Handbuch Lernstrategien. Göttingen u.a. 2006.

Marzano, Robert J./ Pickering, Debra J./ Pollock, Jane E.: Classroom instruction that works. Research-based strategies for increasing student achievement. Alexandria [ASCD, USA] 2001.

Marzano, Robert J. u.a.: A Handbook for Classroom instruction that works. Alexandria [USA] 2001.

McEwan, Sandra/ Myers, John: Graphic Organizers: Visuals tools for learning. In: Orbit Magazine (OISE/UT's Magazine for Schools), Vol. 32, Nr. 4, 2002, S. 30 - 34.

Meyer, Hilbert: Was ist guter Unterricht? Berlin 2004.

Novak, Joseph D.: Learning, Creating and Using Knowledge. Concept Maps as Facilitate Tools in Schools and Corporations. Mahwah [LEA, USA] 1998.

Ders./ Gowin, D. B.: Learning how to learn. New York [Cambridge University Press, USA] 1984.

Nückles, Matthias/ Gurlitt, Johannes/ Pabst, Tobias und Renkl, Alexander: Mind Maps und Concept Maps. Visualisieren, Organisieren und Kommunizieren. München 2004.

Nuscheler, Franz: Lern- und Arbeitsbuch Entwicklungspolitik. 5. Aufl., Bonn 2004.

PISA-Konsortium Deutschland (Hg.): PISA 2003. Der Bildungsstand der Jugendlichen in Deutschland - Ergebnisse des zweiten internationalen Vergleichs. Münster 2004.

Plieninger, Martin: Schreiben - Überarbeiten - Veröffentlichen. Aspekte einer computergestützten Schreibdidaktik. In: Thomé, Günther/ Thomé, Dorothea (Hg.): Computer im Deutschunterricht der Sekundarstufe. Braunschweig 2000, S. 88-106.

Psychologie heute, Heft 1, 2001, Seite 20-28.

Reich, Kersten: Konstruktivistische Didaktik. Lehren und Lernen aus interaktionistischer Sicht. 2. Aufl., München 2004.

Renkl, Alexander/ Nückles, Matthias: Lernstrategien der externen Visualisierung. In: Mandl/ Friedrich 2006, S. 135 - 147.

Rico, Gabriele: Garantiert schreiben lernen. Reinbek bei Hamburg 1984.

Sauer, Michael: Die Zeitleiste. In: Pandel, Hans-Jürgen/ Schneider, Gerhard (Hg.): Handbuch Medien im Geschichtsunterricht. Schwalbach 1999, S. 197-208.

Saum, Tobias: „Wenn ich deine Gedanken sehe, versteh ich dich besser". In: Lernende Schule, H. 33, Velber 2006, S. 26-29.

Schubert, Jan Christoph: Verstehen durch Verwandeln. Reduktionsstrategien. In: Praxis Geografie, H. 7-8, Velber 2006, S. 14-17.

Schramke, Wolfgang: Concept Mapping. Schüler strukturieren ihr Wissen. In: Praxis Geographie, H. 7-8, Velber 1999, S. 18-23.

Stary, Joachim: Visualisieren. Ein Studien- und Praxisbuch. Berlin 1997.

Ders./ Kretschmer, Horst: Umgang mit wissenschaftlicher Literatur. Eine Arbeitshilfe für das sozial- und geisteswissenschaftliche Studium. Berlin 2004.

Steps, Manfred: Mind Mapping im Unterricht. In: Praxis Schule 5-10. H. 5, 1997, S. 25-29.

Svantesson, Ingemar: Mind Mapping und Gedächtnistraining. 5. Auflage, Offenbach 1998.

Tergan, Sigma-Olaf: Wissensmanagment mit Concept Maps. In: Reinmann-Rothmeier, Gabi- Mandl, Heinz (Hg.): Psychologie des Wissensmanagements. Göttingen 2004, S. 259ff.

Tergan, Sigma-Olaf: Individuelles Wissens- und Informationsmanagement mit Concept Maps beim ressourcenbasierten Lernen. In: Mandl/ Friedrich 2006, S. 307-324.

Tippelt, Rudolf/ Schmidt, Bernhardt: Was wissen wir über Lernen im Unterricht? In: Pädagogik, H. 3, Weinheim 2005, S. 6-10.

Viereck, Holger: „Haben Sie eigentlich den Kaiser gekannt?" Die Entwicklung von Zeitvorstellungen im Geschichtsunterricht. In: Geschichte lernen, H. 62, 1998, S. 33-37.

Wilhelmi, Volker: Mind Mapping. Eine Lernmethode und ihre Anwendung im Geographieunterricht. In: Praxis Geographie, H. 2, Velber 1999, S. 44f.

Wollnik, Carmen: Mind Maps und Concept Maps. Orientierungskarten im Gedankendschungel. In: Praxis Geographie, H. 11, Velber 2002, S. 12 - 16.

2 Adressen im World Wide Web

Deutschsprachige Seiten

Wenn Sie über die deutsche Homepage des Online-Lexikons „Wikipedia" die entsprechenden Stichworte eingeben, dann werden sie von dort aus über die Links schnell auf viele weitere Seiten stoßen. Allerdings sind diese in der Regel nicht auf Unterricht bezogen.

http://de.wikipedia.org/wiki/Mindmap

http://de.wikipedia.org/wiki/Concept-Map

http://de.wikipedia.org/wiki/Ishikawa-Diagramm

Englischsprachige Seiten

Die von Barrie Bennett betreute Seite zu Unterrichtskompetenz bietet viele, sehr anschauliche Beispiele. Im Detail unterscheiden sie sich jedoch häufig von den Beschreibungen in diesem Buch.

http://www.instructionalintelligence.ca

Hinweise zu den CD-ROMs

Software

Wir können immer wieder beobachten, dass einige Schüler erst dann begeistert Visualisierungen erstellen, wenn sie dies an Computer tun dürfen. Aber neben dem motivierenden Effekt hat die Arbeit am PC weitere Vorteile: So sind die Visualisierungen leicht zu verändern und zu überarbeiten. Die Gestaltung und Raumaufteilung lässt sich leicht anpassen, Fehlendes ist einfach zu ergänzen und Fehler können leicht beseitigt werden. Und die Visualisierungen lassen sich leicht in Word integrieren oder als Grafik-Datei speichern. Das erleichtert es, sie in Präsentationen zu integrieren. Und netzbasierte Versionen ermöglichen die Kooperation der Schüler vom heimischen PC aus.

IHMC CmapTools

Das „Institute for Human and Machine Cognition" (IHMC), ein Forschungsverbund der Universitäten in Florida (USA), unterhält eine ausgezeichnete Homepage zum Concept Mapping (http://cmap.ihmc.us). Die englischsprachige Homepage ist als interaktive Concept Map gestaltet. Dort findet sich auch ein Button, der zum kostenlosen Download der Concept-Map-Software führt (CmapTools, Version 4.18).

http://cmap.ihmc.us/download/

Wir machen mit dieser Software sehr gute Erfahrungen. Vor allem ältere Schüler arbeiten damit und viele haben Sie auf ihren häuslichen PC.

Einzelpersonen, aber auch Schulen und andere Bildungseinrichtungen können die hervorragende Software frei und in beliebiger Zahl auf die Schulrechner installieren. Es gibt unterschiedliche Versionen für Windows, Mac, Linux und Solaris, so dass die Software auf nahezu jedem Computer und Netzwerk installiert werden kann.

Inspiration®

Mit Inspiration 8 können sie neben Mind Maps auch Wort Webs, Cluster und vor allem Concept Maps erstellen. Insofern stellt Inspiration eine recht vielseitige Visualisierungssoftware dar. Inspiration hat eine leicht zu bedienende, englischsprachige Benutzeroberfläche: Erfahrungsgemäß stellt dies für unsere Schülr aber kein Problem dar.

Eine erweiterte Test-Version ermöglicht Ihnen die Nutzung aller Funktionen der Vollversion für 120 Tage. Um die Test-Version aus dem Internet zu laden, besuchen Sie bitte den Webshop der Softwarebox GmbH unter:

http://www.softwarebox.de/shop/info.php?pid=2

Inspiration® erhalten Sie beim deutschen Distributor von Inspiration Software®: www.softwarebox.de.

MindManager®

Mit Hilfe der umfassenden Software MindManager 8 können Sie Mind Maps und viele andere grafische Strukturierungen am PC erstellen. Im Grunde können Sie die Software für fast alle im Buch vorgestellten Bereiche verwenden und auch im Unterricht einsetzen. Der MindManager lässt sich von den Schülerinnen und Schülern meist intuitiv bedienen. Für die Benutzung ist eine kostenpflichtige Lizenz notwendig. MindManager Pro 7 und MindManager 8 sind als Schulversion erhältlich. Eine kostenlose Testversion kann jeder Nutzer unter

www.mindjet.de downloaden.

MindMeister - Basic free-Version

Mit der Software MindMeister (www.mindmeister.com) können Nutzer Mind Maps anfertigen und jeder Zeit verändern. Der Vorteil der netzbasierten Software ist, dass mehrere Nutzer gleichzeitig online an einer Concpet Map arbeiten können. Schüler haben so zum Beispiel die Möglichkeit, vom heimischen PC aus gemeinsam eine Mind Map anzufertigen. Einträge und Veränderungen der Teammitglieder werden für alle anderen unmittelbar sichtbar. Die Benutzung der Basic free-Version ist kostenfrei.

http://www.mindmeister.com/home/editions

Unterschiedliche erweiterte Versionen, die aber für den schulischen Bedarf nicht notwendig sind, sind kostenpflichtig.

Liebe Leser,

liebe Kolleginnen und Kollegen,

wir haben die Erfahrung gemacht, dass es viele Vorteile hat, wenn man die Formen des grafischen Strukturierens im Unterricht einsetzt. Daher hoffen wir, dass Sie mit unseren Ideen und Vorschlägen Ihren Unterricht bereichern können.

Wir freuen uns sehr, wenn Sie uns Ihre Erfahrungen mitteilen, die Sie mit den vorgestellten Visualisierungsformen im Unterricht gemacht haben, oder von Varianten berichten, die Sie erprobt haben. Auch Verbesserungsvorschläge sind willkommen.

Senden Sie Ihre Hinweise an den

Neue Deutsche Schule Verlagsgesellschaft mbH
Postfach 102752, 45027 Essen oder als E-Mail an: info@nds-verlag.de

Tobias Saum, geb. 1969, unterrichtet an der Gesamtschule Haspe in Hagen Deutsch und Philosophie. Von 2000 – 2002 wurde er von Norm Green zum Trainer für „Instructional Intelligence with a focus on Cooperative Learning" ausgebildet. Davon ausgehend hat er gemeinsam mit Ludger Brüning das Kooperative Lernen weiterentwickelt und in eine Didaktik der Schüleraktivierung integriert. Seit 2002 führt er Fortbildungen zum Kooperatives Lernen und schüleraktivierenden Lehren durch. Er arbeitet als Fachmoderator und Trainer für Unterrichtsentwicklung, neue Lernkultur/Kooperatives Lernen und Deutsch für die Bezirksregierung Arnsberg (NRW).

Ludger Brüning, geb. 1967, studierte an der Gesamthochschule Duisburg und der Universität Münster Sozialwissenschaften, Geschichte und Deutsch. Seit 1999 unterrichtet er in der Sekundarstufe I und II an der Gesamtschule Haspe in Hagen. Von 2000 – 2002 wurde er von Norm Green zum Trainer für „Instructional Intelligence with a focus on Cooperative Learning" ausgebildet. Davon ausgehend hat er gemeinsam mit Tobias Saum das Kooperative Lernen weiterentwickelt und in eine Didaktik der Schüleraktivierung integriert. Seit 2002 führt er Fortbildungen zum Kooperatives Lernen und schüleraktivierenden Lehren durch. Er ist Fachmoderator und Trainer der Bezirksregierung Arnsberg (NRW) für Unterrichtsentwicklung, neue Lernkultur und Kooperatives Lernen.